MARTIN STARCK

Leistungspflichten und betriebliche Mitbestimmung

Schriften zum Sozial- und Arbeitsrecht

Band 67

Leistungspflichten und betriebliche Mitbestimmung

Von

Dr. Martin Starck

DUNCKER & HUMBLOT / BERLIN

CIP-Kurztitelaufnahme der Deutschen Bibliothek

Starck, Martin:
Leistungspflichten und betriebliche Mitbestimmung /
von Martin Starck. — Berlin: Duncker und Humblot, 1983.
(Schriften zum Sozial- und Arbeitsrecht; Bd. 67)
ISBN 3-428-05369-9
NE: GT

Gedruckt 1983 bei Buchdruckerei A. Sayffaerth - E. L. Krohn, Berlin 61
Printed in Germany
ISBN 3 428 05369 9

Meinen Eltern

Vorwort

Die vorliegende Schrift wurde im Sommersemester 1982 von der Fakultät für Rechtswissenschaft der Universität Mannheim als Dissertation angenommen. Rechtsprechung und Literatur sind bis einschließlich Dezember 1982 eingearbeitet.

Meinem verehrten Lehrer, Herrn Professor Dr. Günther Wiese, danke ich herzlich für die Betreuung der Arbeit und für zahlreiche wertvolle Anregungen. Mein Dank gilt auch der Studienstiftung des deutschen Volkes, die meine Promotionsarbeit durch ein großzügiges Stipendium unterstützt hat. Bei Herrn Professor Dr. Johannes Broermann bedanke ich mich für die Aufnahme der Arbeit in die Reihe „Schriften zum Sozial- und Arbeitsrecht".

Mannheim, im Januar 1983

Martin Starck

Inhaltsverzeichnis

Erster Teil

Grundlagen

§ 1 Problemstellung 19

A. Gegenstand der Untersuchung 19

B. Dogmatische Stellung des Themas 20

I. Mitbestimmungsfreiheit materieller Arbeitsbedingungen .. 20

II. Freiwilligkeitsgrundsatz 22

Zweiter Teil

Einzelanalyse der Mitbestimmungsrechte

§ 2 Die Leistungspflicht des Arbeitgebers 25

A. Notwendige Mitbestimmung in sozialen Angelegenheiten 25

I. Mitbestimmung nach § 87 Abs. 1 Nr. 8 25
1. Reichweite der Mitbestimmung 25
2. Modellcharakter für andere Arbeitgeberleistungen? 28
a) Beschränkung auf vermögenswerte Leistungen 28
b) Sonderregelung für freiwillige Arbeitgeberleistungen? 29
c) Sonderregelung für Leistungen ohne Entgeltcharakter? 30
d) Sonderregelung für Leistungen mit „Verselbständigungstendenz"? 32
e) Zwischenergebnis 36

II. Mitbestimmung nach § 87 Abs. 1 Nr. 1 36
1. Vom Gesetzeswortlaut erfaßte Fälle 36
a) Begründung von Nebenleistungspflichten als Regelungsbereich der betrieblichen Ordnung? 36
b) Indirekte Beeinflussung des Umfangs vermögenswerter Arbeitgeberleistungen 38
2. Materielle Annexkompetenz? 39
a) Grundlagen 39
b) Ergänzung der Mitbestimmung bei formellen Arbeitsbedingungen? 41
c) Untrennbarer Sachzusammenhang? 42

III. Mitbestimmung nach § 87 Abs. 1 Nr. 2 43
IV. Mitbestimmung nach § 87 Abs. 1 Nr. 3 44
V. Mitbestimmung nach § 87 Abs. 1 Nr. 4 45
1. Indirekte Beeinflussung der Lohnkosten 45
2. Kontenführungsgebühren 45
a) Wortlaut und Entstehungsgeschichte 45
b) Materielle Annexkompetenz? 46
c) Teleologische Extension? 47
VI. Mitbestimmung nach § 87 Abs. 1 Nr. 5 49
VII. Mitbestimmung nach § 87 Abs. 1 Nr. 6 50
VIII. Mitbestimmung nach § 87 Abs. 1 Nr. 7 51
IX. Mitbestimmung nach § 87 Abs. 1 Nr. 9 53
X. Mitbestimmung nach § 87 Abs. 1 Nr. 11 54
1. Mitbestimmung über die Höhe leistungsbezogener Entgelte? 54
a) Wortlaut und Entstehungsgeschichte 54
b) Teleologische Reduktion? 55
aa) Schutz vor Manipulationen? 55
bb) Fehlender Maßstab der Einigungsstelle? 57
cc) Ungewisse Geltungsdauer mitbestimmter Entgeltregelungen? 57
dd) Verhältnis zu § 87 Abs. 1 Nr. 10 58
ee) Mitbestimmungsfreiheit unternehmerischer Entscheidungen und materieller Arbeitsbedingungen? 58
c) Schlußfolgerung 59
2. Ausnahmecharakter des § 87 Abs. 1 Nr. 11 60
a) Schutz der Arbeitnehmer vor Überlastung 60
b) Erfordernis einer betriebsspezifischen Regelung 62
XI. Mitbestimmung nach § 87 Abs. 1 Nr. 10 63
1. Mitbestimmung über die Entgelthöhe? 63
a) Wortlaut 63
b) Entstehungsgeschichte 64
c) Bedeutungszusammenhang 64
d) Keine materielle Annexkompetenz 66
e) Übergeordnete Gesichtspunkte 67
2. Indirekte Beeinflussung der Lohnsumme 67
XII. Mitbestimmung nach § 87 Abs. 1 Nr. 12 68

B. Sonstige Mitbestimmungsrechte 69
I. Wirtschaftliche Angelegenheiten 70
1. Reichweite der Mitbestimmung nach § 112 Abs. 4 70
2. Besonderheiten der Mitbestimmung über den Sozialplan 70
a) Ausgleich der durch mitbestimmungsfreie Arbeitgebermaßnahmen hervorgerufenen Nachteile 70
b) Erfordernis einer betrieblichen Regelung 71

II. Gestaltung von Arbeitsplatz, Arbeitsablauf und Arbeitsumgebung ... 72
1. Reichweite der Mitbestimmung nach § 91 ... 72
2. Ausnahmecharakter der Mitbestimmung über die Begründung und den Umfang vermögenswerter Leistungspflichten ... 73
III. Personelle Angelegenheiten ... 74
1. Berufsbildung ... 74
2. Personelle Einzelmaßnahmen ... 75
C. Kosten der Mitbestimmung ... 76
D. Ergebnis ... 77
§ 3 Die Leistungspflicht der Arbeitnehmer ... 77
A. Vorüberlegung: Paritätsgrundsatz und Arbeitnehmerschutz ... 77
I. Der Grundsatz gleichberechtigter Partnerschaft ... 78
II. Der Gedanke des Arbeitnehmerschutzes ... 79
B. Arbeitspflicht und Mitbestimmung ... 81
I. Mitbestimmung nach § 87 Abs. 1 Nr. 2 ... 81
1. Mitbestimmung über die Dauer der Arbeitszeit? ... 81
a) Wortlaut und Bedeutungszusammenhang ... 81
b) Entstehungsgeschichte ... 82
c) Zusammenhang mit der Lage der Arbeitszeit? ... 83
2. Indirekte Beeinflussung der Dauer der Arbeitszeit ... 84
II. Mitbestimmung nach § 87 Abs. 1 Nr. 3 ... 85
1. Mitbestimmung über die Dauer der Arbeitszeit ... 85
a) Gegenstand des Mitbestimmungsrechts ... 85
b) Inhalt des Mitbestimmungsrechts ... 86
2. Ausnahmecharakter des § 87 Abs. 1 Nr. 3 ... 88
III. Mitbestimmung nach § 87 Abs. 1 Nr. 5 ... 89
C. Nebenleistungspflichten und Mitbestimmung ... 90
I. Mitbestimmung nach § 87 Abs. 1 Nr. 1 ... 90
II. Mitbestimmung nach § 87 Abs. 1 Nr. 4 ... 92
III. Mitbestimmung nach § 87 Abs. 1 Nr. 7 ... 92
IV. Mitbestimmung nach § 87 Abs. 1 Nrn. 8, 9 und 10 ... 92
1. Mitbestimmung über Entgelt- und Beitragspflichten ... 93
2. Besonderheiten der Mitbestimmung über Entgelt- und Beitragspflichten ... 95
V. Mitbestimmung nach § 87 Abs. 1 Nr. 12 ... 97
D. Ergebnis und Schlußfolgerung ... 98

Dritter Teil

Historische Auslegung

§ 4 Geschichte der Mitbestimmung und Entstehungsgeschichte des BetrVG 1972 ... 101

A. Geschichte der Mitbestimmung ... 101

I. Entwicklung vor dem Inkrafttreten der Tarifvertragsverordnung ... 101

II. Entwicklung bis zum BetrVG 1952 ... 104

1. Die Tarifvertragsverordnung ... 104
2. Das Betriebsrätegesetz ... 104
3. Das Gesetz zur Ordnung der nationalen Arbeit ... 107
4. Die Betriebsrätegesetze der Länder ... 107
5. Das BetrVG 1952 ... 108

B. Entstehungsgeschichte des BetrVG 1972 ... 110

I. Die Gesetzentwürfe ... 110

II. Die rechtspolitische Diskussion über die Mitbestimmung bei materiellen Arbeitsbedingungen ... 112

C. Zusammenfassung ... 113

Vierter Teil

Funktion der notwendigen Mitbestimmung in sozialen Angelegenheiten

§ 5 Notwendige Mitbestimmung und Arbeitsvertrag ... 114

A. Problemstellung ... 114

B. Verfassungsrechtlicher Schutz der Vertragsfreiheit ... 116

I. Berufsfreiheit ... 116

II. Wirtschaftliche Entfaltungsfreiheit ... 119

C. Notwendige Mitbestimmung bei vertraglich zu regelnden Angelegenheiten ... 120

I. Die Tatbestände des § 87 Abs. 1 ... 120

II. Der Gesetzes- und Tarifvorbehalt nach § 87 Abs. 1 Eingangshalbsatz ... 122

III. Der Bericht der Mitbestimmungskommission ... 122

IV. Kein ausreichender Schutz der Arbeitnehmer durch das Erfordernis einer Änderungskündigung ... 123

§ 6 Notwendige Mitbestimmung und Tarifvertrag 124

A. Einleitung 124

B. Argumente für eine Begrenzung der Mitbestimmung 125

I. Verfassungsrechtlicher Schutz der Koalitionsfreiheit 125

1. Unzulässige Zwangsschlichtung? 126

2. Beeinträchtigung der Regelungsbefugnis der Tarifpartner? 128

II. Legitimation der Betriebspartner zur Regelung vermögenswerter Leistungspflichten? 131

III. Schutzzweck der Betriebsverfassung im Verhältnis zum Tarifwesen 136

1. Wahrung ideeller Interessen der Arbeitnehmer 136

2. Regelung betriebsspezifischer Probleme 137

IV. Die Kompetenz der Einigungsstelle 138

1. Mangelnder Maßstab 138

2. Gefahr von Wettbewerbsverzerrungen 141

V. Betriebsfrieden und vertrauensvolle Zusammenarbeit 142

C. Argumente gegen eine Begrenzung der Mitbestimmung 143

I. Tarifvorrang und Tarifvorbehalt gemäß § 77 Abs. 3 und § 87 Abs. 1 Eingangshalbsatz 143

II. Grenzen des tariflichen Schutzes bei vermögenswerten Leistungspflichten 146

D. Ergebnis 149

§ 7 Notwendige Mitbestimmung und unternehmerische Entscheidungsfreiheit 149

A. Problemstellung 149

B. Begrenzung der Mitbestimmung nach dem Regelungsbereich unternehmerischer Entscheidungen? 151

I. Abgrenzung nach dem Regelungsgegenstand? 151

II. Abgrenzung nach der Intensität der Beeinflussung unternehmerischer Grundsatzentscheidungen? 154

C. Verfassungsrechtlicher Schutz des Unternehmens 155

I. Eigentum 155

1. Schutz des eingerichteten und ausgeübten Gewerbebetriebs 156

2. Schutz des Vermögens? 158

II. Berufsfreiheit und wirtschaftliche Entfaltungsfreiheit 159

III. Sozial- und Rechtsstaatsprinzip 160

D. Bedeutungszusammenhang 161

I. Beteiligung des Betriebsrats in wirtschaftlichen Angelegenheiten 161

1. Unterrichtung in wirtschaftlichen Angelegenheiten 161

2. Betriebsänderungen 162

II. Der Maßstab für die Entscheidung der Einigungsstelle nach § 76 Abs. 5 Satz 3 163

III. Zweispurigkeit der Mitbestimmung 165

E. Zusammenfassung 166

Fünfter Teil

Schlußbetrachtungen

§ 8 Der Grundsatz der Mitbestimmungsfreiheit der Begründung und des Umfangs vermögenswerter Leistungspflichten 167

A. Unterschiede zum Grundsatz der Mitbestimmungsfreiheit materieller Arbeitsbedingungen 167

B. Unterschiede zum Freiwilligkeitsgrundsatz 169

§ 9 Zusammenfassung in Thesen 170

Literaturverzeichnis 173

Abkürzungsverzeichnis

abl.	=	ablehnend
AcP	=	Archiv für die civilistische Praxis
a. E.	=	am Ende
a. F.	=	alte Fassung
a. M.	=	anderer Meinung
AMBl.BayArbMin.	=	Amts- und Mitteilungsblatt des Bayerischen Ministeriums für Arbeit und Sozialordnung
AOG	=	Gesetz zur Ordnung der nationalen Arbeit vom 20. 1. 1934 (RGBl. I S. 45)
AöR	=	Archiv des öffentlichen Rechts
AP	=	Arbeitsrechtliche Praxis (Nachschlagewerk des Bundesarbeitsgerichts)
Arbeitsring Chemie	=	Arbeitsring der Arbeitgeberverbände der Deutschen Chemischen Industrie e. V.
ArbG	=	Arbeitsgericht
ArbGeb.	=	der arbeitgeber (Zeitschrift)
AR-Blattei	=	Arbeitsrechts-Blattei
ArbN	=	Der saarländische Arbeitnehmer (Zeitschrift)
ArbNErfG	=	Gesetz über Arbeitnehmererfindungen vom 25. 7. 1957 (BGBl. I S. 756)
ArbStättV	=	Verordnung über Arbeitsstätten vom 20. 3. 1975 (BGBl. I S. 729)
ArbStoffV	=	Verordnung über gefährliche Arbeitsstoffe vom 29. 7. 1980 (BGBl. I S. 1071, ber. 1536, 2159)
ARSt.	=	Arbeitsrecht in Stichworten (Zeitschrift)
ASiG	=	Gesetz über Betriebsärzte, Sicherheitsingenieure und andere Fachkräfte für Arbeitssicherheit vom 12. 12. 1973 (BGBl. I S. 1885)
AuR	=	Arbeit und Recht (Zeitschrift)
BAG	=	Bundesarbeitsgericht
BB	=	Der Betriebs-Berater (Zeitschrift)
BDA	=	Bundesvereinigung der deutschen Arbeitgeberverbände
BetrAVG	=	Gesetz zur Verbesserung der betrieblichen Altersversorgung vom 19. 12. 1974 (BGBl. I S. 3610)
BetrR	=	Der Betriebsrat (Zeitschrift)
BetrVG 1972	=	Betriebsverfassungsgesetz vom 15. 1. 1972 (BGBl. I S. 13)
BetrVG 1952	=	Betriebsverfassungsgesetz vom 11. 10. 1952 (BGBl. I S. 681)
BG	=	Die Berufsgenossenschaft (Zeitschrift)
BGB	=	Bürgerliches Gesetzbuch vom 18. 8. 1896 (RGBl. S. 195)
BGBl.	=	Bundesgesetzblatt
BGH	=	Bundesgerichtshof
BGHZ	=	Entscheidungen des Bundesgerichtshofes in Zivilsachen. Amtliche Sammlung
BlStSozArbR	=	Blätter für Steuerrecht, Sozialversicherung und Arbeitsrecht (Zeitschrift)

BPersVG	=	Bundespersonalvertretungsgesetz vom 15. 3. 1974 (BGBl. I S. 693)
BR-Drucks.	=	Bundesrats-Drucksache
BRG	=	Betriebsrätegesetz vom 4. 2. 1920 (RGBl. S. 147)
BT-Drucks.	=	Bundestags-Drucksache
Buchst.	=	Buchstabe
BUrlG	=	Bundesurlaubsgesetz vom 8. 1. 1963 (BGBl. I S. 2)
BVerfG	=	Bundesverfassungsgericht
BVerfGE	=	Entscheidungen des Bundesverfassungsgerichts. Amtliche Sammlung
BVerwG	=	Bundesverwaltungsgericht
BVerwGE	=	Entscheidungen des Bundesverwaltungsgerichts. Amtliche Sammlung
DB	=	Der Betrieb (Zeitschrift)
ders.	=	derselbe
Die AG	=	Die Aktiengesellschaft (Zeitschrift)
dies.	=	dieselbe, dieselben
Diss.	=	Dissertation
DÖV	=	Die öffentliche Verwaltung (Zeitschrift)
Drucks.	=	Drucksache
Entsch.	=	Entscheidung
EzA	=	Entscheidungssammlung zum Arbeitsrecht
Fn.	=	Fußnote
Forts.-Bl.	=	Fortsetzungsblatt
Gesetz-Samml.	=	Gesetz-Sammlung für die Königlichen Preußischen Staaten
GewO	=	Gewerbeordnung i. d. F. der Bekanntmachung vom 1. 1. 1978 (BGBl. I S. 97)
GG	=	Grundgesetz für die Bundesrepublik Deutschland vom 23. 5. 1949 (BGBl. S. 1)
GK-BetrVG	=	Fabricius / Kraft / Thiele / Wiese, Betriebsverfassungsgesetz, Gemeinschaftskommentar
GS	=	Großer Senat
GVBl.	=	Gesetz- und Verordnungsblatt
HAG	=	Heimarbeitsgesetz vom 14. 3. 1951 (BGBl. I S. 191)
HGB	=	Handelsgesetzbuch vom 10. 5. 1897 (RGBl. S. 219)
h. L.	=	herrschende Lehre
h. M.	=	herrschende Meinung
i. d. F.	=	in der Fassung
i. S.	=	im Sinne
i. V.	=	in Verbindung
JA	=	Juristische Arbeitsblätter (Zeitschrift)
JArbR	=	Das Arbeitsrecht der Gegenwart. Jahrbuch für das gesamte Arbeitsrecht und die Arbeitsgerichtsbarkeit
JArbSchG	=	Jugendarbeitsschutzgesetz vom 12. 4. 1976 (BGBl. I S. 965)
JurA	=	Juristische Analysen (Zeitschrift)
JuS	=	Juristische Schulung (Zeitschrift)
JZ	=	Juristenzeitung
KR	=	Becker / Etzel / Friedrich / Gröninger / Hillebrecht / Rost / Weigand / Wolf, Gemeinschaftskommentar zum Kündigungsschutzgesetz und sonstigen kündigungsschutzrechtlichen Vorschriften

krit.	=	kritisch
KSchG	=	Kündigungsschutzgesetz i. d. F. der Bekanntmachung vom 25. 8. 1969 (BGBl. I S. 1317)
LAG	=	Landesarbeitsgericht
MitbestG	=	Gesetz über die Mitbestimmung der Arbeitnehmer vom 4. 5. 1976 (BGBl. I S. 1153)
MitbestGespr.	=	Das Mitbestimmungsgespräch (Zeitschrift)
Montan-MitbestG	=	Gesetz über die Mitbestimmung der Arbeitnehmer in den Aufsichtsräten und Vorständen der Unternehmen des Bergbaus und der Eisen und Stahl erzeugenden Industrie vom 21. 5. 1951 (BGBl. I S. 347)
MTV	=	Manteltarifvertrag
MuSchG	=	Gesetz zum Schutze der erwerbstätigen Mutter vom 18. 4. 1968 (BGBl. I S. 315)
m. w. N.	=	mit weiteren Nachweisen
n. F.	=	neue Fassung
NJW	=	Neue Juristische Wochenschrift
NZfA	=	Neue Zeitschrift für Arbeitsrecht
R	=	Rückseite
RBl.	=	Regierungsblatt
RdA	=	Recht der Arbeit (Zeitschrift)
RGBl.	=	Reichsgesetzblatt
SAE	=	Sammlung Arbeitsrechtlicher Entscheidungen
SchlVO	=	Verordnung über das Schlichtungswesen vom 30. 10. 1923 (RGBl. S. 1043)
str.	=	streitig
TVG	=	Tarifvertragsgesetz i. d. F. der Bekanntmachung vom 25. 8. 1969 (BGBl. I S. 1323)
TVVO	=	Verordnung über Tarifverträge, Arbeiter- und Angestelltenausschüsse und Schlichtung von Arbeitsstreitigkeiten vom 23. 12. 1918 (RGBl. S. 1456)
UFITA	=	Archiv für Urheber-, Film-, Funk- und Theaterrecht (Zeitschrift)
VBG	=	Sammlung der Unfallverhütungsvorschriften, hrsg. vom Hauptverband der gewerblichen Berufsgenossenschaften
VOBl.	=	Verordnungsblatt
WiR	=	Wirtschaftsrecht (Zeitschrift)
ZfA	=	Zeitschrift für Arbeitsrecht
ZGR	=	Zeitschrift für Unternehmens- und Gesellschaftsrecht
ZHR	=	Zeitschrift für das gesamte Handelsrecht und Wirtschaftsrecht
zust.	=	zustimmend
zutr.	=	zutreffend

Erster Teil

Grundlagen

§ 1 Problemstellung

A. Gegenstand der Untersuchung

Das geltende Betriebsverfassungsrecht enthält zahlreiche Einzelvorschriften, aus denen sich Mitbestimmungsbefugnisse des Betriebsrats ergeben. Die Wirkungsweise und die Grenzen dieser Teilhaberechte sind indessen nicht näher geregelt. Daher müssen aus den gesetzlichen Einzelbestimmungen und aus übergreifenden Gesichtspunkten allgemeine Grundsätze entwickelt werden. Das gilt auch für die Mitbestimmung in sozialen Angelegenheiten, die das Kernstück der betrieblichen Teilhabebefugnisse bildet. Hier stellt sich etwa die Frage, ob der Umfang bestehender und die Begründung neuer Leistungspflichten des Arbeitgebers und der Arbeitnehmer der Mitbestimmung nach § 87[1] unterliegen[2]. Dieses Problem ist Gegenstand der vorliegenden Arbeit.

Die praktische Bedeutung der Fragestellung zeigt sich insbesondere bei der Auslegung der einzelnen Tatbestände des § 87 Abs. 1. Es ist beispielsweise umstritten, ob sich das Mitbestimmungsrecht nach § 87 Abs. 1 Nr. 10 auf die Lohnhöhe[3], das nach § 87 Abs. 1 Nr. 4 auf die Regelung der Frage bezieht, wer bei bargeldloser Lohnzahlung die Kontenführungsgebühren zu tragen hat[4]. Was die Leistungspflicht des Arbeitnehmers angeht, ist vor allem fraglich, ob § 87 Abs. 1 Nr. 2 die Dauer der Arbeitszeit erfaßt[5]. Ein Mitbestimmungsrecht nach § 87 Abs. 1 Nr. 7 kommt in Betracht, wenn der Arbeitgeber von den Arbeitnehmern verlangt, sich an den Kosten der Schutzkleidung zu beteili-

---

[1] Zitierte Paragraphen ohne Gesetzesangabe sind solche des BetrVG 1972.

[2] Gegen ein Mitbestimmungsrecht bei diesen Regelungen *Wiese*, Festschrift für G. Müller, S. 625 (641); *ders.*, GK-BetrVG, § 85 Anm. 7 d; vgl. auch *Galperin / Löwisch*, § 87 Anm. 1; *Kammann / Hess / Schlochauer*, § 87 Anm. 1; *Richardi*, Anm. zu BAG AP Nr. 1 zu § 87 BetrVG 1972 Werkmietwohnungen, Bl. 6 R.

[3] Vgl. die Nachweise unten § 2 A XI 1.

[4] Vgl. die Nachweise unten § 2 A V 2.

[5] Vgl. die Nachweise unten § 3 B I 1.

gen[6]. Wenn es gelingt, diese Fälle zu systematisieren und einen einheitlichen Auslegungsgrundsatz aufzustellen, lassen sich Zweifelsfragen über die Reichweite der notwendigen Mitbestimmung[7] einfacher und überzeugender lösen[8].

Die hier erörterte Grenze der betrieblichen Mitbestimmung spielt auch für die Reichweite der Beteiligungsrechte außerhalb des Katalogs des § 87 Abs. 1 eine Rolle. Wenn sich herausstellen sollte, daß die notwendige Mitbestimmung in sozialen Angelegenheiten grundsätzlich nicht der Festsetzung des Umfangs und der Begründung von Leistungspflichten des Arbeitgebers und der Arbeitnehmer dient, müßte diese gesetzgeberische Entscheidung beispielsweise auch bei der Auslegung des § 85 Abs. 2 berücksichtigt werden[9]. Dann könnte im Beschwerdeverfahren schon aus diesem Grunde keine Lohnerhöhung oder Urlaubsverlängerung durch verbindlichen Spruch der Einigungsstelle erzwungen werden[10].

B. Dogmatische Stellung des Themas

I. Mitbestimmungsfreiheit materieller Arbeitsbedingungen

Der Gedanke, die Begründung und der Umfang der Leistungspflichten des Arbeitgebers und der Arbeitnehmer seien der notwendigen Mitbestimmung des Betriebsrats entzogen, ist nicht neu. Unter der Geltung des BetrVG 1952 nahm die herrschende Meinung an, das notwendige Mitbestimmungsrecht beziehe sich nur auf die sogenannten formellen Arbeitsbedingungen[11]. Dagegen könnten die materiellen Ar-

---

[6] Vgl. die Nachweise unten § 2 A VIII.

[7] Zum Begriff der notwendigen Mitbestimmung als Bezeichnung für die Befugnisse des Betriebsrats nach § 87 vgl. BAG AP Nr. 2 zu § 87 BetrVG 1972 Kurzarbeit, Bl. 5; *Wiese*, GK-BetrVG, § 87 Anm. 54. *Richardi* spricht dagegen von der „erzwingbaren Mitbestimmung" (vgl. *Dietz / Richardi*, § 87 Anm. 80 ff.), weil er in der Mitbestimmung des Betriebsrats keine Wirksamkeitsvoraussetzung für Maßnahmen des Arbeitgebers sieht; vgl. dazu unten § 5 B I.

[8] Zur Funktion und Methode der Systembildung bei der Rechtsfindung vgl. auch *Pawlowski*, Methodenlehre, S. 209 ff.

[9] Vgl. *Wiese*, Festschrift für G. Müller, S. 625 (641 ff.); *ders.*, GK-BetrVG, § 85 Anm. 7 d.

[10] Vgl. auch *Zöllner*, Arbeitsrecht, S. 384.

[11] Vgl. BAG AP Nr. 1 Bl. 2 R, Nr. 2 Bl. 2 R zu § 56 BetrVG Arbeitszeit; AP Nr. 2 Bl. 4, Nr. 3 Bl. 2 R f. zu § 56 BetrVG Entlohnung; AP Nr. 3 zu § 56 BetrVG Akkord, Bl. 4 R; AP Nr. 3 Bl. 1 R f., Nr. 6 Bl. 2 zu § 56 BetrVG Wohlfahrtseinrichtungen; *Dietz*, § 56 Anm. 24; *Galperin / Siebert*, vor § 56 Anm. 18; *Hueck / Nipperdey / Säcker* II/2, S. 1355 ff.; a. M. *Farthmann*, RdA 1966, 249 ff.; *Fitting / Kraegeloh / Auffarth*, § 56 Anm. 7; *Herschel*, AuR 1962, 191 f.; *ders.*, AuR 1964, 257 ff.; *ders.*, AuR 1968, 129 ff.; *ders.*, AuR 1969, 65 ff.

beitsbedingungen, die die Bestimmung von Leistung und Gegenleistung zum Inhalt haben[12], nur durch Tarif- oder Einzelarbeitsvertrag bzw. durch freiwillige Betriebsvereinbarung geregelt werden. Das BetrVG 1972 erweiterte die Mitbestimmung auf die vorübergehende Verkürzung oder Verlängerung der betriebsüblichen Arbeitszeit (§ 87 Abs. 1 Nr. 3) sowie auf die Festsetzung von Akkord- und Prämiensätzen (§ 87 Abs. 1 Nr. 11). Da somit nach überkommener Terminologie eindeutig materielle Arbeitsbedingungen in die notwendige Mitbestimmung einbezogen wurden, setzte sich die Auffassung durch, die Unterscheidung zwischen formellen und materiellen Arbeitsbedingungen sei als Auslegungsgrundsatz für § 87 überholt[13]. Es wird aber auch die Meinung vertreten, die Vorschriften des § 87 Abs. 1 Nrn. 3 und 11 seien Ausnahmeregelungen, die der Annahme, die Mitbestimmung betreffe grundsätzlich nur formelle Arbeitsbedingungen, nicht entgegenstünden[14].

In der vorliegenden Arbeit soll nicht der Versuch unternommen werden, an die These der Mitbestimmungsfreiheit materieller Arbeitsbedingungen anzuknüpfen. Dies verbietet sich schon wegen der unklaren Terminologie[15]. Die Begriffe „formelle" und „materielle" Arbeitsbedingungen sind keineswegs eindeutig definiert. Überwiegend werden zwar unter materiellen Arbeitsbedingungen solche verstanden, die die Leistungspflicht von Arbeitgeber und Arbeitnehmer bestimmen[16] bzw. das Verhältnis von arbeitsvertraglicher Leistung und Gegen-

---

[12] So die Definition in BAG AP Nr. 3 zu § 56 BetrVG Wohlfahrtseinrichtungen, Bl. 1 R; AP Nr. 1 Bl. 2 R, Nr. 2 Bl. 2 R zu § 56 BetrVG Arbeitszeit; ebenso *Dietz*, § 56 Anm. 24; *Galperin / Siebert*, vor § 56 Anm. 18; *Hanau*, RdA 1973, 281 (282); *Hilger*, in Dietz / Gaul / Hilger, Akkord und Prämie, S. 153.

[13] Vgl. BAG AP Nr. 1 zu § 87 BetrVG 1972 Altersversorgung, Bl. 3; AP Nr. 1 zu § 87 BetrVG 1972 Auszahlung, Bl. 3, mit zust. Anm. von *Wiedemann / Moll*, Bl. 4 R f.; AP Nr. 1 zu § 87 BetrVG 1972 Kurzarbeit, Bl. 2 R, mit zust. Anm. von *Wiese*, Bl. 5 R f.; AP Nr. 1 zu § 87 BetrVG 1972 Werkmietwohnungen, Bl. 3 f., mit zust. Anm. von *Richardi*, Bl. 4 R ff.; *Fitting / Auffarth / Kaiser*, § 87 Anm. 9; *Galperin / Löwisch*, § 87 Anm. 2 ff.; *Kammann / Hess / Schlochauer*, § 87 Anm. 20 (anders noch *Erdmann / Jürging / Kammann*, § 87 Anm. 7); *Kreutz*, Betriebsautonomie, S. 216; *Moll*, Mitbestimmung beim Entgelt, S. 183; *Piltz*, Lehre von den formellen und materiellen Arbeitsbedingungen, S. 136 ff., 177 f., 283 f.; *Wiese*, Initiativrecht, S. 35 f.; *ders.*, GK-BetrVG, § 87 Anm. 25; differenzierend *Hanau*, BB 1972, 499; *ders.*, RdA 1973, 281 (282).

[14] Vgl. *Brauch*, Erweiterung der Mitbestimmungsrechte, S. 32; *Hromadka*, NJW 1972, 183 (185); *Lieb*, Arbeitsrecht, S. 140 f.; *ders.*, DB 1981, Beilage Nr. 17, S. 1 (3 f.); vgl. auch *Stege / Weinspach*, § 87 Anm. 14 f.; *Zöllner*, Arbeitsrecht, S. 362.

[15] Vgl. auch *Herschel*, AuR 1962, 191 f.; *ders.*, AuR 1964, 257 ff.; *ders.*, AuR 1968, 129 ff.; *ders.*, AuR 1969, 65 (66 f.); *Schirdewahn*, BB 1980, 163 (167); *Wiese*, RdA 1968, 41 (41 f., 46 f.).

[16] Vgl. die Nachweise oben Fn. 12.

leistung betreffen[17]. Andere sehen indessen als ausschlaggebend an, ob es primär um die Ordnung des Betriebs oder um die Gestaltung des Inhalts der Arbeitsverhältnisse geht[18]. Nach einer weiteren Definition kommt es darauf an, ob die Arbeitsbedingungen für den ganzen Betrieb bzw. eine Betriebsabteilung einheitlich gelten müssen oder Gegenstand unterschiedlicher Vereinbarungen mit den einzelnen Arbeitnehmern sein können. Erstere seien formelle, letztere materielle Arbeitsbedingungen[19]. Vereinzelt wird auf den ohne die betriebliche Mitbestimmung erforderlichen Regelungsmodus abgestellt. Materielle Arbeitsbedingungen seien solche, die sonst vertraglich zu regeln wären, formelle solche, die der Arbeitgeber aufgrund seines Direktionsrechts gestalten könnte[20]. Als Folge des unterschiedlichen Sprachgebrauchs wird etwa die Aufstellung von Entlohnungsgrundsätzen teils als materielle[21], teils als formelle Arbeitsbedingung[22] angesehen.

Die Unterscheidung zwischen formellen und materiellen Arbeitsbedingungen ist aber nicht nur ungenau, sondern verdeckt auch die dahinterstehenden Wertungen[23]. Daher ist es nicht sachdienlich, die These der Mitbestimmungsfreiheit materieller Arbeitsbedingungen wiederaufzugreifen.

II. Freiwilligkeitsgrundsatz

Auch der von der herrschenden Meinung anerkannte Freiwilligkeitsgrundsatz steht mit der hier behandelten Frage in engem Zusammenhang. Er besagt, die Entschließungsfreiheit des Arbeitgebers, ob und inwieweit er zusätzliche Leistungen an die Belegschaft erbringen wolle, werde durch die notwendige Mitbestimmung des Betriebsrats

[17] Vgl. *Boewer*, DB 1970, 2319 (2324); *Nipperdey*, RdA 1968, 450 (451); *Richardi*, Kollektivgewalt, S. 269; *Zöllner*, Arbeitsrecht, S. 362.

[18] Vgl. *Hueck / Nipperdey / Säcker* II/2, S. 1356; *Wiese*, GK-BetrVG, § 87 Anm. 21; *ders.*, RdA 1968, 41 (47).

[19] Vgl. *Nikisch* I, S. 253, der aber diese Unterscheidung nicht zur Grundlage für eine Begrenzung der notwendigen Mitbestimmung macht (vgl. Bd. III, S. 375).

[20] Vgl. *Dieterich*, Die betrieblichen Normen, S. 49; *Kreutz*, Betriebsautonomie, S. 247.

[21] Vgl. *Badura*, WiR 1974, 1 (20); *Boewer*, DB 1973, 522 (527); *Fitting / Kraegeloh / Auffarth*, § 56 Anm. 7; *Nikisch* III, S. 375; *Säcker*, ZfA-Sonderheft 1972, 41 (63); krit. *Hilger*, in Dietz / Gaul / Hilger, Akkord und Prämie, S. 153 f., die eine Dreiteilung in formelle und materielle Arbeitsbedingungen sowie technische Lohnbestimmungen vorschlägt und die Aufstellung von Entlohnungsgrundsätzen der dritten Gruppe zuordnet.

[22] Vgl. *Hueck / Nipperdey / Säcker* II/2, S. 1359; *Nipperdey*, RdA 1968, 450 (451); *Stadler*, BB 1972, 800 (804).

[23] Vgl. *Herschel*, AuR 1968, 129 (132); *Wiese*, RdA 1968, 41 (46); *ders.*, Festschrift für G. Müller, S. 625 (641).

nicht beschnitten[24]. Außerdem gebe § 87 dem Betriebsrat nicht die Möglichkeit, bisher freiwillige Leistungen des Arbeitgebers in einen festen Lohnbestandteil umzuwandeln[25]. Somit umschreibt der Freiwilligkeitsgrundsatz einen Teilaspekt des Gedankens, die Begründung und der Umfang der Leistungspflichten von Arbeitgeber und Arbeitnehmer würden von dieser Vorschrift nicht erfaßt. Denn das notwendige Mitbestimmungsrecht nach § 87 beinhaltet grundsätzlich ein Initiativrecht für Arbeitgeber und Betriebsrat, so daß jeder Betriebspartner gemäß § 87 Abs. 2 die Möglichkeit hat, notfalls gegen den Willen des anderen eine verbindliche Regelung der Angelegenheit durch die Einigungsstelle nach Maßgabe des § 76 Abs. 5 Satz 3 herbeizuführen[26]. Wenn sich die notwendige Mitbestimmung auch auf die Begründung und den Umfang von Leistungspflichten des Arbeitgebers beziehen würde, könnte der Betriebsrat unter bestimmten Voraussetzungen zusätzliche Leistungen des Arbeitgebers erzwingen oder bisher freiwillige Leistungen verbindlich festschreiben.

Der Inhalt des Freiwilligkeitsgrundsatzes ist indessen ebensowenig eindeutig wie der Grundsatz der Mitbestimmungsfreiheit materieller Arbeitsbedingungen. Er gilt nach herrschender Meinung nur für freiwillige Leistungen des Arbeitgebers, nicht für Entgelt im engeren Sinne[27]. Es fragt sich aber, ob etwa eine übertarifliche Gehaltszulage,

[24] Vgl. BAG AP Nr. 1 zu § 87 BetrVG 1972 Altersversorgung, Bl. 4 f., 5 R, mit zust. Anm. von *Richardi*, Bl. 7, 8 f.; AP Nr. 2 zu § 87 BetrVG 1972 Altersversorgung, Bl. 3 R, mit krit. Anm. von *Steindorff*, Bl. 6 f.; AP Nr. 3 zu § 87 BetrVG 1972 Altersversorgung, Bl. 3 R f., mit krit. Anm. von *Blomeyer*, Bl. 10 R f.; AP Nr. 1 zu § 87 BetrVG 1972 Arbeitssicherheit, Bl. 3 R, mit insoweit krit. Anm. von *Hanau*, Bl. 5 R; EzA Nr. 1 zu § 87 BetrVG 1972 Betriebl. Lohngestaltung, S. 7 f.; LAG Bremen AP Nr. 1 zu § 87 BetrVG 1972 Lohngestaltung, Bl. 2 ff.; *Kraft*, SAE 1976, 42 (43); *Lieb / Randerath*, SAE 1981, 45; *Richardi*, ZfA 1976, 1 (13 ff.); *Wiese*, GK-BetrVG, § 87 Anm. 329; zum BetrVG 1952 vgl. BAG AP Nr. 6 zu § 56 BetrVG Wohlfahrtseinrichtungen, Bl. 2 R, mit insoweit zust. Anm. von *Neumann-Duesberg*, Bl. 5, sowie die Nachweise unten Fn. 30; ablehnend *Moll*, Mitbestimmung beim Entgelt, S. 204 f. (vgl. auch S. 98, 139); krit. zum Freiwilligkeitsgrundsatz auch *Jahnke*, ZfA 1980, 863 (879 ff.).

[25] Vgl. *Galperin / Löwisch*, § 87 Anm. 226; *Kammann / Hess / Schlochauer*, § 87 Anm. 218; *Löwisch*, ZHR 139 (1975), 362 (373); *ders.*, Anm. zu BAG, EzA Nr. 2 zu § 87 BetrVG 1972 Leistungslohn, S. 30.

[26] Vgl. BAG AP Nr. 1 zu § 87 BetrVG, Bl. 2; *Dietz / Richardi*, § 87 Anm. 46 ff.; *Fitting / Auffarth / Kaiser*, § 87 Anm. 3; *Galperin / Löwisch*, § 87 Anm. 26 ff.; *Hanau*, RdA 1973, 281 (285); *Wiese*, Initiativrecht, S. 25 f.; *ders.*, GK-BetrVG, § 87 Anm. 75 ff. Die Frage, ob das Initiativrecht des Betriebsrats in bestimmten Fällen eingeschränkt werden muß, ist hier nicht zu erörtern (vgl. dazu *Wiese*, Initiativrecht, S. 26 ff., 42 ff., 50 ff. mit umfangreichen Nachweisen).

[27] Vgl. BAG AP Nr. 1 Bl. 4, Bl. 2 Bl. 3 R, Nr. 3 Bl. 3 R f. zu § 87 BetrVG 1972 Altersversorgung; AP Nr. 1 zu § 87 BetrVG 1972 Arbeitssicherheit, Bl. 3 R; EzA Nr. 1 zu § 87 BetrVG 1972 Betriebl. Lohngestaltung, S. 7 f.; *Bötticher*, SAE 1973, 232; *Fitting / Auffarth / Kaiser*, § 87 Anm. 54 a; *Gester / Isenhardt*, RdA 1974, 80 (84 f.); *Hanau*, RdA 1973, 281 (283); *Richardi*, ZfA

die der Arbeitgeber wegen besonderer Leistungen des Arbeitnehmers aus freien Stücken zahlt, eine freiwillige Leistung oder ein zusätzliches Entgelt im engeren Sinne[28] darstellt. Man könnte argumentieren, das übertarifliche Gehalt diene der Abgeltung der über das normale Maß hinausgehenden Arbeitsleistung und sei deshalb keine freiwillige Leistung, sondern Entgelt im engeren Sinne. Stellt man dagegen auf den Rechtsanspruch des Arbeitnehmers ab, ist der Freiwilligkeitsgrundsatz anwendbar, bis der Arbeitnehmer einen vertraglichen Anspruch auf das übertarifliche Gehalt erlangt.

Doch nicht nur der Anwendungsbereich, sondern auch die Rechtsfolge des Freiwilligkeitsgrundsatzes ist unklar. Zum Teil wird aus ihm abgeleitet, daß nicht nur Einführung und Umfang zusätzlicher Arbeitgeberleistungen mitbestimmungsfrei seien[29], sondern daß bei freiwilligen Arbeitgeberleistungen die notwendige Mitbestimmung des Betriebsrats ganz ausscheide[30]. Das führt etwa bei der Verteilung solcher Leistungen zu unterschiedlichen Ergebnissen.

Der Freiwilligkeitsgrundsatz bietet also ebensowenig eine Hilfe bei der Anwendung des Gesetzes wie der Gedanke der Mitbestimmungsfreiheit materieller Arbeitsbedingungen. Im Interesse der Rechtsklarheit und zur Vermeidung begrifflicher Ergebnisse soll daher im folgenden der Versuch unternommen werden, unabhängig von den genannten Grundsätzen die Grenzen der betrieblichen Mitbestimmung in sozialen Angelegenheiten aufzuzeigen, wenn auch auf Argumente einzugehen sein wird, die in der Diskussion um die Mitbestimmung bei formellen und materiellen Arbeitsbedingungen und um den Freiwilligkeitsgrundsatz vorgebracht wurden.

1976, 1 (13 ff.); *Rumpff*, AuR 1972, 65 (71 f.); ebenso zum BetrVG 1952: BAG AP Nr. 5 zu § 56 BetrVG, Bl. 3; AP Nr. 3 zu § 56 BetrVG Entlohnung, Bl. 3, mit insoweit zust. Anm. von *G. Hueck*, Bl. 4 R f.; AP Nr. 4 zu § 56 BetrVG Entlohnung, Bl. 4 R; AP Nr. 1 Bl. 2 R, Nr. 6 Bl. 2 R zu § 56 BetrVG Wohlfahrtseinrichtungen; *Hilger*, in Dietz / Gaul / Hilger, Akkord und Prämie, S. 157.

[28] Zur Frage, ob es sachgerecht ist, zwischen Entgelt und sonstigen Arbeitgeberleistungen zu unterscheiden, vgl. auch unten § 2 A I 2 c.

[29] Vgl. die Nachweise oben Fn. 24.

[30] So im Grundsatz *Hanau*, RdA 1973, 281 (283); ebenso zum BetrVG 1952: BAG AP Nr. 5 zu § 56 BetrVG, Bl. 3; AP Nr. 3 zu § 56 BetrVG Entlohnung, Bl. 3, mit insoweit zust. Anm. von *G. Hueck*, Bl. 4 R f.; AP Nr. 4 zu § 56 BetrVG Entlohnung, Bl. 4 R; AP Nr. 1 Bl. 2 R, Nr. 6 Bl. 2 R zu § 56 BetrVG Wohlfahrtseinrichtungen; AP Nr. 4 zu § 611 BGB Gratifikation, Bl. 2 R; differenzierend *Meyer*, BB 1965, 166 (167 f.).

Zweiter Teil

Einzelanalyse der Mitbestimmungsrechte

Die Frage, ob die Begründung und der Umfang von Leistungspflichten des Arbeitgebers und der Arbeitnehmer der notwendigen Mitbestimmung nach § 87 unterliegen, ist im Gesetz nicht ausdrücklich geregelt und muß daher durch Auslegung geklärt werden. Ausgangspunkt ist dabei eine Einzelanalyse der Mitbestimmungstatbestände, bevor übergreifende Probleme, wie die historische Entwicklung der Betriebsverfassung und die Funktion der betrieblichen Mitbestimmung, erörtert werden[1].

§ 2 Die Leistungspflicht des Arbeitgebers

A. Notwendige Mitbestimmung in sozialen Angelegenheiten

I. Mitbestimmung nach § 87 Abs. 1 Nr. 8

1. Reichweite der Mitbestimmung

Eine eindeutige gesetzgeberische Entscheidung über die Reichweite der Betriebsratsbefugnisse bei der Regelung von Leistungspflichten des Arbeitgebers enthält § 87 Abs. 1 Nr. 8. Nach dieser Vorschrift besteht ein notwendiges Mitbestimmungsrecht bei der Regelung der Form, Ausgestaltung und Verwaltung von Sozialeinrichtungen. Dagegen ist deren Errichtung nicht der notwendigen Mitbestimmung unterworfen, wie sich aus § 88 Nr. 2 ergibt[2]. Insoweit ist nur eine freiwillige Betriebsvereinbarung möglich[3]. Zur mitbestimmungsfreien Errichtung

---

[1] Zu den einzelnen Auslegungskriterien vgl. *Larenz*, Methodenlehre, S. 307 ff.

[2] Vgl. amtliche Begründung, BT-Drucks. VI/1786, S. 49; BAG AP Nr. 1 zu § 87 BetrVG 1972 Werkmietwohnungen, Bl. 2 R; *Dietz / Richardi*, § 88 Anm. 13; *Fitting / Auffarth / Kaiser*, § 87 Anm. 47, § 88 Anm. 9; *Galperin / Löwisch*, § 87 Anm. 186; *Gnade / Kehrmann / Schneider*, § 87 Anm. 25; *Moll*, Mitbestimmung beim Entgelt, S. 94; *Wiese*, GK-BetrVG, § 87 Anm. 262.

[3] Nicht überzeugend ist die Auffassung von *Gester / Isenhardt* (RdA 1974, 80 [83]), § 88 dürfe als „ordnungspolitisch minderrangige Vorschrift“ nicht

gehört auch die Dotierung der Sozialeinrichtung, d. h. Art und Umfang der vom Arbeitgeber zur Verfügung gestellten Mittel[4], weil kein sachlicher Grund besteht, zwischen der Errichtung einer neuen und der Erhöhung der Zuwendungen an eine bestehende Sozialeinrichtung zu differenzieren. In beiden Fällen geht es um den Umfang der über eine Sozialeinrichtung erbrachten Arbeitgeberleistungen.

Aus diesem Grunde unterliegt auch die Herabsetzung der Mittel und die völlige Schließung der Sozialeinrichtung als actus contrarius zu ihrer Errichtung nicht der notwendigen Mitbestimmung[5]. Dagegen wird in der Literatur vereinzelt behauptet, die Verringerung der finanziellen Ausstattung einer Sozialeinrichtung sei nicht generell mitbestimmungsfrei, da die Arbeitnehmer darauf vertrauen dürften, daß die einmal zugesagten Leistungen nur dann gekürzt würden, wenn dies aus überwiegenden betrieblichen Gründen gerechtfertigt sei[6]. Die Anerkennung eines Mitbestimmungsrechts ist indessen nicht der richtige Weg, einem schutzwürdigen Interesse der Arbeitnehmer Rechnung zu tragen. Falls die Arbeitnehmer zu Recht darauf vertrauen dürfen, auch künftig bisher gewährte Sozialleistungen zu erhalten, muß ihnen ein Rechtsanspruch zugebilligt werden[7], über den im Streitfalle nicht eine betriebliche Einigungsstelle, sondern das Arbeitsgericht entscheidet[8]. Die individual-

---

zur Auslegung des § 87 herangezogen werden. Eine Hierarchie von Normen gibt es nur zwischen verschiedenen Arten von Rechtsquellen, nicht aber innerhalb eines Gesetzes.

[4] Allgemeine Meinung; vgl. BAG AP Nr. 1 Bl. 3, Nr. 3 Bl. 3 zu § 87 BetrVG 1972 Werkmietwohnungen; AP Nr. 1 Bl. 4 ff., Nr. 2 Bl. 3 R, Nr. 3 Bl. 4, Nr. 5 Bl. 2 R zu § 87 BetrVG 1972 Altersversorgung; *Fitting / Auffarth / Kaiser*, § 87 Anm. 47 d; *Galperin / Löwisch*, § 87 Anm. 186 ff.; *Meisel*, SAE 1979, 233; *Moll*, Mitbestimmung beim Entgelt, S. 103 f.; *Wiese*, GK-BetrVG, § 87 Anm. 265 m. w. N.

[5] Vgl. BAG AP Nr. 1 zu § 87 BetrVG 1972 Werkmietwohnungen, Bl. 2 R; AP Nr. 5 zu § 87 BetrVG 1972 Altersversorgung, Bl. 2 R; *Dietz / Richardi*, § 87 Anm. 443, 446; *Kammann / Hess / Schlochauer*, § 87 Anm. 157; *Wiese*, GK-BetrVG, § 87 Anm. 266 m. w. N.; im Grundsatz ebenso *Moll*, Mitbestimmung beim Entgelt, S. 104 ff.

[6] Vgl. *Reuter*, ZfA 1974, 235 (288); wohl auch *Lappe*, JArbR Bd. 16, S. 55 (79); *Richardi*, In memoriam Kahn-Freund, S. 247 (258 f.); dagegen *Moll*, Mitbestimmung beim Entgelt, S. 105 f.

[7] Zu der Entstehung eines Rechtsanspruches bei dreimaliger vorbehaltloser Gewährung einer Gratifikation vgl. BAG AP Nr. 3 Bl. 1 R, Nr. 4 Bl. 1 R zu § 611 BGB Gratifikation; *Zöllner*, Arbeitsrecht, S. 58. Einen vergleichbaren Fall bildet auch die Einschränkung der Widerrufsmöglichkeit einer unter dem Vorbehalt der Widerruflichkeit gewährten Betriebsrente; vgl. BAG AP Nr. 18 Bl. 2 R, Nr. 153 Bl. 3 f. zu § 242 BGB Ruhegehalt; AP Nr. 6 Bl. 3, Nr. 7 Bl. 2, Nr. 8 Bl. 2 R ff. zu § 242 BGB Ruhegehalt-Unterstützungskassen.

[8] Zur Unterscheidung von Regelungs- und Rechtsfragen vgl. *Dietz / Richardi*, § 76 Anm. 18; *Dütz*, in Richardi, Betriebs- und Unternehmensmitbestimmung Bd. 2, S. 88 ff.; *Fitting / Auffarth / Kaiser*, § 76 Anm. 31, § 77 Anm. 72; *Gaul*, Einigungsstelle, S. 36 f., 45 ff.; *Thiele*, GK-BetrVG, § 76 Anm. 10.

rechtliche und die betriebsverfassungsrechtliche Problematik einer Verringerung der Arbeitgeberleistungen sind streng zu trennen[9]. Soweit der Arbeitnehmer einen Anspruch auf die zugesagten Leistungen hat, ist ein Mitbestimmungsrecht schon wegen des mangelnden Regelungsspielraumes abzulehnen[10].

Auch die Entscheidung, ob den Arbeitnehmern ein Rechtsanspruch auf die durch die Sozialeinrichtung erbrachte Leistung zustehen soll, gehört wie die Dotierung zum Errichtungsakt und ist somit mitbestimmungsfrei[11].

Zur Ausgestaltung der Sozialeinrichtung gehört allerdings die Aufstellung eines Leistungsplanes[12]. Die Vorschrift des § 87 Abs. 1 Nr. 8 ist beispielsweise auf die generelle Regelung der Voraussetzungen eines Anspruchs auf Altersversorgung durch eine betriebliche Unterstützungskasse anwendbar[13]. Damit unterliegt aus der Sicht des einzelnen Arbeitnehmers die Höhe der an ihn zu erbringenden Arbeitgeberleistungen der Mitbestimmung. Das ändert indessen nichts daran, daß der Gesamtbetrag der Zuwendungen der Mitbestimmung entzogen ist. Wenn der Arbeitgeber die Dotierung senkt, verringern sich vorbehaltlich bestehender Rechtsansprüche entsprechend die Geldbeträge, die im Leistungsplan für bestimmte Arbeitnehmergruppen vorgesehen sind. Das Mitbestimmungsrecht erfaßt lediglich den Verteilungsschlüssel für die bereitgestellten Mittel. Daher ist der Umfang der Arbeitgeberleistungen als solcher nicht Gegenstand der Mitbestimmung.

Das gilt auch dann, wenn man mit der herrschenden Meinung annimmt, daß die notwendige Mitbestimmung auch die von den Arbeitnehmern zu entrichtenden Nutzungsentgelte, beispielsweise die Kantinenpreise, erfaßt[14]. Ebenso wie bei der Verteilung der Arbeitgeber-

---

[9] Vgl. auch BAG AP Nr. 5 zu § 87 BetrVG 1972 Altersversorgung, Bl. 2 R, sowie zu § 87 Abs. 1 Nr. 10 *Wiese*, GK-BetrVG, § 87 Anm. 332; unklar *Richardi*, In memoriam Kahn-Freund, S. 247 (259), der das Individualarbeitsrecht zur Interpretation des Betriebsverfassungsrechts heranziehen will, aber nicht deutlich macht, in welcher Weise der Betriebsrat bei der Auflösung einer Sozialeinrichtung mitbestimmen soll.

[10] Vgl. schon *Siebert*, RdA 1958, 161 (164), der die notwendige Mitbestimmung zutreffend vom Bestehen eines Spielraumes für ein Gestaltungsermessen abhängig machte.

[11] Vgl. *Kammann / Hess / Schlochauer*, § 87 Anm. 158; *Wiese*, GK-BetrVG, § 87 Anm. 264.

[12] Vgl. BAG AP Nr. 1 zu § 87 BetrVG 1972 Werkmietwohnungen, Bl. 3; AP Nr. 5 zu § 87 BetrVG 1972 Altersversorgung, Bl. 2 R; *Lappe*, JArbR Bd. 16, S. 55 (78); *Moll*, Mitbestimmung beim Entgelt, S. 110; *Weiss*, Anm. zu LAG Hamburg, EzA Nr. 2 zu § 87 BetrVG 1972 Sozialeinrichtung, S. 11; *Wiese*, GK-BetrVG, § 87 Anm. 274.

[13] Vgl. BAG AP Nr. 5 zu § 87 BetrVG 1972 Altersversorgung, Bl. 2 R.

[14] Vgl. BAG AP Nr. 6 Bl. 3 ff., Nr. 7 Bl. 1 R ff. zu § 56 BetrVG Wohlfahrtseinrichtungen; *Fitting / Auffarth / Kaiser*, § 87 Anm. 47 d; *Moll*, Mitbestim-

leistungen ist der Betriebsrat auch hier an den vom Arbeitgeber festgelegten Dotierungsrahmen gebunden[15]. Nach § 87 Abs. 1 Nr. 8 unterliegt also weder die Begründung einer zusätzlichen noch der Umfang einer bestehenden Leistungspflicht des Arbeitgebers der notwendigen Mitbestimmung.

2. *Modellcharakter für andere Arbeitgeberleistungen?*

Es fragt sich, ob in der Reichweite der notwendigen Mitbestimmung nach § 87 Abs. 1 Nr. 8 ein für alle Arbeitgeberleistungen geltendes allgemeines Prinzip zum Ausdruck kommt oder ob die Grenze der Mitbestimmung auf der Eigenart der Arbeitgeberleistungen beruht, die über eine Sozialeinrichtung abgewickelt werden.

a) Beschränkung auf vermögenswerte Leistungen

Eine Gruppe von Arbeitgeberleistungen läßt sich eindeutig ausgrenzen. Nach § 241 BGB ist jedes geschuldete Verhalten eine Leistung. In diesem Sinne können auch Maßnahmen zum Schutz der Persönlichkeit oder sonstiger ideeller Belange des Arbeitnehmers Gegenstand von Leistungspflichten sein[16]. Sie sind indessen im Hinblick auf ihre Funktion und ihre wirtschaftlichen Auswirkungen nicht mit der Gewährung von Sozialleistungen vergleichbar. Deshalb kann § 87 Abs. 1 Nr. 8 i. V. mit § 88 Nr. 2 jedenfalls insoweit keinen Modellcharakter haben.

Das in diesen Vorschriften zum Ausdruck kommende Prinzip paßt allenfalls für vermögenswerte Leistungen, also Geldleistungen oder Naturalleistungen, die ihrem Empfänger einen geldwerten Vorteil verschaffen. In diesem Sinne ist nicht nur die Zahlung des Lohns, sondern auch die Errichtung einer Kantine, eines Erholungsheimes oder einer Bibliothek[17] eine vermögenswerte Leistung, weil sich der Arbeitneh-

---

mung beim Entgelt, S. 110 ff.; *Wiese*, GK-BetrVG, § 87 Anm. 265, 274; weitere Nachweise unten § 3 C IV 1.

[15] Vgl. die Nachweise in Fn. 14.

[16] Die Terminologie ist uneinheitlich. Manche Autoren bezeichnen das gesamte geschuldete Verfahren als Leistung (vgl. *Müller*, Leistungsbegriff, S. 92; *Wolf*, AcP 153 [1954], 97 [113]; vgl. auch *Scherner*, JZ 1971, 533 [533, 536 f.]), während die h. M. zwischen Leistungs- und sonstigen Verhaltenspflichten unterscheidet und die Treuepflicht letzteren zuordnet (vgl. *Esser / Schmidt*, Schuldrecht I/1, S. 38 f.; *Larenz*, Schuldrecht I, S. 6 ff. m. w. N.). Auf diese Kontroverse ist hier nicht einzugehen.

[17] Die Einrichtung einer Bibliothek ist auch eine vermögenswerte Leistung, obwohl öffentliche Bibliotheken normalerweise kostenlos genutzt werden können. Das Entgelt wird hier wie bei anderen Leistungen der öffentlichen Verwaltung mittelbar durch die Steuern entrichtet.

mer entsprechende Vorteile regelmäßig gegen Zahlung eines Entgelts anderweitig verschaffen könnte. Dasselbe gilt für die Bereitstellung von Dienst- oder Schutzkleidung.

Ob der in § 87 Abs. 1 Nr. 8 i. V. mit § 88 Nr. 2 zum Ausdruck kommende Rechtsgedanke für alle vermögenswerten Arbeitgeberleistungen gilt, hängt zunächst vom Anwendungsbereich dieser Vorschrift ab, der möglicherweise Rückschlüsse auf ihren Zweck zuläßt.

b) Sonderregelung für freiwillige Arbeitgeberleistungen?

Häufig wird die Auffassung vertreten, die Besonderheit von Sozialleistungen liege in ihrer Freiwilligkeit[18]. Sollte sich diese Auslegung als zutreffend erweisen, könnte die dem § 87 Abs. 1 Nr. 8 i. V. mit § 88 Nr. 2 zu entnehmende Grenze der Mitbestimmung nur für Leistungen gelten, die der Arbeitgeber freiwillig erbringt. Das Verständnis der Diskussion über diese Frage wird dadurch erschwert, daß der Begriff „freiwillig" in verschiedenen Bedeutungen gebraucht wird[19].

Zunächst können damit Leistungen gemeint sein, auf die der Arbeitnehmer keinen Rechtsanspruch hat[20]. Das Mitbestimmungsrecht des Betriebsrats nach § 87 Abs. 1 Nr. 8 bezieht sich aber nicht ausschließlich auf solche Zuwendungen. Es ist nicht einzusehen, warum die notwendige Mitbestimmung bei der Regelung der Form, Ausgestaltung und Verwaltung einer Sozialeinrichtung entfallen soll, wenn der Arbeitnehmer einen Anspruch auf die über diese Einrichtung erbrachte Leistung erlangt. Dem Gesetz ist kein Anhaltspunkt dafür zu entnehmen, daß der Betriebsrat etwa bei der Verwaltung einer Pensionskasse nicht mitbestimmen soll, wenn der Arbeitgeber aufgrund einzelvertraglicher oder tariflicher Vereinbarungen zu einer betrieblichen Altersversorgung verpflichtet ist. Dieses Argument steht auch der Annahme entgegen, der Rechtsgedanke des § 87 Abs. 1 Nr. 8 i. V. mit § 88 Nr. 2 gelte lediglich für ursprünglich freiwillige Leistungen des Arbeitgebers[21],

---

[18] Vgl. BAG AP Nr. 1 Bl. 4 ff., Nr. 2 Bl. 3 R ff., Nr. 3 Bl. 3 R ff. zu § 87 BetrVG 1972 Altersversorgung; AP Nr. 1 zu § 87 BetrVG 1972 Arbeitssicherheit, Bl. 3 R, mit insoweit krit. Anm. von *Hanau*, Bl. 5 R (anders noch *ders.*, BB 1976, 91 [96]); vgl. auch *Wiedemann*, ZGR 1975, 385 (406), sowie die Nachweise zum sogenannten Freiwilligkeitsgrundsatz oben § 1 B II; dagegen *Jahnke*, ZfA 1980, 863 (879 ff.).

[19] Vgl. *Jahnke*, ZfA 1980, 863 (879 ff.); *Pleiß*, Freiwillige soziale Leistungen, S. 167 ff.

[20] Vgl. z. B. BAG AP Nr. 4 zu § 611 BGB Gratifikation, Bl. 2 R; *Blomeyer*, Anm. zu BAG AP Nr. 3 zu § 87 BetrVG 1972 Altersversorgung, Bl. 11; *Fitting / Auffarth / Kaiser*, § 87 Anm. 54 a; *Richardi*, ZfA 1976, 1 (7); *Rumpff*, AuR 1972, 65 (71 f.).

[21] So aber *Lappe*, JArbR Bd. 16, S. 55 (75).

d. h. für Zuwendungen, auf deren Einführung der Arbeitnehmer keinen Anspruch hatte.

Man könnte unter freiwilligen Leistungen indessen auch solche verstehen, deren Einführung nicht der notwendigen Mitbestimmung des Betriebsrats unterliegt, sondern mangels tariflicher oder individualvertraglicher Regelungen einer freiwilligen Betriebsvereinbarung oder der freien Entscheidung des Arbeitgebers überlassen bleibt. Es führt jedoch nicht weiter, die Mitbestimmung nach § 87 Abs. 1 Nr. 8 i. V. mit § 88 Nr. 2 auf solche Leistungen zu beschränken, weil dadurch nur die Rechtsfolgen[22] der genannten Normen umschrieben, nicht aber ihre Tatbestandsvoraussetzungen aufgezeigt werden[23].

Für die Anwendbarkeit des § 87 Abs. 1 Nr. 8 i. V. mit § 88 Nr. 2 spielt es also keine Rolle, ob der Arbeitgeber durch die Sozialeinrichtung eine freiwillige Leistung erbringt. Daher ist es nicht sachgerecht, wenn in Rechtsprechung und Literatur[24] die diesen Vorschriften zu entnehmende Grenze der Mitbestimmung mit dem ohnehin unscharfen Freiwilligkeitsgrundsatz[25] in Verbindung gebracht wird[26].

c) Sonderregelung für Leistungen ohne Entgeltcharakter?

Den Vorschriften des § 87 Abs. 1 Nr. 8 i. V. mit § 88 Nr. 2 könnte aber auch dann kein allgemeines Prinzip für die Reichweite der notwendigen Mitbestimmung bei vermögenswerten Leistungen entnommen werden, wenn die durch eine Sozialeinrichtung erbrachten Leistungen keinen Entgeltcharakter hätten[27]. Daher stellt sich die Frage, ob die von § 87 Abs. 1 Nr. 8 erfaßten Zuwendungen ein Entgelt darstellen, also im Hinblick auf die Dienste des Arbeitnehmers erbracht werden.

---

[22] Vgl. oben § 2 A I 1.

[23] Vgl. auch *Jahnke*, ZfA 1980, 863 (880).

[24] Vgl. BAG AP Nr. 1 Bl. 4 ff., Nr. 2 Bl. 3 R ff., Nr. 3 Bl. 3 R ff. zu § 87 BetrVG 1972 Altersversorgung; *Bötticher*, SAE 1973, 232; *Reuter*, ZfA 1974, 235 (287); *Richardi*, ZfA 1976, 1 (16 f.).

[25] Vgl. hierzu oben § 1 B II.

[26] Krit. auch *Blomeyer*, Anm. zu BAG AP Nr. 3 zu § 87 BetrVG 1972 Altersversorgung, Bl. 10 R f.; *Steindorff*, Anm. zu BAG AP Nr. 2 zu § 87 BetrVG 1972 Altersversorgung, Bl. 6.

[27] So *Weigel*, BB 1974, 1583 (1584 f.); modifizierend *Kammann / Hess / Schlochauer*, § 87 Anm. 141, die meinen, die Leistung dürfe nicht ausschließlich Entgeltcharakter haben; ebenso zum BetrVG 1952: BAG AP Nr. 5 zu § 56 BetrVG, Bl. 2 R f.; AP Nr. 12 zu § 5 TVG, Bl. 2 R; *Dietz*, § 56 Anm. 130; *Nikisch* III, S. 403 f.; *Sasse*, DB 1960, 609; dagegen jetzt BAG AP Nr. 1 zu § 87 BetrVG 1972 Altersversorgung, Bl. 4, mit zust. Anm. von *Richardi*, Bl. 7 R; *Fitting / Auffarth / Kaiser*, § 87 Anm. 45; *Jahnke*, ZfA 1980, 863 (872 f. mit Fn. 40); *Lappe*, JArbR Bd. 16, S. 55 (76); *Moll*, Mitbestimmung beim Entgelt, S. 85 ff.; *Weiss*, § 87 Anm. 22; *Wiese*, GK-BetrVG, § 87 Anm. 254.

Für einen Entgeltcharakter der durch eine Sozialeinrichtung erbrachten Leistungen spricht, daß der Arbeitnehmer durch sie Vorteile erhält, die nicht in gleicher Weise anderen Personen zufließen[28]. Wenn der Arbeitgeber beispielsweise als Kantine eine Gaststätte einrichtet, die zu gleichen Preisen auch beliebigen Dritten offensteht, liegt schon nach dem Wortlaut der Norm keine Sozialeinrichtung i. S. des § 87 Abs. 1 Nr. 8 vor. Denn ihr Wirkungsbereich muß auf Betrieb, Unternehmen oder Konzern beschränkt sein[29]. Folglich sind nach der Konzeption des Betriebsverfassungsgesetzes die durch eine Sozialeinrichtung gewährten Leistungen mit dem Arbeitsverhältnis verknüpft.

Dieses ist auch schuldrechtlich die causa[30] für alle Sozialeinrichtungen. Als Rechtsgrund für jene Zuwendungen kommen nur das Arbeitsverhältnis oder eine Schenkung in Betracht. Es würde indessen dem erkennbaren Parteiwillen widersprechen, eine Schenkung i. S. des § 516 BGB anzunehmen[31]. Der Arbeitgeber errichtet eine Sozialeinrichtung in der Regel nicht uneigennützig[32], sondern mit dem Zweck, Arbeitskräfte an seinen Betrieb zu binden[33]. Es besteht also ein Bezug zu der vom Arbeitnehmer geleisteten bzw. noch zu leistenden Arbeit. Deshalb ist das Arbeitsverhältnis Rechtsgrund für die durch eine Sozialeinrichtung erbrachten Leistungen. Diese stellen ebenso wie alle anderen vermögenswerten Arbeitgeberleistungen ein Entgelt dar[34].

Den Sozialleistungen kommt nur insofern eine Sonderstellung gegenüber dem sonstigen Arbeitsentgelt[35] zu, als sie außerhalb des vertraglichen Synallagmas[36] stehen. Ein unmittelbarer Zusammenhang zwi-

---

[28] Vgl. *Wiese*, GK-BetrVG, § 87 Anm. 259, 278; vgl. auch *Jahnke*, ZfA 1980, 863 (876).

[29] Außenstehende dürfen nur „als Gäste" zugelassen werden; vgl. BAG AP Nr. 1 zu § 87 BetrVG 1972 Sozialeinrichtung, Bl. 1 R ff.; *Dütz*, SAE 1981, 33 (36).

[30] Zur causa, dem Rechtsgrund einer Leistung, vgl. *Esser / Schmidt*, Schuldrecht I/1, S. 11, 30 ff. m. w. N.

[31] Vgl. BAG AP Nr. 1 Bl. 1 R, Nr. 26 Bl. 1 R zu § 611 BGB Gratifikation; *Jahnke*, ZfA 1980, 863 (870 f.); *Lemke*, BB 1957, 512 (514); *Moll*, Mitbestimmung beim Entgelt, S. 89; *Richardi*, ZfA 1976, 1 (7 f.); *Schwerdtner*, Fürsorgetheorie und Entgelttheorie, S. 15 f.

[32] Vgl. jeweils m. w. N. *Blomeyer*, in Richardi, Betriebs- und Unternehmensmitbestimmung Bd. 2, S. 38; *Fitting / Auffarth / Kaiser*, § 87 Anm. 45; *Wiese*, GK-BetrVG, § 87 Anm. 256; a. M. *Stege / Weinspach*, § 87 Anm. 135.

[33] Vgl. *Moll*, Mitbestimmung beim Entgelt, S. 85; *Zachert*, MitbestGespr. 1973, 135; vgl. auch *Jahnke*, ZfA 1980, 863 (875).

[34] Vgl. die Nachweise oben Fn. 31.

[35] Teilweise wird zwischen „Arbeitsentgelt im engeren Sinne" und „Entgelt im weiteren Sinne" unterschieden. Ersteres stehe im Synallagma zur Arbeitsleistung, letzteres nicht. Vgl. zu dieser Terminologie *Jahnke*, ZfA 1980, 863 (870 ff.). Einen Überblick über die verschiedenen Arten von Arbeitgeberleistungen gibt *Gaul*, in Dietz / Gaul / Hilger, Akkord und Prämie, S. 39.

schen der Dienstleistung des Arbeitnehmers und den Sozialleistungen des Arbeitgebers fehlt, weil diese unabhängig davon gewährt werden, ob der Arbeitnehmer tatsächlich gearbeitet hat[37]. Darauf kommt es indessen im hier erörterten Zusammenhang nicht an.

Für den Umfang des Mitbestimmungsrechts ist vielmehr entscheidend, daß die durch Sozialeinrichtungen erbrachten Zuwendungen nach ihrer Funktion und ihren praktischen Auswirkungen den sonstigen Arbeitgeberleistungen vergleichbar sind. Für den Arbeitnehmer ist es gleichgültig, ob ihm eine Kantine mit preiswertem Essen zur Verfügung steht oder ob er eine Lohnzulage erhält, die es ihm ermöglicht, eine entsprechende Mahlzeit in einer öffentlichen Gaststätte einzunehmen. Es ist kein besonderes Schutzbedürfnis erkennbar, das für die notwendige Mitbestimmung über die Einführung und den Umfang gerade solcher Leistungen spricht, die dem Arbeitnehmer direkt zufließen und nicht über eine Sozialeinrichtung erbracht werden[38]. Für den Arbeitnehmer ist auch unerheblich, ob die Leistung, die er erhält, in einer synallagmatischen Beziehung zu seiner Arbeitsleistung steht oder nicht.

Aus der Sicht des Arbeitgebers besteht ebenfalls kein Grund, die Reichweite der Mitbestimmung von der Art der vermögenswerten Leistung abhängig zu machen. Für ihn spielt nur eine Rolle, wieviel Geld er insgesamt für die Arbeitnehmer aufwenden muß[39]. Eine Lohnerhöhung hat für ihn dieselben wirtschaftlichen Auswirkungen wie die Erhöhung der Zuschüsse an eine Sozialeinrichtung. Demnach haben alle vermögenswerten Arbeitgeberleistungen nicht nur denselben Rechtsgrund, sondern auch dieselben wirtschaftlichen Folgen für die Arbeitsvertragspartner. Die Interessenlage im Hinblick auf die hier behandelten Regelungen ist in allen Fällen gleich. Es liegt daher nahe, in der Grenze der Mitbestimmung nach § 87 Abs. 1 Nr. 8 i. V. mit § 88 Nr. 2 die Ausprägung eines Rechtsgedankens zu sehen, der für alle vermögenswerten Arbeitgeberleistungen gilt.

d) Sonderregelung für Leistungen mit „Verselbständigungstendenz"?

Dieses Zwischenergebnis könnte allerdings im Hinblick auf den Bedeutungszusammenhang des Gesetzes zweifelhaft sein. Der Tatbestand

---

[36] Vgl. dazu *Esser / Schmidt*, Schuldrecht I/1, S. 122 ff.; *Larenz*, Schuldrecht I, S. 188.

[37] Vgl. BAG AP Nr. 1 zu § 87 BetrVG 1972 Altersversorgung, Bl. 3 R f.; *Jahnke*, Gratifikationen und Sonderleistungen, S. 11 f.; *ders.*, ZfA 1980, 863 (871 f.); a. M. *Herschel*, BB 1978, 569 (570 f.).

[38] Vgl. *Jahnke*, ZfA 1980, 863 (889).

[39] Vgl. auch *Moll*, Mitbestimmung beim Entgelt, S. 85 ff.

des § 87 Abs. 1 Nr. 10 erfaßt nach der neueren Rechtsprechung des BAG alle Formen des Arbeitsentgelts, unabhängig davon, ob eine synallagmatische Beziehung zur Arbeitsleistung besteht[40], so daß auch Sozialleistungen in den Anwendungsbereich dieser Vorschrift fallen. Wegen der soeben skizzierten[41], bei allen vermögenswerten Arbeitgeberleistungen vergleichbaren Interessenlage verdient diese Auslegung Zustimmung[42]. Es ist nicht gerechtfertigt, im Rahmen des § 87 Abs. 1 Nr. 10 zwischen verschiedenen Entgeltarten zu differenzieren. Folglich enthält § 87 Abs. 1 Nr. 8 als lex specialis zu § 87 Abs. 1 Nr. 10[43] eine Sonderregelung für Arbeitgeberleistungen, die über eine Sozialeinrichtung erbracht werden. Auch in einer Spezialvorschrift kann indessen ein allgemeiner Rechtsgedanke zum Ausdruck kommen[44]. Ausschlaggebend ist allein der Zweck der Sonderregelung.

Moll meint, der sachliche Grund für die lex specialis des § 87 Abs. 1 Nr. 8 liege in den „Beharrungs- und Verselbständigungstendenzen" einer Sozialeinrichtung[45]. Sie könne in der Regel nur unter Kostenaufwand abgebaut werden, während der Arbeitgeber unmittelbar an den Arbeitnehmer erbrachte Leistungen ohne weiteres einstellen könne[46]. Außerdem seien die Folgewirkungen einer Sozialeinrichtung nur begrenzt beherrschbar. Sie müsse im Laufe der Zeit einem möglicherweise wachsenden Betrieb angepaßt werden, so daß dem Arbeitgeber zusätzliche Kosten entstünden. Wegen dieser besonderen Risikolage nehme das Gesetz die Errichtung einer Sozialeinrichtung von der notwendigen Mitbestimmung aus. Wenn darin die ratio der Sonderregelung läge, könnte § 87 Abs. 1 Nr. 8 i. V. mit § 88 Nr. 2 kein allgemeines Prinzip entnommen werden, das auch für sonstige vermögenswerte Arbeitgeberleistungen gilt.

Die Auffassung *Molls* ist indessen nicht überzeugend. Auch wenn man mit der h. M. davon ausgeht, daß eine Sozialeinrichtung i. S. des § 87 Abs. 1 Nr. 8 ein zweckgebundenes Sondervermögen voraussetzt[47],

---

[40] Vgl. BAG AP Nr. 1 Bl. 3 R, Nr. 3 Bl. 3 R zu § 87 BetrVG 1972 Altersversorgung; EzA Nr. 1 zu § 87 BetrVG 1972 Betriebl. Lohngestaltung, S. 3 f.

[41] Vgl. § 2 A I 2 c.

[42] Ebenso *Hanau*, Anm. zu BAG, AR-Blattei D, Betriebsverfassung XIV B, Entsch. 40, Forts.-Bl. 9 R; *Jahnke*, ZfA 1980, 863 (886); *Moll*, Mitbestimmung beim Entgelt, S. 136 ff.; *Richardi*, In memoriam Kahn-Freund, S. 247 (249); krit. *Blomeyer*, Anm. zu BAG AP Nr. 3 zu § 87 BetrVG 1972 Altersversorgung, Bl. 9; *Meisel*, SAE 1981, 194 (195 ff.); *Schirdewahn*, BB 1980, 163 (165).

[43] Vgl. *Jahnke*, ZfA 1980, 863 (886); *Moll*, Mitbestimmung beim Entgelt, S. 143.

[44] Vgl. zu dem insoweit gleichgelagerten Problem der Analogiefähigkeit von Ausnahmevorschriften *Larenz*, Methodenlehre, S. 343 f.

[45] *Moll*, Mitbestimmung beim Entgelt, S. 99 ff.

[46] Vgl. auch schon *Gumpert*, BB 1964, 181 (182).

bereitet ihr Abbau keine so großen Schwierigkeiten, daß die Einschränkung eines sonst bestehenden Mitbestimmungsrechts sachlich gerechtfertigt wäre. Leistungen, die der Arbeitnehmer ohne die Zwischenschaltung einer Sozialeinrichtung erhält, können ebenfalls „Beharrungstendenzen" aufweisen. Das gilt vor allem dann, wenn der Arbeitnehmer etwa aufgrund dreimaliger vorbehaltloser Gewährung einer Gratifikation einen Rechtsanspruch erwirbt[48].

Die durch eine Sozialeinrichtung erbrachten Zuwendungen unterscheiden sich auch nicht dadurch von den übrigen Arbeitgeberleistungen, daß sie bei einer Vergrößerung der Belegschaft zusätzliche Folgekosten verursachen. In allen Fällen steht der Arbeitgeber vor der Alternative, die Dotierung anzupassen oder hinzunehmen, daß die dem einzelnen Arbeitnehmer zufließenden Vorteile unbeschadet bestehender Rechtsansprüche entsprechend reduziert werden. Stellt man in Anlehnung an einen inzwischen überholten Vorlagebeschluß des Ersten Senats des BAG an die Institutionalisierung einer Sozialeinrichtung geringere Anforderungen[49] als die herrschende Meinung, ist die Konzeption *Molls* erst recht nicht überzeugend.

Gegen die Schlüssigkeit seiner Argumentation spricht auch, daß sich *Moll* im Hinblick auf die Mitbestimmung bei der betrieblichen Altersversorgung zu einer Ausnahme gezwungen sieht. Weil diese immer eine „Beharrungs- und Verselbständigungstendenz" aufweise, gelte hier generell der Rechtsgedanke des § 87 Abs. 1 Nr. 8 i. V. mit § 88 Nr. 2, die Einführung und den Umfang einer Arbeitgeberleistung nicht der notwendigen Mitbestimmung zu unterwerfen[50]. Hier komme es nicht darauf an, ob die Versorgungsleistung über eine Sozialeinrichtung i. S. des § 87 Abs. 1 Nr. 8 erbracht werde. Um die Reichweite der Mitbe-

---

[47] Vgl. mit unterschiedlichen Formulierungen BAG AP Nr. 1 Bl. 2 R, Nr. 2 Bl. 3, Nr. 3 Bl. 3 f., Nr. 4 Bl. 2 f. zu § 87 BetrVG 1972 Altersversorgung; AP Nr. 1 zu § 87 BetrVG 1972 Sozialeinrichtung, Bl. 1 R; EzA Nr. 1 zu § 87 BetrVG 1972 Betriebl. Lohngestaltung, S. 5 f.; LAG Baden-Württemberg, EzA Nr. 1 zu § 87 BetrVG 1972 Sozialeinrichtung, S. 2; LAG Hamburg, EzA Nr. 2 zu § 87 BetrVG 1972 Sozialeinrichtung, S. 6 f.; *Dietz / Richardi*, § 87 Anm. 382; *Galperin / Löwisch*, § 87 Anm. 171; *Gumpert*, BB 1980, 582; *ders.*, BB 1981, 737; *Jahnke*, ZfA 1980, 863 (865 f., 887 f.); *Moll*, Mitbestimmung beim Entgelt, S. 80 f.; *Schirdewahn*, BB 1980, 891 (892); *Wiese*, GK-BetrVG, § 87 Anm. 249 ff.; *ders.*, SAE 1968, 137.

[48] Vgl. die Nachweise oben Fn. 7.

[49] Vgl. Vorlagebeschluß BAG AP Nr. 2 zu § 87 BetrVG 1972 Sozialeinrichtung, Bl. 4 R (ausdrücklich aufgegeben in BAG, EzA Nr. 1 zu § 87 BetrVG 1972 Betriebl. Lohngestaltung, S. 3, 6), in dem das BAG erwog, § 87 Abs. 1 Nr. 8 auf alle Leistungen anzuwenden, die „irgendwie institutionalisiert" sind, d. h. einen bestimmten Zweck haben, keine Einzel- oder Ausnahmeerscheinung darstellen und auf eine gewisse Dauer gerichtet sind; zust. *Fitting / Auffarth / Kaiser*, § 87 Anm. 44; ähnlich *Weiss*, § 87 Anm. 22; *ders.*, Anm. zu LAG Hamburg, EzA Nr. 2 zu § 87 BetrVG 1972 Sozialeinrichtung, S. 10 ff.

[50] Vgl. *Moll*, Mitbestimmung beim Entgelt, S. 190 ff.

stimmung zu ermitteln, müßte also immer geprüft werden, ob der fraglichen Arbeitgeberleistung eine „Beharrungs- und Verselbständigungstendenz" zukommt. Darin liegt indessen kein taugliches Abgrenzungskriterium, so daß die Konzeption *Molls* zu einer erheblichen Rechtsunsicherheit führen würde.

Die aufgezeigten Unstimmigkeiten lassen sich nur vermeiden, wenn man anerkennt, daß der Zweck der speziellen Regelung des § 87 Abs. 1 Nr. 8 nicht darin liegt, ein sonst angeblich bestehendes notwendiges Mitbestimmungsrecht über die Einführung und den Umfang von Arbeitgeberleistungen auszuschließen. Sinn der Vorschrift ist vielmehr die Ausdehnung der notwendigen Mitbestimmung auf die Form, Ausgestaltung und Verwaltung[51] von Arbeitgeberleistungen, die über eine Sozialeinrichtung erbracht werden[52]. Die in § 87 Abs. 1 Nr. 8 genannten Regelungsfragen entstehen vorwiegend dann, wenn die Leistung des Arbeitgebers institutionalisiert ist, während im übrigen die Mitbestimmung über den Verteilungsschlüssel genügt.

Hinzu kommt ein historischer Aspekt. Die Beteiligung der Arbeitnehmervertretung bei der Verwaltung von betrieblichen Unterstützungseinrichtungen bildet den Ursprung der Mitbestimmung in sozialen Angelegenheiten[53]. Bei Arbeitgeberleistungen, die über eine Sozialeinrichtung erbracht werden, reicht die betriebliche Mitbestimmung also traditionell weiter als bei sonstigen Leistungen. Folglich steht der Zweck der Sonderregelung des § 87 Abs. 1 Nr. 8 nicht der nach der Interessenlage gebotenen Annahme entgegen, die Einführung und der Umfang vermögenswerter Arbeitgeberleistungen seien unabhängig davon mitbestimmungsfrei, ob die Leistung über eine Sozialeinrichtung erbracht wird oder den Arbeitnehmern direkt zufließt.

---

[51] Dazu gehört auch die Mitbestimmung bei einzelnen Verwaltungsmaßnahmen; vgl. zum Ganzen *Wiese*, GK-BetrVG, § 87 Anm. 280 ff. m. w. N.

[52] Vgl. BAG, EzA Nr. 1 zu § 87 BetrVG 1972 Betriebl. Lohngestaltung, S. 6; *Hanau*, BB 1976, 91 (96); *ders.*, Anm. zu BAG, AR-Blattei D, Betriebsverfassung XIV B, Entsch. 40, Forts.-Bl. 10 R; *Jahnke*, ZfA 1980, 863 (887); vgl. auch *Buchner*, Anm. zu BAG, AR-Blattei D, Betriebsverfassung XIV B, Entsch. 27, Forts.-Bl. 6 R f.

[53] Vgl. schon § 134 h Nr. 1 GewO i. d. F. vom 1. 6. 1891 (RGBl. S. 261), § 66 Nr. 9 BRG. Zur historischen Auslegung des § 87 Abs. 1 Nr. 8 vgl. auch *Blomeyer*, Anm. zu BAG AP Nr. 3 zu § 87 BetrVG 1972 Altersversorgung, Bl. 8; *Kraft*, SAE 1976, 42; im Ansatz ebenso *Jahnke*, ZfA 1980, 863 (886 f.), der aber den sachlichen Grund für die Ausdehnung des Mitbestimmungsrechts in dem erhöhten Schutzbedürfnis des Arbeitnehmers sieht, wenn eine eigenständige Organisation zwischen ihn und den Arbeitgeber geschoben wird. Ob diese Deutung zutrifft, kann hier dahingestellt bleiben.

e) Zwischenergebnis

Allgemeine teleologische Erwägungen sprechen dafür, daß in § 87 Abs. 1 Nr. 8 i. V. mit § 88 Nr. 2 ein Rechtsgedanke zum Ausdruck kommt, der für alle vermögenswerten Leistungen des Arbeitgebers gilt: Ihre Einführung und ihr Umfang unterliegen nicht der notwendigen Mitbestimmung des Betriebsrats. Nunmehr ist zu prüfen, ob die übrigen Tatbestände des § 87 Abs. 1 zu einer Korrektur dieses Zwischenergebnisses zwingen.

II. Mitbestimmung nach § 87 Abs. 1 Nr. 1

1. Vom Gesetzeswortlaut erfaßte Fälle

a) Begründung von Nebenleistungspflichten als Regelungsbereich der betrieblichen Ordnung?

Die Vorschrift des § 87 Abs. 1 Nr. 1 unterwirft Fragen der Ordnung des Betriebs und des Verhaltens der Arbeitnehmer im Betrieb der notwendigen Mitbestimmung. Teilweise wird die Auffassung vertreten, die Entscheidung, ob die Arbeitnehmer ihr Diensttelefon bzw. ihren Dienstwagen privat nutzen oder eigene Elektrogeräte an das betriebliche Stromnetz anschließen dürfen, sei als Teil der betrieblichen Ordnung mitbestimmungspflichtig[54]. Sollte sich diese Auffassung als zutreffend erweisen, würde die in § 87 Abs. 1 Nr. 8 i. V. mit § 88 Nr. 2 zum Ausdruck kommende Grenze der Mitbestimmung nicht für § 87 Abs. 1 Nr. 1 gelten, weil es sich bei den genannten Angelegenheiten um vermögenswerte Leistungen des Arbeitgebers handelt.

Bei der Auslegung des § 87 Abs. 1 Nr. 1 ist vom Wortlaut der Vorschrift auszugehen[55]. Er scheint darauf hinzuweisen, daß zwei selbständige Mitbestimmungstatbestände zu unterscheiden sind, nämlich die Ordnung des Betriebs und das Verhalten der Arbeitnehmer im Betrieb. Aus dem Bedeutungszusammenhang und dem Zweck ergibt sich indessen, daß die Norm einen einheitlichen Regelungsbereich betrifft. Der Gesetzgeber wollte weder die Ordnung des Betriebs noch das Verhalten der Arbeitnehmer im Betrieb insgesamt der notwendigen Mitbestimmung unterwerfen. Darauf weist schon das § 87 Abs. 1 zugrundeliegende Enumerationsprinzip hin. Die meisten der in dieser Vorschrift genannten Tatbestände betreffen unterschiedliche Regelungsbereiche der betrieblichen Ordnung[56]. Das gilt insbesondere für die Festsetzung

[54] Vgl. *Galperin / Löwisch*, § 87 Anm. 59; *Weiss*, § 87 Anm. 12.

[55] Vgl. dazu *Larenz*, Methodenlehre, S. 307 ff.

[56] Vgl. *Wiese*, GK-BetrVG, § 87 Anm. 1.

der Lage der Arbeitszeit (§ 87 Abs. 1 Nr. 2), die Regelung von Zeit, Art und Auszahlung der Arbeitsentgelte (§ 87 Abs. 1 Nr. 4), die Anwendung technischer Überwachungseinrichtungen (§ 87 Abs. 1 Nr. 6), die Aufstellung von betrieblichen Entlohnungsgrundsätzen (§ 87 Abs. 1 Nr. 10) und die Ausgestaltung des betrieblichen Vorschlagswesens (§ 87 Abs. 1 Nr. 12). Diese detaillierten gesetzlichen Regelungen wären überflüssig, wenn nach § 87 Abs. 1 Nr. 1 die gesamte Ordnung des Betriebs der Mitbestimmung unterliegen würde. Daher erfaßt auch § 87 Abs. 1 Nr. 1 nur einen Ausschnitt der betrieblichen Ordnung, nämlich das Verhalten der Arbeitnehmer, soweit die Ordnung des Betriebs davon berührt wird[57].

Diese Auslegung wird vom Zweck der Norm bestätigt. Sie trägt der Tatsache Rechnung, daß die Arbeitnehmer nicht nur wie selbständige Dienstvertragspartner eine bestimmte Arbeit verrichten müssen, sondern verpflichtet sind, eine Funktion in einem fremden Lebensbereich wahrzunehmen[58]. Somit sind sie einer Reihe von Maßnahmen ausgesetzt, die ihr Verhalten im Umfeld der Arbeitsleistung beeinflussen. Zum Ausgleich unterwirft § 87 Abs. 1 Nr. 1 diese Angelegenheiten der notwendigen Mitbestimmung[59].

Aus dem richtig verstandenen Wortlaut und dem Zweck des § 87 Abs. 1 Nr. 1 ergibt sich, daß nach dieser Vorschrift weder die Begründung noch der Umfang vermögenswerter Leistungspflichten des Arbeitgebers der notwendigen Mitbestimmung unterliegt. Die Frage, ob die Arbeitnehmer ihren Dienstwagen privat nutzen dürfen, beeinflußt nicht ihr Verhalten in bezug auf die Ordnung des Betriebs. Dasselbe gilt für die Verwendung der vom Arbeitgeber bezahlten elektrischen Energie für eigene Zwecke[60]. Aus demselben Grund unterliegt die Entscheidung, ob ein firmeneigener Parkplatz geschaffen werden soll, nicht der Mitbestimmung nach § 87 Abs. 1 Nr. 1[61].

---

[57] So im Ergebnis LAG Düsseldorf vom 13. 7. 1976 — 5 TaBV 24/76 —, zit. bei *Brill*, DB 1978, Beilage Nr. 9, S. 3; LAG Hamm, BB 1980, 1582; *Dietz / Richardi*, § 87 Anm. 139; *Wiese*, GK-BetrVG, § 87 Anm. 95; *Wiese / Starck*, Anm. zu BAG AP Nr. 2 zu § 87 BetrVG 1972 Arbeitssicherheit, Bl. 5 R m. w. N.; ebenso zum BetrVG 1952: *Nikisch* III, S. 412; der Sache nach ebenso BAG AP Nr. 2 zu § 87 BetrVG 1972 Arbeitssicherheit, Bl. 2 R f., das zwar zwei selbständige Tatbestände annimmt, aber beide ausschließlich auf Maßnahmen anwendet, die das Verhalten der Arbeitnehmer in bezug auf die betriebliche Ordnung beeinflussen.

[58] Vgl. *Wiese*, ZfA 1971, 273 (278).

[59] Vgl. *Wiese / Starck*, Anm. zu BAG AP Nr. 2 zu § 87 BetrVG 1972 Arbeitssicherheit, Bl. 5 R.

[60] Im Ergebnis ebenso *Stege / Weinspach*, § 87 Anm. 49; *Wiese*, GK-BetrVG, § 87 Anm. 102; ebenso zum BetrVG 1952: *Kretzschmar*, BB 1959, 1068 (1071); *Neumann-Duesberg*, Betriebsverfassungsrecht, S. 484; *Nikisch III*, S. 412 f.

[61] Vgl. ArbG Wuppertal, BB 1975, 561; *Galperin / Löwisch*, § 87 Anm. 64;

Um die Beschränkung vermögenswerter Verpflichtungen des Arbeitgebers geht es bei einem Haftungsausschluß. Auch dieser betrifft nicht das Verhalten der Arbeitnehmer in bezug auf die Ordnung des Betriebs und ist daher mitbestimmungsfrei[62].

b) Indirekte Beeinflussung des Umfangs vermögenswerter Arbeitgeberleistungen

Nach Wortlaut und Zweck des § 87 Abs. 1 Nr. 1 unterliegt die Aufstellung einer betrieblichen Kleiderordnung der notwendigen Mitbestimmung[63]. Das gilt auch, wenn der Arbeitgeber durch Gesetz, Tarifvertrag, freiwillige Betriebsvereinbarung oder Einzelarbeitsvertrag verpflichtet ist, die Kosten der Dienstkleidung zu tragen[64]. Denn eine betriebliche Kleiderordnung beeinflußt auch unter diesen Voraussetzungen das Verhalten der Arbeitnehmer in bezug auf die Ordnung des Betriebs. Wenn die Betroffenen sich nicht zur Erbringung der Arbeitsleistung in einen fremden Lebensbereich einordnen müßten, könnten sie sich nach ihrem eigenen Geschmack kleiden. Deshalb bestimmt der Betriebsrat nach § 87 Abs. 1 Nr. 1 über Schnitt, Farbe und sonstige Einzelheiten[65] der Dienstkleidung mit und trifft somit gemeinsam mit dem Arbeitgeber eine Auswahl zwischen verschieden teuren Modellen. Dadurch beeinflußt er die Höhe der vom Arbeitgeber zu tragenden Kosten.

Aus § 87 Abs. 1 Nr. 1 ergibt sich also, daß ein notwendiges Mitbestimmungsrecht nicht schon dann ausscheidet, wenn es zusätzliche Kosten für den Arbeitgeber verursacht[66]. Dieses Ergebnis steht indessen nicht

---

Kammann / Hess / Schlochauer, § 87 Anm. 49; *Stege / Weinspach*, § 87 Anm. 44; *Wiese*, GK-BetrVG, § 87 Anm. 110.

[62] Ebenso zu § 56 Abs. 1 Buchst. f BetrVG 1952: BAG AP Nr. 26 zu § 611 BGB Fürsorgepflicht, Bl. 5; *Galperin / Siebert*, § 56 Anm. 70 c; a. M. *Herschel*, AuR 1959, 319 (320).

[63] Allgemeine Meinung; vgl. BAG AP Nr. 3 zu § 56 BetrVG Ordnung des Betriebes, Bl. 1 R; LAG Frankfurt, BB 1978, 810; *Brecht*, § 87 Anm. 13; *Brill*, DB 1975, 1076 (1079); *Fitting / Auffarth / Kaiser*, § 87 Anm. 17 a; *Galperin / Löwisch*, § 87 Anm. 59, 62; *Wiese*, UFITA Bd. 64 (1972), S. 145 (154 f.); *ders.*, GK-BetrVG, § 87 Anm. 107. Für Schutzkleidung gilt § 87 Abs. 1 Nr. 7 als lex specialis (vgl. unten § 2 A VIII).

[64] Zur Verpflichtung des Arbeitgebers, Arbeitskleidung zu stellen, vgl. *Brill*, DB 1975, 1076 ff.

[65] Vgl. die Nachweise oben Fn. 63.

[66] Vgl. auch BAG, DB 1981, 1882 (1884); *Strieder*, BB 1980, 420 (423); insoweit zutr. auch *Moll*, Mitbestimmung beim Entgelt, S. 179 f. Dieses Problem stellt sich auch im Hinblick auf das Initiativrecht des Betriebsrats, für das richtiger Auffassung nach der Aspekt der Kostenverursachung ebenfalls keine Rolle spielt; vgl. LAG Düsseldorf, EzA Nr. 1 zu § 87 BetrVG 1972 Initiativrecht, S. 11; *Hanau*, BB 1977, 350 (356); *Wiese*, Initiativrecht, S. 36 f., 61; *ders.*, GK-BetrVG, § 87 Anm. 79.

im Widerspruch zu der Annahme, die notwendige Mitbestimmung beziehe sich nicht auf die Begründung und den Umfang der vermögenswerten Leistungspflichten des Arbeitgebers. Gegenstand der mitbestimmten Regelung ist nicht die Kostentragungspflicht des Arbeitgebers als solche, sondern die Gestaltung der Arbeitskleidung. Deren Auswahl wirkt sich lediglich indirekt auf den Umfang der Leistungspflicht des Arbeitgebers aus. Die zusätzliche Belastung ist eine Folgewirkung[67], die aufgrund der bereits bestehenden Kostentragungspflicht eintritt. Der Arbeitgeber kann allerdings den Gesamtumfang seiner Leistungen nicht auf einen in seinem Belieben stehenden Fonds begrenzen. Diese Möglichkeit besteht nur, wenn er seine vermögenswerten Leistungen über eine Sozialeinrichtung erbringt, die ein zweckgebundenes Sondervermögen voraussetzt[68] und der somit notwendig ein bestimmter Fonds zugeordnet ist. Im übrigen kann der Dotierungsrahmen indirekt beeinflußt werden[69]. Die Reichweite der Mitbestimmung nach § 87 Abs. 1 Nr. 8 i. V. mit § 88 Nr. 2 hat also nicht in allen Einzelheiten Modellcharakter für andere Arbeitgeberleistungen. Entscheidend ist jedoch, daß das in diesen Vorschriften zum Ausdruck kommende allgemeine Prinzip, die Begründung und den Umfang vermögenswerter Leistungspflichten des Arbeitgebers nicht zum Gegenstand der Mitbestimmung zu machen, mit dem Wortlaut des § 87 Abs. 1 Nr. 1 in Einklang steht.

2. *Materielle Annexkompetenz?*

a) Grundlagen

Im Anschluß an *Hanau* wird die Auffassung vertreten, die notwendige Mitbestimmung nach § 87 beziehe sich nicht nur auf die ausdrücklich im Gesetz genannten Angelegenheiten, sondern auch auf solche materiellen Arbeitsbedingungen[70], die mit diesen in einem engen Sachzusammenhang stehen[71]. In Anlehnung an die verfassungsrechtliche

[67] Vgl. auch *Richardi,* Anm. zu BAG AP Nr. 1 zu § 87 BetrVG 1972 Werkmietwohnungen, Bl. 6 R f.

[68] Vgl. oben § 2 A I 2 d mit Nachweisen in Fn. 47.

[69] Vgl. auch *Sieber,* BB 1976, 367 (369), der im Hinblick auf die betriebliche Altersversorgung zutreffend ausführt, daß der Dotierungsrahmen bei Leistungen, die nicht über eine Sozialeinrichtung erbracht werden, kein fester Betrag, sondern eine „Größenordnung" mit einer gewissen Bandbreite ist.

[70] Zum Begriff oben § 1 B I.

[71] *Hanau,* RdA 1973, 281 (283); ihm folgend BAG AP Nr. 1 zu § 87 BetrVG 1972 Auszahlung, Bl. 2 R (für § 87 Abs. 1 Nr. 4; vgl. hierzu im einzelnen unten § 2 A V 2 m. w. N.); *Galperin / Löwisch,* § 87 Anm. 5; *Gester / Isenhardt,* RdA 1974, 80 (83 f.); *Kammann / Hess / Schlochauer,* § 87 Anm. 21, 49; *Konzen,* BB 1977, 1307 (1312); *Neyses,* BlStSozArbR 1977, 181 (183); *Schneider,* BlStSozArbR 1977, 196 (198).

Bezeichnung für eine bestimmte Fallgruppe der ungeschriebenen Bundeszuständigkeit im föderativen Staat[72] spricht man von einer „materiellen Annexkompetenz" des Betriebsrats. Nach § 87 Abs. 1 Nr. 1 erfasse die notwendige Mitbestimmung über den Wortlaut der Norm hinaus etwa die Verteilung der Kosten für die Arbeitskleidung zwischen Arbeitgeber und Arbeitnehmer[73], und zwar als Annex zu der Aufstellung einer Kleiderordnung. Nach *Hanau* ist also die notwendige Mitbestimmung in sozialen Angelegenheiten ein Instrument, um in bestimmten Fällen zusätzliche vermögenswerte Leistungspflichten des Arbeitgebers zu begründen und ihren Umfang zu regeln. Da der Wortlaut des § 87 Abs. 1 für eine solche Erweiterung der Mitbestimmung keinen Anhaltspunkt bietet, tragen die Anhänger dieser Lehre die Argumentationslast, warum das in § 87 Abs. 1 Nr. 8 zum Ausdruck kommende Prinzip insoweit nicht gelten soll.

Vereinzelt wird allerdings versucht, die Theorie der materiellen Annexkompetenz mit dem Rechtsgedanken des § 87 Abs. 1 Nr. 8 i. V. mit § 88 Nr. 2 in Einklang zu bringen. Der Betriebsrat könne zwar bei der Begründung zusätzlicher Leistungspflichten mitbestimmen, doch dürfe der vom Arbeitgeber gesetzte Kostenrahmen nicht gesprengt werden. Es sei nur eine Regelung erzwingbar, bei der die den Arbeitgeber treffende Belastung „in annähernd gleichwertiger Weise" durch einen entsprechenden finanziellen Vorteil ausgeglichen werde[74]. So senke beispielsweise die Einführung der bargeldlosen Lohnzahlung die Kosten für die Auszahlung der Arbeitsentgelte. Daher könne der Betriebsrat nach § 87 Abs. 1 Nr. 4 die Übernahme der Kontenführungsgebühren durch den Arbeitgeber verlangen[75].

Diese Lösung steht aber keineswegs in Einklang mit dem Rechtsgedanken des § 87 Abs. 1 Nr. 8 i. V. mit § 88 Nr. 2. Nach diesen Vorschriften ist die Begründung einer zusätzlichen Leistungspflicht in keinem Fall Gegenstand der Mitbestimmung[76], auch dann nicht, wenn die finanzielle Belastung annähernd kompensiert wird. Darüber hinaus läßt sich nur in Ausnahmefällen feststellen, ob und in welchem Umfang der Arbeitgeber durch die Regelung einer formellen Arbeitsbedingung einen finanziellen Vorteil erlangt. So kann beispielsweise eine Kleiderordnung für das fliegende Personal einer Luftfahrtgesell-

---

[72] Vgl. *Hesse,* Grundzüge des Verfassungsrechts, S. 92 m. w. N.

[73] Vgl. *Galperin / Löwisch,* § 87 Anm. 64; *Hanau,* RdA 1973, 281 (283); weitere Beispiele bei *Kammann / Hess / Schlochauer,* § 87 Anm. 49, die sich zu Unrecht auf eine Entscheidung des BAG (AP Nr. 4 zu § 611 BGB Parkplatz) berufen.

[74] Vgl. *Huber,* DB 1980, 1643 (1644 f.).

[75] Vgl. hierzu ausführlich unten § 2 A V 2.

[76] Vgl. oben § 2 A I 1.

schaft[77] für die Attraktivität des Unternehmens von erheblicher wirtschaftlicher Bedeutung sein. Weil sich aber die finanziellen Vorteile nicht beziffern lassen, kann davon nicht die Entscheidung abhängig gemacht werden, ob dem Betriebsrat ein Mitbestimmungsrecht nach § 87 Abs. 1 Nr. 1 bei der Verteilung der Kosten der Dienstkleidung zukommt. Die Theorie der Mitbestimmung bei materiellen Annexbedingungen steht also im Widerspruch zu dem in § 87 Abs. 1 Nr. 8 i. V. mit § 88 Nr. 2 zum Ausdruck kommenden Rechtsgedanken. Daher ist zu prüfen, ob es Gründe gibt, im Gegensatz zum Wortlaut der Norm und allgemeinen teleologischen und systematischen Erwägungen[78] ganz oder teilweise von diesem Prinzip abzurücken.

b) Ergänzung der Mitbestimmung bei formellen Arbeitsbedingungen?

Ausgangspunkt der Lehre von der materiellen Annexkompetenz ist die Überlegung, der Gesetzgeber habe die Mitbestimmung nach § 87 Abs. 1 dann auf materielle Arbeitsbedingungen erstreckt, wenn ein enger sachlicher Zusammenhang mit formellen Arbeitsbedingungen bestehe. So ergänze die Mitbestimmung über die vorübergehende Verkürzung oder Verlängerung der betriebsüblichen Arbeitszeit (§ 87 Abs. 1 Nr. 3) die Mitbestimmung über deren Lage (§ 87 Abs. 1 Nr. 2). Die Regelung der Geldfaktoren beim Akkordlohn sei ein Annex zu der Festsetzung der Zeitfaktoren (§ 87 Abs. 1 Nr. 11). Daher spreche eine Vermutung dafür, daß sich das Mitbestimmungsrecht auch auf nicht ausdrücklich genannte Annexregelungen erstrecke[79].

Diese Auffassung läßt sich indessen nicht mit dem Enumerationsprinzip vereinbaren, das § 87 Abs. 1 zugrunde liegt[80]. Der Gesetzgeber hat detailliert und erschöpfend[81] die Reichweite der notwendigen Mitbestimmung geregelt. Die genauen Konturen der einzelnen Tatbestände würden durch die Anerkennung einer materiellen Annexkompetenz verwischt. Es bestünde die Gefahr, daß nicht nur dem Arbeitgeber, sondern auch den Arbeitnehmern noch nicht absehbare Nebenleistungs-

---

[77] Zur Mitbestimmung bei dieser Regelung vgl. LAG Frankfurt, AuR 1978, 282.

[78] Vgl. oben § 2 A I 2.

[79] Vgl. *Hanau*, RdA 1973, 281 (283).

[80] Vgl. *Peterek*, SAE 1978, 142 (143); krit. zu dieser Begründung auch *Binkert*, ArbN 1977, 465; *Wiedemann / Moll*, Anm. zu BAG AP Nr. 1 zu § 87 BetrVG 1972 Auszahlung, Bl. 5 f. Zum Enumerationsprinzip vgl. auch schon oben § 2 A II 1 a.

[81] Vgl. BAG AP Nr. 1 Bl. 2, Nr. 3 Bl. 2 zu § 57 BetrVG; AP Nr. 3 zu § 56 BetrVG Akkord, Bl. 2 R; *Fitting / Auffarth / Kaiser*, § 87 Anm. 16; *Wiese*, GK-BetrVG, § 87 Anm. 4 m. w. N.

pflichten auferlegt würden[82]. Erkennt man generell ein notwendiges Mitbestimmungsrecht kraft Sachzusammenhanges bei der Verteilung von Folgekosten an, dann sind grundsätzlich auch Regelungen zu Lasten der Arbeitnehmer denkbar, weil die Einigungsstelle nach § 76 Abs. 5 Satz 3 auch die betrieblichen Belange berücksichtigen muß.

Darüber hinaus würde die Anerkennung einer materiellen Annexkompetenz zu einer erheblichen Rechtsunsicherheit führen, weil schwer zu entscheiden ist, in welchen Fällen ein ausreichend enger Sachzusammenhang zwischen zwei Regelungsmaterien besteht[83]. Schließlich ist es widersprüchlich, wenn die meisten Befürworter einer materiellen Annexkompetenz einerseits die Untauglichkeit der Unterscheidung zwischen formellen und materiellen Arbeitsbedingungen anerkennen[84], andererseits aber gerade diese Differenzierung zur Grundlage für eine Ausdehnung der Mitbestimmung machen.

c) Untrennbarer Sachzusammenhang?

Auch das Argument, bestimmte im Gesetz genannte Arbeitsbedingungen könnten ohne Einbeziehung ihres materiellen Annexes nicht sinnvoll geregelt werden[85], überzeugt nicht. So kann der Betriebsrat bei der Auswahl der Dienstkleidung mitbestimmen, ohne zugleich eine Vereinbarung mit dem Arbeitgeber über die Verteilung der Kosten treffen zu müssen. Wer diese zu tragen hat, ist durch Auslegung der gesetzlichen, tariflichen, betrieblichen oder arbeitsvertraglichen Bestimmungen zu ermitteln[86]. Die Einigungsstelle hat zwar nach § 76 Abs. 5 Satz 3 die Belange des Betriebs und der betroffenen Arbeitnehmer zu berücksichtigen und muß daher in die Interessenabwägung auch die durch eine Regelung entstehenden Kosten einbeziehen. Falls der Arbeitgeber dazu verpflichtet ist, die Dienstkleidung der Arbeitnehmer zu stellen, darf die Einigungsstelle nach § 76 Abs. 5 Satz 3 nicht ohne besonderen Grund außergewöhnlich teure Bekleidung auswählen. Dadurch wird die Kostenverteilung als solche aber keineswegs zum Gegenstand des Einigungsverfahrens[87]. Finanzielle Folgeregelungen

---

[82] Vgl. *Wiese*, GK-BetrVG, § 87 Anm. 23 f.; zust. *Blomeyer*, in Steinmann / Gäfgen / Blomeyer, Kosten der Mitbestimmung, S. 69 (124).

[83] Vgl. *Kreutz*, Betriebsautonomie, S. 217 mit Fn. 96.

[84] Vgl. oben § 1 B I mit Nachweisen.

[85] Vgl. *Hanau*, RdA 1973, 281 (283); *Kammann / Hess / Schlochauer*, § 87 Anm. 21.

[86] Vgl. oben § 2 A II 1 b.

[87] Das verkennt *Hanau*, Anm. zu BAG AP Nr. 1 zu § 87 BetrVG 1972 Arbeitssicherheit, Bl. 5 R, 6 R. Wie hier aber schon *Wiese*, GK-BetrVG, § 87 Anm. 23 f.; vgl. auch *Blomeyer*, Anm. zu LAG Düsseldorf/Köln, EzA Nr. 1 zu § 87 BetrVG 1972 Lohn und Arbeitsentgelt, S. 13.

können allenfalls in einer freiwilligen Betriebsvereinbarung nach § 88 getroffen werden.

Die von den Vertretern der Lehre der Mitbestimmung bei materiellen Annexbedingungen vorgebrachten Argumente können also nicht überzeugen[88]. Es besteht kein Anlaß, insoweit eine Ausnahme von dem in § 87 Abs. 1 Nr. 8 i. V. mit § 88 Nr. 2 zum Ausdruck kommenden Prinzip anzuerkennen oder dieses insgesamt in Frage zu stellen.

III. Mitbestimmung nach § 87 Abs. 1 Nr. 2

Nach § 87 Abs. 1 Nr. 2 hat der Betriebsrat über Beginn und Ende der täglichen Arbeitszeit und damit beispielsweise über die Einführung von Schichtarbeit mitzubestimmen[89]. Dadurch kann er indirekt den Umfang der dem Arbeitgeber entstehenden Kosten beeinflussen, weil davon die Verpflichtung zu einer Lohnzulage für Wechselschichten sowie für Nacht-, Sonn- und Feiertagsarbeit abhängt[90]. Die Schichtzulagen als solche sind aber nicht Gegenstand der notwendigen Mitbestimmung, sondern bleiben einer freiwilligen Regelung durch Tarifvertrag, Betriebsvereinbarung oder Arbeitsvertrag vorbehalten. Somit spricht auch § 87 Abs. 1 Nr. 2 nicht gegen die Annahme, daß die Begründung und der Umfang vermögenswerter Leistungspflichten des Arbeitgebers mitbestimmungsfrei sind.

Zu einem anderen Ergebnis kommt nur *Hanau*, der meint, die Höhe der Schichtzulagen sei eine materielle Annexbedingung zu der Einführung von Schichtarbeit[91]. Eine materielle Annexkompetenz des Betriebsrats ist jedoch hier aus denselben Gründen abzulehnen wie bei § 87 Abs. 1 Nr. 1[92].

---

[88] *Blomeyer*, in Steinmann / Gäfgen / Blomeyer, Kosten der Mitbestimmung, S. 69 (124 ff.), nimmt an, es sei mit dem grundrechtlichen Schutz des Unternehmens unvereinbar, die notwendige Mitbestimmung über den Gesetzeswortlaut hinaus auf Kostenfragen zu erstrecken. Das kann hier dahinstehen, weil sich schon aus einfachem Recht ergibt, daß sich die Mitbestimmung nicht auf materielle Annexbedingungen bezieht. Zu den verfassungsrechtlichen Grenzen der notwendigen Mitbestimmung vgl. unten § 5 B; § 6 B I; § 7 C.

[89] Vgl. LAG Berlin, ARSt. 1978, 102; LAG Hamm, EzA Nr. 5 zu § 87 BetrVG 1972 Arbeitszeit, S. 12 f.; *Dietz / Richardi*, § 87 Anm. 217; *Farthmann*, RdA 1974, 65 (66); *Fitting / Auffarth / Kaiser*, § 87 Anm. 24; *Galperin / Löwisch*, § 87 Anm. 88; *Wiese*, GK-BetrVG, § 87 Anm. 141 m. w. N.; a. M. (zum BetrVG 1952) nur *Güntner*, AuR 1958, 129 (139).

[90] Vgl. *Heeser*, Mitbestimmung, S. 91 f.

[91] Vgl. *Hanau*, RdA 1973, 281 (283); dagegen *Wiese*, GK-BetrVG, § 87 Anm. 138.

[92] Vgl. oben § 2 A II 2.

An dieser Stelle kann noch offenbleiben, ob das Mitbestimmungsrecht nach § 87 Abs. 1 Nr. 2 nur die Lage oder auch die Dauer der Arbeitszeit betrifft[93]. In keinem Fall ist der Umfang der Leistungspflicht des Arbeitgebers, sondern allenfalls der der Arbeitnehmer der Mitbestimmung unterworfen. Auch insoweit kommt lediglich eine indirekte Beeinflussung der Lohnkosten in Betracht.

IV. Mitbestimmung nach § 87 Abs. 1 Nr. 3

Dasselbe gilt für die Mitbestimmung des Betriebsrats bei der vorübergehenden Verkürzung oder Verlängerung der betriebsüblichen Arbeitszeit. So führt z. B. die Einführung von Kurzarbeit, bei der der Betriebsrat nach § 87 Abs. 1 Nr. 3 mitbestimmt[94], regelmäßig zu einer Lohnminderung[95]. Der Gesamtumfang des vom Arbeitgeber zu entrichtenden Entgelts stellt aber nicht den Regelungsgegenstand dar, sondern wird lediglich indirekt beeinflußt. Nach dem eindeutigen Wortlaut des § 87 Abs. 1 Nr. 3 erstreckt sich die notwendige Mitbestimmung nicht auf die Frage, ob und in welchem Umfang der Arbeitgeber den von der Kurzarbeit betroffenen Arbeitnehmern einen Lohnausgleich zahlen muß[96].

Auch bei der Einführung von Überstunden wird die Leistungspflicht des Arbeitgebers indirekt beeinflußt, weil bei einer Verlängerung der Arbeitszeit ein entsprechend höheres Entgelt und ein Überstundenzuschlag zu entrichten sind. Der Umfang des Lohnanspruchs für Überarbeit ist aber nicht Gegenstand der Mitbestimmung nach § 87 Abs. 1 Nr. 3[97], sondern ergibt sich aus dem einschlägigen Tarif- oder Einzelarbeitsvertrag, vereinzelt auch aus einer freiwilligen Betriebsvereinbarung nach § 88.

---

[93] Vgl. hierzu unten § 3 B I 1 mit Nachweisen.

[94] Vgl. BAG AP Nr. 1 zu § 87 BetrVG 1972 Kurzarbeit, Bl. 2, mit zust. Anm. von *Wiese*, Bl. 5; AP Nr. 2 zu § 87 BetrVG 1972 Kurzarbeit, Bl. 2 R f., mit zust. Anm. von *Löwisch*, Bl. 5 R; *Fitting / Auffarth / Kaiser*, § 87 Anm. 27; *Galperin / Löwisch*, § 87 Anm. 107; *Kammann / Hess / Schlochauer*, § 87 Anm. 77 f., 81 (anders noch *Erdmann / Jürging / Kammann*, § 87 Anm. 47 ff.); *Wiese*, GK-BetrVG, § 87 Anm. 153 m. w. N.

[95] Vgl. *Farthmann*, RdA 1974, 65 (69); *von Stebut*, RdA 1974, 332 (333).

[96] Vgl. LAG Nürnberg, AMBl.BayArbMin. 1977, Beilage Nr. 8, S. C 13 f.; *Jene*, Kurzarbeit, S. 100 ff.; *Wiese*, GK-BetrVG, § 87 Anm. 163.

[97] Zur Frage, ob insoweit § 87 Abs. 1 Nr. 10 eingreift, vgl. unten § 2 A XI 1 d.

V. Mitbestimmung nach § 87 Abs. 1 Nr. 4

1. *Indirekte Beeinflussung der Lohnkosten*

Problematisch ist, ob nach § 87 Abs. 1 Nr. 4 die Leistungspflicht des Arbeitgebers der Mitbestimmung unterliegt. Eindeutig hat der Betriebsrat auch nach dieser Vorschrift die Möglichkeit, die Höhe der Lohnkosten indirekt zu beeinflussen, etwa durch eine von § 614 BGB abweichende Regelung der Zeit der Entgeltleistung. Wenn vereinbart wird, daß der Arbeitgeber den Lohn im voraus entrichten muß[98], entsteht diesem ein Zinsverlust. Darauf kommt es aber im hier erörterten Zusammenhang nicht an. Es ist vielmehr zu prüfen, ob der Umfang der Leistungspflicht als solcher Gegenstand der Mitbestimmung ist.

2. *Kontenführungsgebühren*

Die Rechtsprechung und die herrschende Lehre nehmen an, das notwendige Mitbestimmungsrecht über die Art der Auszahlung der Arbeitsentgelte erstrecke sich auch auf die Frage, ob der Arbeitgeber bei bargeldloser Lohnzahlung die Gebühren für die Gehaltskonten der Arbeitnehmer übernehmen müsse[99]. Sollte sich diese Auffassung als zutreffend erweisen, würde nach § 87 Abs. 1 Nr. 4 die Begründung einer zusätzlichen Leistungspflicht des Arbeitgebers der Mitbestimmung unterliegen.

a) Wortlaut und Entstehungsgeschichte

Der Wortlaut und die Entstehungsgeschichte der Norm sprechen indessen gegen die Mitbestimmung über die Erstattung der Kontenführungsgebühren[100]. Im Gegensatz zu § 56 Abs. 1 Buchst. b BetrVG 1952 werden in § 87 Abs. 1 Nr. 4 nicht nur Zeit und Ort, sondern auch die Art der Entgeltzahlung genannt. Damit sollte klargestellt werden, daß

[98] Zur Mitbestimmung über die Fälligkeit des Lohnanspruches vgl. *Wiese*, GK-BetrVG, § 87 Anm. 172 m. w. N.

[99] Vgl. BAG AP Nr. 1 zu § 87 BetrVG 1972 Auszahlung, Bl. 2 ff., mit zust. Anm. von *Wiedemann / Moll*, Bl. 5 R (anders die Vorinstanz: LAG Düsseldorf/Köln, EzA Nr. 1 zu § 87 BetrVG 1972 Lohn u. Arbeitsentgelt, S. 5 f.); LAG Düsseldorf, BB 1974, 556; LAG Düsseldorf/Köln, DB 1981, 749; ArbG Köln, BB 1979, 1768; DB 1980, 1803 (1804); *Däubler* I, S. 246; *Gaul*, DB 1980, 1843 (1845); *Gola*, BB 1975, 46 (47); *Hanau*, RdA 1973, 281 (283); *Konzen*, ZfA 1978, 451 (481); *Lappe*, JArbR Bd. 16, S. 55 (69 f.); *Schneider*, MitbestGespr. 1975, 191 (194); *Weiss*, § 87 Anm. 17; weitere Nachweise für die h. M. unten Fn. 103 und 107; a. M. *Blomeyer*, Anm. zu LAG Düsseldorf/Köln, EzA Nr. 1 zu § 87 BetrVG 1972 Lohn u. Arbeitsentgelt, S. 11 ff.; *Peterek*, SAE 1978, 142 (143); *Wiese*, GK-BetrVG, § 87 Anm. 176; krit. auch *Stege / Weinspach*, § 87 Anm. 90.

[100] Vgl. LAG Düsseldorf/Köln, EzA Nr. 1 zu § 87 BetrVG 1972 Lohn u. Arbeitsentgelt, S. 5 f., mit zust. Anm. von *Blomeyer*, S. 11 f.; *Peterek*, SAE 1978, 142 (143).

ein Mitbestimmungsrecht auch bei der Einführung der bargeldlosen Lohnzahlung besteht, weil diese Frage unter der Geltung des BetrVG 1952 umstritten war[101]. Eine Erweiterung des Mitbestimmungsrechts war nicht beabsichtigt[102]. Es war jedoch nie behauptet worden, nach § 56 Abs. 1 Buchst. b BetrVG 1952 könne eine zusätzliche Nebenleistungspflicht des Arbeitgebers begründet werden.

b) Materielle Annexkompetenz?

Überwiegend wird die Mitbestimmung über die Erstattung der Kontenführungsgebühren mit dem Hinweis auf eine materielle Annexkompetenz des Betriebsrats begründet[103]. Die Theorie der Mitbestimmung bei materiellen Annexbedingungen vermag jedoch aus den bereits dargelegten Gründen nicht zu überzeugen[104]. Insbesondere ist die Behauptung unzutreffend, die Entscheidung über die Art der Auszahlung des Arbeitsentgelts lasse sich nicht von der Regelung trennen, wer die Kontenführungsgebühren zu tragen habe. Die Vorschrift des § 87 Abs. 1 Nr. 4 betrifft lediglich die Berechtigung des Arbeitgebers, den Lohn auf ein Girokonto zu überweisen, statt ihn bar auszuzahlen. Durch eine solche Regelung werden die Arbeitnehmer nicht verpflichtet, ein Gehaltskonto zu eröffnen[105]. Falls der Arbeitgeber nicht aus einem anderen Rechtsgrund, etwa einem Tarifvertrag, einer freiwilligen Betriebsvereinbarung oder einer einzelvertraglichen Vereinbarung vom Arbeitnehmer die Einrichtung eines Kontos verlangen kann, muß er denjenigen Arbeitnehmern, die kein Konto haben, das Entgelt bar auszahlen.

Dieser Konzeption steht nicht entgegen, daß die Einführung der bargeldlosen Lohnzahlung für den Arbeitgeber nur dann wirtschaftlich sinnvoll ist, wenn er die Möglichkeit hat, allen Arbeitnehmern das Entgelt zu überweisen. Dieses Ziel kann er durch den Abschluß einer freiwilligen Betriebsvereinbarung nach § 88 erreichen, in der die Arbeit-

---

[101] Vgl. BAG AP Nr. 2 Bl. 3 ff., Nr. 5 Bl. 2 ff. zu § 56 BetrVG Entlohnung; *Rüthers / Germelmann*, DB 1969, 2034 m. w. N.

[102] Vgl. amtliche Begründung, BT-Drucks. VI/1786, S. 48.

[103] Vgl. BAG AP Nr. 1 zu § 87 BetrVG 1972 Auszahlung, Bl. 2 R, mit zust. Anm. von *Wiedemann / Moll*, Bl. 5 R; *Fitting / Auffarth / Kaiser*, § 87 Anm. 29; *Galperin / Löwisch*, § 87 Anm. 5, 123; *Hanau*, RdA 1973, 281 (283); *Kammann / Hess / Schlochauer*, § 87 Anm. 93; *Neyses*, BlStSozArbR 1977, 181 (183); *Schneider*, BlStSozArbR 1977, 196 (198); mit Einschränkungen zust. auch *Huber*, DB 1980, 1643 (1644 f.).

[104] Vgl. oben § 2 A II 2.

[105] Vgl. *Blomeyer*, Anm. zu LAG Düsseldorf/Köln, EzA Nr. 1 zu § 87 BetrVG 1972 Lohn u. Arbeitsentgelt, S. 14; *Wiese*, GK-BetrVG, § 87 Anm. 176; vgl. auch BAG AP Nr. 1 zu § 36 BAT, Bl. 2 R f., wo zutreffend zwischen der Berechtigung des Arbeitgebers, das Entgelt auf ein Girokonto zu überweisen, und der Verpflichtung der Arbeitnehmer, ein Gehaltskonto einzurichten, unterschieden wird.

nehmer zur Eröffnung eines Gehaltskontos verpflichtet werden. Da der Betriebsrat zum Abschluß einer solchen Vereinbarung nur bereit sein wird, wenn der Arbeitgeber die Kontenführungsgebühren übernimmt, sind auch die Belange der Arbeitnehmer gewahrt. Bei der Einführung der bargeldlosen Lohnzahlung sind also regelmäßig zwei Betriebsvereinbarungen[106] zu unterscheiden: In der ersten, der notwendigen Mitbestimmung nach § 87 Abs. 1 Nr. 4 unterliegenden Vereinbarung wird die Art der Auszahlung des Arbeitsentgeltes geregelt. Eine zweite, freiwillige Betriebsvereinbarung verpflichtet den Arbeitnehmer, ein Gehaltskonto einzurichten, und den Arbeitgeber, die dadurch entstehenden Kosten zu übernehmen.

c) Teleologische Extension?

Mehr Gewicht als der Hinweis auf eine angebliche materielle Annexkompetenz hat das Argument, § 87 Abs. 1 Nr. 4 erfasse die Erstattung der Kontenführungsgebühren, weil insoweit eine vom Gesetzgeber nicht beabsichtigte Regelungslücke vorliege, die im Wege der teleologischen Extension geschlossen werden müsse[107]. Eine solche Ausdehnung des Anwendungsbereiches einer Vorschrift über ihren Wortlaut hinaus ist aber nur berechtigt, wenn das Gesetz wirklich eine ausfüllungsbedürftige Lücke enthält und der Normzweck die Erweiterung gebietet[108].

Zutreffend ist, daß die meisten Banken noch keine Gebühren für Gehaltskonten verlangten, als das BetrVG 1972 verabschiedet wurde. Aus dieser Tatsache läßt sich indessen keine Regelungslücke ableiten. Das gilt auch dann, wenn man annimmt, der Gesetzgeber habe nicht hinnehmen wollen, daß der Arbeitnehmer durch die Umstellung auf bargeldlose Lohnzahlung eine finanzielle Einbuße erleide[109], weil durch die nach § 87 Abs. 1 Nr. 4 mitbestimmungspflichtige Entscheidung über die Art der Entgeltzahlung dem Arbeitnehmer keine Verpflichtung auferlegt wird[110].

Ungeachtet dessen ist die Anerkennung eines Mitbestimmungsrechts auch methodisch nicht der richtige Weg für den von der herrschenden Meinung angestrebten Entgeltschutz. Das zeigt vor allem das Argument

---

[106] In der Praxis können beide Regelungen in einer einheitlichen Betriebsvereinbarung getroffen werden, die rechtlich einen obligatorischen und einen freiwilligen Teil hat; vgl. *Blomeyer*, Anm. zu LAG Düsseldorf/Köln, EzA Nr. 1 zu § 87 BetrVG 1972 Lohn u. Arbeitsentgelt, S. 14.

[107] Vgl. *Binkert*, ArbN 1977, 465; *Klinkhammer*, Anm. zu BAG, EzA Nr. 6 zu § 87 BetrVG 1972 Lohn u. Arbeitsentgelt, S. 65 ff.

[108] Vgl. *Canaris*, Lücken im Gesetz, S. 17 f., 89 ff.; *Larenz*, Methodenlehre, S. 384 ff.

[109] Krit. *Wiese*, GK-BetrVG, § 87 Anm. 176.

[110] Vgl. die Ausführungen zu b.

des BAG, der Arbeitnehmer könne nach § 270 Abs. 1 BGB verlangen, daß er finanziell nicht schlechter gestellt werde als bei Barzahlung[111]. Ob sich ein Anspruch auf Erstattung der Kontengebühren aus § 270 BGB ergibt, kann hier offenbleiben. Jedenfalls ist es widersprüchlich, wenn das BAG diese Vorschrift heranzieht, um die Ausdehnung der Mitbestimmung zu begründen. Wenn der Arbeitgeber nach § 270 BGB verpflichtet sein sollte, die Kontenführungsgebühren zu übernehmen, wäre die notwendige Mitbestimmung überflüssig[112].

Auch die weitere Argumentation des BAG zeigt, daß es der Sache nach um ein Rechtsproblem, nicht um ein Regelungsproblem geht[113]. Das BAG meint, der Betriebsrat dürfe sein Mitbestimmungsrecht nur so ausüben, daß der Arbeitnehmer das ihm zustehende Entgelt wie bei der Barzahlung ungeschmälert erhalte[114]. Der Arbeitgeber müsse die Gebühren übernehmen, die zwangsläufig und für den Arbeitnehmer unvermeidlich gerade durch die Überweisung des Arbeitsentgelts anfielen, also die Kosten für die Errichtung und Unterhaltung des Kontos sowie für die Überweisung und die einmalige Abhebung des Arbeitsentgelts. Wenn aber dem Betriebsrat so detailliert vorgeschrieben wird, wie er sich bei der Ausübung der Mitbestimmung zu entscheiden habe, läuft diese leer.

Die Ausdehnung des Mitbestimmungsrechts nach § 87 Abs. 1 Nr. 4 ist also auch dann nicht sachgerecht, wenn man einen Schutz der Arbeitnehmer bei der Einführung der bargeldlosen Lohnzahlung für erforderlich hält. Eine teleologische Extension der Mitbestimmung auf die Übernahme der Kontenführungsgebühren durch den Arbeitgeber ist daher nach objektiv teleologischen Kriterien[115] nicht vom Zweck der Norm geboten. Folglich steht auch § 87 Abs. 1 Nr. 4 nicht der Annahme entgegen, daß weder die Begründung noch der Umfang vermögenswerter Leistungspflichten des Arbeitgebers der notwendigen Mitbestimmung unterliegt.

---

[111] Vgl. BAG (1. Senat) AP Nr. 1 zu § 87 BetrVG 1972 Auszahlung, Bl. 2 R f.; ebenso ArbG Köln, BB 1979, 1768; *Fitting / Auffarth / Kaiser*, § 87 Anm. 29; a. M. BAG (4. Senat) AP Nr. 1 zu § 36 BAT, Bl. 2 R, mit insoweit zust. Anm. von *Hadding*, Bl. 5 f.; LAG Düsseldorf, DB 1980, 933 (934); ArbG Köln, DB 1980, 1803 (1804); *Peterek*, SAE 1978, 142 f.; *Wiese*, GK-BetrVG, § 87 Anm. 176.

[112] Vgl. auch *Gamillscheg* II, S. 202.

[113] Zur Unterscheidung von Rechts- und Regelungsstreitigkeiten vgl. die Nachweise oben Fn. 8.

[114] BAG AP Nr. 1 zu § 87 BetrVG 1972 Auszahlung, Bl. 2 R.

[115] Vgl. dazu *Larenz*, Methodenlehre, S. 322 ff.

VI. Mitbestimmung nach § 87 Abs. 1 Nr. 5

Die Urlaubsdauer beeinflußt nicht nur den zeitlichen Umfang der Arbeitspflicht[116], sondern bestimmt zugleich den Umfang einer vermögenswerten Leistung des Arbeitgebers, wenn man der Auffassung folgt, die Gewährung von Freizeit unter Fortzahlung des Arbeitsentgelts sei Gegenstand eines einheitlichen Anspruches und somit Teil der dem Arbeitnehmer geschuldeten Vergütung[117]. Ob diese Deutung zutrifft, kann dahinstehen, wenn die Auslegung des § 87 Abs. 1 Nr. 5 ergeben sollte, daß die Dauer des Urlaubs mitbestimmungsfrei ist[118].

Dafür spricht schon der Gesetzeswortlaut. Unter allgemeinen Urlaubsgrundsätzen versteht man betriebliche Richtlinien über die Urlaubsgewährung, insbesondere die Entscheidung darüber, ob Urlaub während des ganzen Jahres genommen werden kann oder ob Betriebsferien durchgeführt werden[119]. Auch im Urlaubsplan wird nicht die Gesamtdauer des dem einzelnen Arbeitnehmer zustehenden Urlaubs, sondern die Verteilung auf das Kalenderjahr geregelt[120]. Der Zweck des § 87 Abs. 1 Nr. 5 liegt also darin, die Urlaubswünsche der Arbeitnehmer unter Berücksichtigung der betrieblichen Belange zu koordinieren[121].

Diese Auslegung wird durch die Tatsache bestätigt, daß auch die Festsetzung der zeitlichen Lage des Urlaubs einzelner Arbeitnehmer der Mitbestimmung unterliegt, wenn sich der Arbeitgeber und die beteiligten Arbeitnehmer nicht einigen können. Die Dauer des Urlaubs ist also nicht Gegenstand der notwendigen Mitbestimmung[122].

---

[116] Vgl. dazu unten § 3 B III.

[117] Vgl. *Bührig*, AuR 1954, 371 (372 f.); *Dahns*, DB 1955, 604; *Müller*, Leistungsbegriff, S. 234 f.; im Grundsatz ebenso *Nikisch* I, S. 520 f., der zwar den Entgeltcharakter des Urlaubs ablehnt, aber Freizeitgewährung und Lohnfortzahlung als Teil eines einheitlichen Anspruches betrachtet.

[118] So die ganz h. M.; vgl. *Blomeyer*, SAE 1976, 10 (11 f.); *Dietz / Richardi*, § 87 Anm. 306; *Fitting / Auffarth / Kaiser*, § 87 Anm. 35; *Galperin / Löwisch*, § 87 Anm. 137; *Henkel / Hagemeier*, BB 1976, 1420 (1423); *Kammann / Hess / Schlochauer*, § 87 Anm. 109; *Weiss*, § 87 Anm. 18; *Wiese*, GK-BetrVG, § 87 Anm. 182 m. w. N.; im Ergebnis ebenso *von Friesen*, DB 1980, Beilage Nr. 1, S. 1 (7), die sich aber widerspricht, wenn sie einerseits unter Hinweis auf § 13 BUrlG nicht nur ein notwendiges Mitbestimmungsrecht, sondern sogar eine betriebliche Regelungsbefugnis über die Urlaubsdauer verneint, andererseits aber im Ergebnis zutr. Betriebsvereinbarungen nach § 88 zuläßt; zum BetrVG 1952 vgl. BAG AP Nr. 1 zu § 10 BUrlG Schonzeit, Bl. 5, das ein Mitbestimmungsrecht hinsichtlich der Anrechnung von Kur- und Schonzeiten auf den Urlaub und damit auch hinsichtlich der Dauer des Resturlaubes ablehnt; a. M. nur *Föhr*, AuR 1975, 353 (360).

[119] Vgl. BAG AP Nr. 1 zu § 87 BetrVG 1972 Urlaub, Bl. 2; BB 1982, 616; *Fitting / Auffarth / Kaiser*, § 87 Anm. 32; *Wiese*, GK-BetrVG, § 87 Anm. 184 m. w. N.

[120] Vgl. *Fitting / Auffarth / Kaiser*, § 87 Anm. 33; *Wiese*, GK-BetrVG, § 87 Anm. 188 m. w. N.

[121] Vgl. BAG AP Nr. 1 zu § 87 BetrVG 1972 Urlaub, Bl. 2 f.

[122] Vgl. die Nachweise oben Fn. 118.

Dasselbe gilt für die Festsetzung des während des Urlaubs zu entrichtenden Entgelts und die Entscheidung über ein zusätzliches Urlaubsgeld[123]. Eine andere Auslegung wäre weder mit dem Wortlaut noch mit dem dargelegten Zweck des § 87 Abs. 1 Nr. 5 zu vereinbaren. Somit erfaßt auch dieser Tatbestand nicht die Begründung und den Umfang vermögenswerter Leistungspflichten des Arbeitgebers.

VII. Mitbestimmung nach § 87 Abs. 1 Nr. 6

Die Vorschrift des § 87 Abs. 1 Nr. 6 dient dem präventiven Persönlichkeitsschutz der Arbeitnehmer[124]. Daher kann der Betriebsrat im Rahmen der Mitbestimmung bei der Einführung technischer Überwachungseinrichtungen Maßnahmen verlangen, die die Beeinträchtigung der Persönlichkeitssphäre der Arbeitnehmer verringern[125], beispielsweise die Installation einer Abschaltvorrichtung. Um einen effektiven Persönlichkeitsschutz zu erreichen, kann es erforderlich sein, den Arbeitnehmern durch eine gemäß § 77 Abs. 4 Satz 1 normativ wirkende Betriebsvereinbarung[126] einen Anspruch auf solche Maßnahmen einzuräumen. Oft wird ein entsprechendes Recht zwar schon aufgrund der Treuepflicht des Arbeitgebers bestehen[127], doch ist gerade in Grenzfällen denkbar, daß durch eine nach § 87 Abs. 1 Nr. 6 mitbestimmungspflichtige Regelung ein darüber hinausgehender Anspruch und damit eine zusätzliche Leistungspflicht des Arbeitgebers i. S. des § 241 BGB[128] begründet wird.

Dieses Ergebnis steht aber keineswegs der Annahme entgegen, hinsichtlich der Einführung und der Regelung des Umfangs von Arbeitgeberleistungen habe § 87 Abs. 1 Nr. 8 i. V. mit § 88 Nr. 2 Modellcharakter. Es bestätigt vielmehr, daß das in diesen Vorschriften zum Ausdruck kommende Prinzip nur für vermögenswerte Leistungen des Arbeitgebers gilt[129]. Maßnahmen, die die Beeinträchtigung der Persönlichkeitssphäre der Arbeitnehmer durch Überwachungseinrichtungen mindern, sind nichtvermögenswerte Leistungen, weil sie den Beschäf-

---

[123] Vgl. *Brecht*, § 87 Anm. 19; *Galperin / Löwisch*, § 87 Anm. 137; *Weiss*, § 87 Anm. 18; *Wiese*, GK-BetrVG, § 87 Anm. 183.

[124] Vgl. BAG AP Nr. 1 Bl. 2, Nr. 2 Bl. 2 R f. zu § 87 BetrVG 1972 Überwachung; *Fitting / Auffarth / Kaiser*, § 87 Anm. 36; *Wiese*, GK-BetrVG, § 87 Anm. 200.

[125] Vgl. *Wiese*, Initiativrecht, S. 51; *ders.*, GK-BetrVG, § 87 Anm. 209.

[126] Es ist unbestritten, daß die Mitbestimmung nach § 87 Abs. 1 Nr. 6 durch den Abschluß einer normativ wirkenden Betriebsvereinbarung ausgeübt werden kann; vgl. *Dietz / Richardi*, § 87 Anm. 339.

[127] Vgl. *Wiese*, ZfA 1971, 273 (278 ff.).

[128] Vgl. oben § 2 A I 2 a mit Nachweisen.

[129] Vgl. dazu oben § 2 A I 2 a.

tigten keinen geldwerten Vorteil verschaffen, sondern immateriellen Interessen dienen. Die Begründung vermögenswerter Leistungspflichten ist nicht Gegenstand der Mitbestimmung nach § 87 Abs. 1 Nr. 6. Die dem Arbeitgeber entstehenden Kosten können nur indirekt beeinflußt werden, wenn der Betriebsrat etwa die Installation einer Abschaltvorrichtung durchsetzt.

VIII. Mitbestimmung nach § 87 Abs. 1 Nr. 7

Nach § 87 Abs. 1 Nr. 7 besteht ein notwendiges Mitbestimmungsrecht bei Regelungen über die Verhütung von Arbeitsunfällen und Berufskrankheiten sowie über den Gesundheitsschutz im Rahmen der gesetzlichen Vorschriften und der Unfallverhütungsvorschriften. Die Mitbestimmung in diesem Bereich setzt also voraus, daß eine Angelegenheit bereits durch eine konkretisierungsbedürftige Norm geregelt ist[130]. Darüber hinausgehende Arbeitsschutzmaßnahmen sind nach § 88 Nr. 1 ausdrücklich einer freiwilligen Betriebsvereinbarung vorbehalten. Somit bezieht sich auch § 87 Abs. 1 Nr. 7 nicht auf die Einführung und die über bestehende Verpflichtungen hinausgehende Erweiterung vermögenswerter Leistungen des Arbeitgebers.

Zum Teil wird allerdings die Auffassung vertreten, daß die Einschränkung von Leistungspflichten des Arbeitgebers der Mitbestimmung nach § 87 Abs. 1 Nr. 7 unterliege. Wenn ein Gesetz oder eine Unfallverhütungsvorschrift Schutzkleidung oder sonstige Arbeitsschutzmittel vorschreibe, bestehe hinsichtlich der Beteiligung der Arbeitnehmer an den entstehenden Kosten ein Regelungsspielraum, bei dessen Ausfüllung der Betriebsrat mitbestimme[131].

Diese Ansicht ist indessen nicht überzeugend. Nach § 120 a GewO, § 618 Abs. 1 BGB, § 62 Abs. 1 HGB, § 4 VBG 1 und zahlreichen speziellen Normen in Gesetzen und Unfallverhütungsvorschriften hat der Arbeitgeber Schutzausrüstungen zur Verfügung zu stellen und somit auch deren Kosten zu tragen[132]. Nur unter engen Voraussetzungen kommt

---

[130] Vgl. LAG Baden-Württemberg, DB 1981, 1781 (1783); LAG Berlin, DB 1981, 1519; LAG Düsseldorf, DB 1981, 1780 (1781); *Denck*, ZfA 1976, 447 (453); *Fitting / Auffarth / Kaiser*, § 87 Anm. 37; *Galperin / Löwisch*, § 87 Anm. 155; *Günther*, BlStSozArbR 1981, 244; *Wiese*, GK-BetrVG, § 87 Anm. 220.

[131] Vgl. *Denck*, ZfA 1976, 447 (458 f.); *Galperin / Löwisch*, § 87 Anm. 5, 159; *Hofe*, Humanisierung der Arbeitswelt, S. 122; *Kammann / Hess / Schlochauer*, § 87 Anm. 130, die sich zu Unrecht auf LAG Düsseldorf, BB 1978, 611, berufen; a. M. *Glaubitz*, BB 1977, 1403 (1406); *Stege / Weinspach*, § 87 Anm. 127; *Wiese*, GK-BetrVG, § 87 Anm. 226.

[132] Vgl. BAG AP Nr. 17 zu § 618 BGB, Bl. 2; LAG Düsseldorf, BB 1978, 611; *Stege / Weinspach*, § 87 Anm. 127; *Wiese*, GK-BetrVG, § 87 Anm. 226.

eine Kostenbeteiligung der Arbeitnehmer in Betracht[133]. Schon nach dem Wortlaut des § 87 Abs. 1 Nr. 7 besteht aber insoweit kein notwendiges Mitbestimmungsrecht. Wenn der Arbeitgeber einen Teil seiner finanziellen Belastungen auf die Arbeitnehmer abwälzen will, geht es nicht um eine Regelung über die Verhütung von Arbeitsunfällen und Berufskrankheiten oder über den Gesundheitsschutz. Der Zweck der Vorschrift bestätigt diese Auslegung. Sie dient dem Schutz von Leben und Gesundheit der Arbeitnehmer[134] und nicht der Regelung des Umfangs vermögenswerter Leistungspflichten. Ein notwendiges Mitbestimmungsrecht über eine Kostenbeteiligung der Arbeitnehmer ließe sich daher allenfalls durch die Konstruktion einer materiellen Annexkompetenz des Betriebsrats begründen[135], die aber aus den oben genannten Gründen abzulehnen ist[136].

Die Frage, ob die Arbeitnehmer Arbeitsschutzmittel, etwa Sicherheitsschuhe oder Schutzhelme, privat nutzen dürfen, unterliegt ebenfalls nicht der Mitbestimmung gemäß § 87 Abs. 1 Nr. 7[137]. Auch insoweit geht es nicht um Arbeitsschutzregelungen im Rahmen gesetzlicher Vorschriften oder Unfallverhütungsvorschriften. Die Begründung und der Umfang vermögenswerter Leistungspflichten des Arbeitgebers sind also unter keinem Aspekt Gegenstand der Mitbestimmung nach § 87 Abs. 1 Nr. 7.

Die vom Arbeitgeber zu tragenden Kosten können lediglich indirekt beeinflußt werden. So schreibt etwa § 4 VBG 1 vor, daß der Arbeitgeber unter bestimmten Voraussetzungen geeignete Schutzkleidung und andere Schutzausrüstungen zur Verfügung stellen muß. Bei der Entscheidung, was im konkreten Falle geeignet ist, bestimmt der Betriebsrat nach § 87 Abs. 1 Nr. 7 mit[138] und nimmt somit Einfluß auf die finanzielle Belastung des Arbeitgebers[139].

Dasselbe gilt für die Mitbestimmung über die Art der betriebsärztlichen Versorgung. Der nach § 2 Abs. 1 ASiG bestehenden Verpflichtung zur Bestellung von Betriebsärzten kann der Arbeitgeber nachkommen, indem er einen Betriebsarzt als Arbeitnehmer beschäftigt (§ 2 Abs. 3

---

133 Die Voraussetzungen sind str.; vgl. BAG AP Nr. 17 zu § 618 BGB, Bl. 2 f., mit zust. Anm. von *Herschel*, Bl. 3 R; *Eiermann*, BG 1978, 552 ff.; *Kammann / Hess / Schlochauer*, § 87 Anm. 130; *Stege / Weinspach*, § 87 Anm. 127; *Wiese*, GK-BetrVG, § 87 Anm. 226.

134 Vgl. *Wiese*, GK-BetrVG, § 87 Anm. 216.

135 So *Galperin / Löwisch*, § 87 Anm. 5, 159; *Kammann / Hess / Schlochauer*, § 87 Anm. 130.

136 Vgl. oben § 2 A II 2.

137 Zu dem entsprechenden Problem bei § 87 Abs. 1 Nr. 1 vgl. oben § 2 A II 1 a.

138 Vgl. *Wiese*, GK-BetrVG, § 87 Anm. 226 m. w. N.

139 Zu der entsprechenden Situation bei § 87 Abs. 1 Nr. 1 vgl. oben § 2 A II 1 b.

Satz 2 ASiG), einen freiberuflich tätigen Arzt verpflichtet (§ 2 Abs. 3 Satz 4 ASiG) oder einen Vertrag mit einem überbetrieblichen Dienst von Betriebsärzten schließt (§ 19 ASiG). Auf die Auswahl zwischen diesen drei Möglichkeiten ist § 87 Abs. 1 Nr. 7 anwendbar[140]. Auch insoweit kann der Betriebsrat also die dem Arbeitgeber entstehenden Kosten indirekt beeinflussen, jedoch keine über das ASiG hinausgehenden Leistungspflichten begründen[141]. Der in § 87 Abs. 1 Nr. 8 i. V. mit § 88 Nr. 2 zum Ausdruck kommende allgemeine Rechtsgedanke gilt daher auch für die notwendige Mitbestimmung beim Arbeitsschutz gemäß § 87 Abs. 1 Nr. 7.

IX. Mitbestimmung nach § 87 Abs. 1 Nr. 9

Allgemein anerkannt ist, daß § 87 Abs. 1 Nr. 9 nicht die Einführung und den Umfang von Arbeitgeberleistungen der notwendigen Mitbestimmung unterwirft[142]. Zwar handelt es sich bei dieser Vorschrift nicht um einen Unterfall des § 87 Abs. 1 Nr. 8[143], weil dem Gesetz kein Anhaltspunkt dafür zu entnehmen ist, daß die Mitbestimmung nur eingreift, wenn eine Sozialeinrichtung besteht[144]. Der Tatbestand des § 87 Abs. 1 Nr. 9 setzt aber nach seinem eindeutigen Wortlaut voraus, daß bereits Werkmietwohnungen vorhanden sind[145], die einer Zuweisung und Kündigung zugänglich sind und deren allgemeine Nutzungsbedingungen festgelegt werden können. Die Entscheidung über die Errichtung solcher Wohnungen und den Umfang der zur Verfügung gestellten Mittel ist deshalb nach § 87 Abs. 1 Nr. 9 ebensowenig Gegenstand der

---

[140] Vgl. BAG AP Nr. 1 zu § 87 BetrVG 1972 Arbeitssicherheit, Bl. 2 R, mit zust. Anm. von *Hanau*, Bl. 5 R; *Fitting / Auffarth / Kaiser*, § 87 Anm. 42; *Gaul*, Anm. zu BAG, EzA Nr. 2 zu § 87 BetrVG 1972 Arbeitssicherheit, S. 15 f.; *Wiese*, GK-BetrVG, § 87 Anm. 235 m. w. N.; a. M. *Stege / Weinspach*, § 87 Anm. 130 b.

[141] Das verkennt *Hanau*, Anm. zu BAG AP Nr. 1 zu § 87 BetrVG 1972 Arbeitssicherheit, Bl. 5 R, der in der Entscheidung des BAG zur Mitbestimmung über die Art der betriebsärztlichen Versorgung eine Bestätigung der Theorie der materiellen Annexkompetenz sieht; vgl. dazu oben § 2 A II 2.

[142] Vgl. BAG AP Nr. 1 zu § 87 BetrVG 1972 Werkmietwohnungen, Bl. 2 R f., mit zust. Anm. von *Richardi*, Bl. 6 R f.; AP Nr. 3 zu § 87 BetrVG 1972 Werkmietwohnungen, Bl. 3, mit zust. Anm. von *Dütz*, Bl. 5 f.; *Dietz / Richardi*, § 87 Anm. 478; *Fitting / Auffarth / Kaiser*, § 87 Anm. 53; *Galperin / Löwisch*, § 87 Anm. 211; *Moll*, Mitbestimmung beim Entgelt, S. 129 ff.; *Wiese*, GK-BetrVG, § 87 Anm. 302, 314.

[143] So aber BAG AP Nr. 1 Bl. 2 R, Nr. 3 Bl. 2 R zu § 87 BetrVG 1972 Werkmietwohnungen; *Stege / Weinspach*, § 87 Anm. 149.

[144] Vgl. *Dietz / Richardi*, § 87 Anm. 460; *Dütz*, Anm. zu BAG AP Nr. 3 zu § 87 Werkmietwohnungen, Bl. 4 ff.; *Kammann / Hess / Schlochauer*, § 87 Anm. 171; *Wiese*, GK-BetrVG, § 87 Anm. 293.

[145] Vgl. BAG AP Nr. 1 zu § 87 BetrVG 1972 Werkmietwohnungen, Bl. 2 R; *Dangers*, BB 1974, 1076 (1077); *Moll*, Mitbestimmung beim Entgelt, S. 124 f.; *Wiese*, GK-BetrVG, § 87 Anm. 302; *ders.*, Initiativrecht, S. 58.

Mitbestimmung wie nach § 87 Abs. 1 Nr. 8[146]. Durch die Mitwirkung bei der Zuweisung von Werkmietwohnungen und deren Kündigung wird der Betriebsrat lediglich an der Verteilung der bereitgestellten Mittel beteiligt.

Zur allgemeinen Festlegung der Nutzungsbedingungen gehört nach herrschender Meinung auch die Regelung der Grundsätze für die Mietzinsbildung[147]. Ob diese Auslegung zutrifft, kann in diesem Zusammenhang noch offenbleiben, weil der Betriebsrat jedenfalls auch hier an den vom Arbeitgeber gesetzten Dotierungsrahmen gebunden ist[148].

X. Mitbestimmung nach § 87 Abs. 1 Nr. 11

Heftig umstritten ist, ob nach § 87 Abs. 1 Nr. 11 die Höhe des leistungsbezogenen und nach § 87 Abs. 1 Nr. 10 die Höhe des sonstigen Entgelts[149] der notwendigen Mitbestimmung unterliegt oder ob auch insoweit der in § 87 Abs. 1 Nr. 8 i. V. mit § 88 Nr. 2 zum Ausdruck kommende Rechtsgedanke gilt.

1. *Mitbestimmung über die Höhe leistungsbezogener Entgelte?*

a) Wortlaut und Entstehungsgeschichte

Nach dem Wortlaut des § 87 Abs. 1 Nr. 11 bestimmt der Betriebsrat über die Höhe des Leistungslohnes mit[150], da sich diese aus den Akkord- und Prämiensätzen ergibt[151]. Der Gesetzgeber mußte also die Entgelthöhe nicht ausdrücklich erwähnen[152]. Wenn etwa ein Geldakkord ver-

---

[146] Vgl. dazu oben § 2 A I 1.

[147] Vgl. BAG AP Nr. 1 zu § 87 BetrVG 1972 Werkmietwohnungen, Bl. 3 f., mit zust. Anm. von *Richardi*, Bl. 4 R ff.; AP Nr. 3 zu § 87 BetrVG 1972 Werkmietwohnungen, Bl. 3, mit insoweit zust. Anm. von *Dütz*, Bl. 5 f.; *Fitting / Auffarth / Kaiser*, § 87 Anm. 53; *Wiese*, GK-BetrVG, § 87 Anm. 314; a. M. *Bötticher*, SAE 1973, 232 ff.; weitere Nachweise pro und contra unten § 3 C IV 1.

[148] Allgemeine Meinung; vgl. die Nachweise in Fn. 147.

[149] Vgl. dazu unten § 2 A XI.

[150] Im Ergebnis h. M.; vgl. BAG AP Nr. 1 zu § 87 BetrVG 1972 Provision, Bl. 4; LAG Niedersachsen, EzA Nr. 12 zu § 87 BetrVG 1972 Lohn u. Arbeitsentgelt, S. 95; *Fitting / Auffarth / Kaiser*, § 87 Anm. 62; *Gester / Isenhardt*, RdA 1974, 80 (84); *Jahnke*, Anm. zu BAG, AR-Blattei D, Betriebsverfassung XIV B, Entsch. 33, Forts.-Bl. 7 R f.; *Klinkhammer*, AuR 1977, 363 (365 f.); *Moll*, Mitbestimmung beim Entgelt, S. 46 ff.; *Strieder*, BB 1980, 420 (421); *Weiss*, § 87 Anm. 33; *Wiese*, Initiativrecht, S. 69 ff.; *ders.*, GK-BetrVG, § 87 Anm. 384 ff.; Nachweise für die Gegenmeinung unten Fn. 157 und 180.

[151] Vgl. *Schaub*, Arbeitsrechts-Handbuch, S. 283, 286 f., 292.

[152] So aber *Löwisch*, Anm. zu BAG, EzA Nr. 2 zu § 87 BetrVG 1972 Leistungslohn, S. 31.

einbart ist, besteht die den Arbeitgeber nach § 611 Abs. 1 BGB treffende vertragliche Vergütungspflicht darin, dem Arbeitnehmer für einen bestimmten Arbeitserfolg einen bestimmten Geldbetrag zu zahlen[153], z. B. 3,50 DM für das Herstellen eines Gerätes. Die Festsetzung dieses Geldfaktors und damit die Höhe des Entgelts wird in § 87 Abs. 1 Nr. 11 ausdrücklich der Mitbestimmung unterworfen. Hier ist der Umfang der Leistungspflicht des Arbeitgebers Regelungsgegenstand. Er wird nicht nur indirekt beeinflußt.

Auch die Entstehungsgeschichte des Gesetzes bestätigt, daß dem Betriebsrat bei leistungsbezogenen Entgelten ein Mitbestimmungsrecht über die Lohnhöhe eingeräumt wurde[154]. Unter der Geltung des BetrVG 1952 nahm die herrschende Meinung an, der Geldfaktor unterliege nicht der Mitbestimmung, weil der Betriebsrat sonst unzulässigerweise Lohnpolitik betreiben könne[155]. In § 87 Abs. 1 Nr. 11 wurde dieses Problem ausdrücklich im entgegengesetzten Sinne entschieden. Der Gesetzgeber wollte klarstellen, daß sich das Mitbestimmungsrecht auf die Festlegung aller Bezugsgrößen erstreckt, die für die Berechnung der genannten Entgelte von Bedeutung sind[156].

b) Teleologische Reduktion?

aa) Schutz vor Manipulationen?

Dennoch wird insbesondere von *Richardi* die Auffassung vertreten, die Vorschrift des § 87 Abs. 1 Nr. 11 beziehe sich nicht auf die lohnpolitische Entscheidung über die Entgelthöhe, sondern greife erst ein, wenn der Verdienst für die Normalleistung, der sogenannte Richtsatz, tariflich oder vertraglich festgelegt sei. Die notwendige Mitbestimmung bei der Festsetzung der Geldfaktoren diene ausschließlich dazu, die Richtigkeit des Akkordes zu gewährleisten und somit eine den getroffenen Vereinbarungen entsprechende leistungsgerechte Entlohnung sicherzustellen[157]. Es solle verhindert werden, daß der Arbeitgeber

---

[153] Vgl. *Gaul*, in Dietz / Gaul / Hilger, Akkord und Prämie, S. 49; *Schaub*, Arbeitsrechts-Handbuch, S. 283.

[154] Vgl. *Moll*, Mitbestimmung beim Entgelt, S. 49 f.; *Wiese*, Initiativrecht, S. 70.

[155] Vgl. BAG AP Nr. 3 zu § 56 BetrVG Akkord, Bl. 5 f.; *Dietz*, § 56 Anm. 194 ff. m. w. N.

[156] Vgl. amtliche Begründung, BT-Drucks. VI/1786, S. 49.

[157] Vgl. *Dietz / Richardi*, § 87 Anm. 591 ff.; *Richardi*, ZfA 1976, 1 (19, 25 ff.); *ders.*, Anm. zu BAG AP Nr. 1 zu § 87 BetrVG 1972, Bl. 4 R f.; *ders.*, Anm. zu BAG AP Nr. 1 zu § 87 BetrVG 1972 Werkmietwohnungen, Bl. 7; ihm folgend: LAG Düsseldorf, DB 1976, 1438 (1439); LAG Hamm, EzA Nr. 1 zu § 87 BetrVG 1972 Leistungslohn, S. 13 f.; *Galperin / Löwisch*, § 87 Anm. 241 f.; *Kammann / Hess / Schlochauer*, § 87 Anm. 19, 218; *Löwisch*, ZHR 139 (1975), 362 (378); *Schulze-Osterloh*, Anm. zu BAG AP Nr. 1 zu § 87 BetrVG 1972 Provision, Bl. 7 R f.; *Stege / Weinspach*, § 87 Anm. 189.

durch eine Manipulation der Akkordsätze den Arbeitnehmern den vereinbarten Lohn für die Normalleistung vorenthalte. Auf das oben erwähnte Beispiel übertragen, würde das bedeuten: Der Betriebsrat könnte eine Anhebung des Geldfaktors von 3,50 DM auf 4,00 DM pro Gerät verlangen, wenn ein Arbeitnehmer bei Normalleistung[158] nur drei Geräte in der Stunde herstellen kann und der tarifliche oder vertragliche Akkordrichtsatz 12,00 DM pro Stunde beträgt. Dagegen würde ihm § 87 Abs. 1 Nr. 11 nicht die Möglichkeit geben, zur Erhöhung des Stundenverdienstes einen Geldfaktor von 4,50 DM durchzusetzen.

Die von *Richardi* vorgeschlagene Einschränkung des Mitbestimmungsrechts nach § 87 Abs. 1 Nr. 11 ist indessen nicht überzeugend. Sie ist zwar nicht schon deshalb abzulehnen, weil unrichtige Akkorde eine Ausnahme darstellen[159], denn es muß gerade aufgezeigt werden, daß § 87 Abs. 1 Nr. 11 nicht nur solche Ausnahmefälle erfassen soll. Die Konzeption *Richardis* ließe sich aber nur durch eine teleologische Reduktion begründen, weil der Wortlaut der Norm keinen Anhaltspunkt dafür bietet[160].

Der Gesetzeszweck spricht aber keineswegs für die vorgeschlagene Beschränkung der Mitbestimmung[161]. Die Annahme, die Vorschrift diene allein der korrekten Durchführung eines vorgegebenen Richtsatzes, ist eine bloße Unterstellung. Dagegen sprechen neben der bereits erörterten Entstehungsgeschichte, die bei der Bestimmung des Gesetzeszweckes zu berücksichtigen ist[162], auch objektiv teleologische Erwägungen[163]. Die Frage nach einem Mitbestimmungsrecht bei der Festlegung des Richtsatzes stellt sich nur, wenn der Vorrang und der Vorbehalt des Tarifvertrages nach § 77 Abs. 3 und § 87 Abs. 1 Eingangshalbsatz[164] nicht eingreifen. Fehlt aber eine tarifliche Regelung, so muß die Lohnhöhe einzelvertraglich vereinbart werden. Wegen seiner wirtschaftlichen und sozialen Abhängigkeit[165] befindet sich der Arbeitnehmer dabei in einer schwächeren Verhandlungsposition als der Arbeitgeber. Dem daraus resultierenden Schutzbedürfnis soll im Bereich des Leistungslohnes durch ein Mitbestimmungsrecht bei Zeit- und Geldfaktoren Rechnung getragen werden.

---

158 Vgl. die Definition bei *Dietz / Gaul / Hilger*, Akkord und Prämie, S. 23.

159 So aber *Moll*, Mitbestimmung beim Entgelt, S. 49.

160 Vgl. dazu *Larenz*, Methodenlehre, S. 342, 377 ff.

161 Vgl. *Gester / Isenhardt*, RdA 1974, 80 (84); *Wiese*, Initiativrecht, S. 70; *ders.*, GK-BetrVG, § 87 Anm. 385.

162 Vgl. dazu *Larenz*, Methodenlehre, S. 319.

163 Vgl. dazu *Larenz*, Methodenlehre, S. 322 ff.

164 Zur Frage, ob § 77 Abs. 3 auch im Rahmen des § 87 anwendbar ist, vgl. unten § 6 B I 2 mit Nachweisen in Fn. 21.

165 Dazu ausführlich unten § 5 B I.

bb) *Fehlender Maßstab der Einigungsstelle?*

Für die Beschränkung der Mitbestimmung nach § 87 Abs. 1 Nr. 11 auf die Ausführung einer bereits getroffenen lohnpolitischen Entscheidung wird auch angeführt, der Einigungsstelle fehlten im Konfliktfalle die Maßstäbe für eine Festsetzung der Lohnhöhe[166]. Ob die Einigungsstelle generell dazu in der Lage ist, den Umfang der arbeitsvertraglichen Leistungspflichten sachgerecht festzulegen, kann hier noch dahinstehen[167]. Da von § 87 Abs. 1 Nr. 11 nur ein Teil der Arbeitgeberleistungen erfaßt wird, können die übrigen Zuwendungen, insbesondere die Zeitlöhne, als Maßstab dienen[168]. Falls ein Arbeitgeber nur Leistungslöhne zahlt, ist auf das Lohnniveau in vergleichbaren Betrieben abzustellen. Ein Entscheidungsspielraum der Einigungsstelle besteht zwar schon deshalb, weil der Leistungslohn regelmäßig höher als ein vergleichbarer Zeitlohn ist[169]. Die Einigungsstelle kann diesen Zuschlag indessen nicht willkürlich festsetzen, sondern hat nach § 76 Abs. 5 Satz 3 auch die betrieblichen Belange zu berücksichtigen[170]. Der verbleibende Spielraum ist hinzunehmen.

cc) *Ungewisse Geltungsdauer mitbestimmter Entgeltregelungen?*

Vereinzelt wird behauptet, die Mitbestimmung nach § 87 Abs. 1 Nr. 11 sei für die Regelung der Lohnhöhe nicht tauglich, weil die für die Festsetzung der Entgelthöhe in Kollektivvereinbarungen charakteristische Geltungsdauer nicht erreicht werden könne[171]. Bei einer Änderung der im Betrieb anfallenden Arbeiten könnte mit den Akkord- und Prämiensätzen auch das Lohnniveau jeweils neu festgelegt werden, wenn der Betriebsrat darüber ebenfalls mitbestimme.

Diese Auffassung ist indessen nicht überzeugend. Es ist zwar richtig, daß Vereinbarungen im Rahmen von § 87 Abs. 1 Nr. 11 oft nicht dauerhaft sind, weil sie den betrieblichen Gegebenheiten angepaßt werden müssen. Der Richtsatz kann jedoch nur verändert werden, soweit der Tarifvorbehalt nach § 77 Abs. 3, § 87 Abs. 1 Eingangshalbsatz nicht entgegensteht[172]. Auch in den verbleibenden Fällen werden die Betriebs-

---

[166] Vgl. *Galperin / Löwisch*, § 87 Anm. 242; *Löwisch*, Anm. zu BAG, EzA Nr. 2 zu § 87 BetrVG 1972 Leistungslohn, S. 30; *ders.*, ZHR 139 (1975), 362 (379); anders noch *ders.*, DB 1973, 1746 (1747).

[167] Ausführlich dazu unten § 6 B IV.

[168] Vgl. *Hanau*, BB 1972, 499; vgl. auch *ders.*, BB 1977, 350 (353); *Moll*, Mitbestimmung beim Entgelt, S. 228.

[169] Vgl. *Schaub*, Arbeitsrechts-Handbuch, S. 293.

[170] Vgl. *Wiese*, Initiativrecht, S. 70; *ders.*, GK-BetrVG, § 87 Anm. 387.

[171] Vgl. *Galperin / Löwisch*, § 87 Anm. 242; *Löwisch*, ZHR 139 (1975), 362 (378 f.).

[172] Vgl. oben zu aa.

partner bei einer Änderung der im Betrieb anfallenden Arbeiten meist die frühere lohnpolitische Entscheidung übernehmen. Wegen der Bindung der Einigungsstelle gemäß § 76 Abs. 5 Satz 3 kann der Betriebsrat nicht jederzeit eine Lohnerhöhung durchsetzen. Zudem ist zweifelhaft, ob kollektive Regelungen der Entgelthöhe generell eine vorher festgelegte Geltungsdauer haben müssen. Auch Tarifverträge können gekündigt, in bestimmten Grenzen sogar unter einer auflösenden Bedingung abgeschlossen werden[173].

dd) Verhältnis zu § 87 Abs. 1 Nr. 10

Gegen ein Mitbestimmungsrecht nach § 87 Abs. 1 Nr. 11 über die Lohnhöhe wird auch geltend gemacht, es sei sachlich nicht gerechtfertigt, bei leistungsbezogenen Entgelten die Lohnpolitik der Mitbestimmung zu unterwerfen, obwohl sie bei anderen Entgeltformen gemäß § 87 Abs. 1 Nr. 10 mitbestimmungsfrei sei[174]. Welche Reichweite die Mitbestimmung nach § 87 Abs. 1 Nr. 10 hat, braucht hier noch nicht entschieden zu werden. Jedenfalls kann eine allgemein formulierte, selbst auslegungsbedürftige Norm wie § 87 Abs. 1 Nr. 10 nicht herangezogen werden, um eine nach Wortlaut und Entstehungsgeschichte eindeutige gesetzgeberische Entscheidung einzuschränken[175]. Die schematische Gleichsetzung der Mitbestimmung beim Leistungslohn und sonstigen Entgelten ist auch deshalb nicht überzeugend, weil dabei mögliche Besonderheiten der leistungsbezogenen Entlohnung[176] unberücksichtigt bleiben.

ee) Mitbestimmungsfreiheit unternehmerischer Entscheidungen und materieller Arbeitsbedingungen?

Zum Teil wird die Auffassung vertreten, die Mitbestimmung nach § 87 Abs. 1 Nr. 11 müsse im Hinblick auf den in §§ 90, 91 und §§ 106 ff. zum Ausdruck kommenden Grundsatz der Mitbestimmungsfreiheit wirtschaftlich-unternehmerischer Entscheidungen auf die Sicherung richtiger Akkord- und Prämienansätze beschränkt werden[177]. Ob das Verhältnis von unternehmerischer Entscheidungsfreiheit und notwendiger Mitbestimmung überhaupt ein tauglicher Maßstab ist, um den Anwen-

---

173 Vgl. *Wiedemann / Stumpf*, TVG, § 4 Anm. 15 f.

174 Vgl. *Galperin / Löwisch*, § 87 Anm. 242; *Löwisch*, ZHR 139 (1975), 362 (378 f.). Zur umgekehrten Argumentation bei der Auslegung des § 87 Abs. 1 Nr. 10 vgl. unten § 2 A XI 1 c.

175 Vgl. *Moll*, Mitbestimmung beim Entgelt, S. 51; *Wiese*, GK-BetrVG, § 87 Anm. 386.

176 Dazu unten § 2 A X 2.

177 Vgl. *Kammann / Hess / Schlochauer*, § 87 Anm. 218; *Stege / Weinspach*, § 87 Anm. 189.

dungsbereich des § 87 zu ermitteln, kann hier noch dahinstehen[178]. Jedenfalls geht es nicht an, im Rahmen der systematischen Auslegung die Regelung der §§ 90, 91 und §§ 106 ff. zu verabsolutieren. Der Gesetzgeber hat sich in § 87 Abs. 1 Nr. 11 für die Mitbestimmung über die Akkord- und Prämiensätze und damit über die Lohnhöhe entschieden. Diese Regelung darf nicht unter Hinweis auf sonstige Vorschriften des BetrVG umgangen werden. Anders wäre nur zu entscheiden, wenn die Mitbestimmung über die Begründung und den Umfang vermögenswerter Leistungspflichten verfassungswidrig wäre. Darauf ist an anderer Stelle einzugehen[179].

Zöllner greift zur Begründung einer restriktiven Auslegung des § 87 Abs. 1 Nr. 11 die früher allgemein anerkannte Unterscheidung zwischen formellen und materiellen Arbeitsbedingungen wieder auf[180]. Gerade die Mitbestimmung bei den Geldfaktoren zeige zwar, daß die Ausübung des Mitbestimmungsrechts Auswirkungen auf die Leistungspflicht des Arbeitgebers und somit materielle Bedeutung haben könne. Dem Grundsatz der Mitbestimmungsfreiheit materieller Arbeitsbedingungen liege aber der richtige Gedanke zugrunde, daß eine betriebliche Zwangsschlichtungsstelle nicht über den Umfang der Leistungspflicht der Arbeitsvertragspartner entscheiden dürfe. Daher könne auch § 87 Abs. 1 Nr. 11 kein Mitbestimmungsrecht über die Lohnhöhe entnommen werden.

Die Argumentation *Zöllners* überzeugt indessen schon deshalb nicht, weil die Differenzierung zwischen formellen und materiellen Arbeitsbedingungen keine klare Begrenzung der betrieblichen Mitbestimmung erlaubt[181]. Zudem ist es methodisch nicht korrekt, ohne nähere Prüfung davon auszugehen, daß ein für ein früheres Gesetz entwickeltes Prinzip ohne Einschränkung weiter gelte und daß diesem entgegenstehende Normen restriktiv auszulegen seien. Es ist vielmehr umgekehrt anhand der einzelnen Tatbestände des § 87 Abs. 1 zu prüfen, ob es ein allgemeines Auslegungsprinzip gibt.

c) Schlußfolgerung

Für leistungsbezogene Entgelte muß der aus allgemeinen systematischen und teleologischen Erwägungen entwickelte Grundsatz[182], der Rechtsgedanke des § 87 Abs. 1 Nr. 8 i. V. mit § 88 Nr. 2 gelte für alle

---

[178] Vgl. dazu unten § 7.

[179] Vgl. unten § 5 B, § 6 B I, § 7 C.

[180] Vgl. *Zöllner*, Arbeitsrecht, S. 362 f. Zur Unterscheidung zwischen formellen und materiellen Arbeitsbedingungen vgl. oben § 1 B I.

[181] Vgl. oben § 1 B I.

[182] Vgl. oben § 2 A I 2.

vermögenswerten Arbeitgeberleistungen, eingeschränkt werden. Dazu zwingt die gesetzgeberische Entscheidung in § 87 Abs. 1 Nr. 11, die Höhe des Leistungslohnes der Mitbestimmung des Betriebsrats zu unterwerfen. Die Begründung einer zusätzlichen Leistungspflicht unterliegt allerdings auch nach dieser Vorschrift nicht der notwendigen Mitbestimmung.

Die Annahme, daß grundsätzlich auch der Umfang der Leistungspflicht des Arbeitgebers nicht der Mitbestimmung unterliegt, ist damit aber keineswegs widerlegt[183]. Das dem § 87 Abs. 1 Nr. 8 i. V. mit § 88 Nr. 2 zu entnehmende Prinzip könnte zur Auslegung der übrigen Tatbestände des § 87 herangezogen werden, wenn § 87 Abs. 1 Nr. 11 Ausnahmecharakter hätte[184].

2. *Ausnahmecharakter des § 87 Abs. 1 Nr. 11*

a) Schutz der Arbeitnehmer vor Überlastung

Die Mitbestimmung über den Umfang der Leistungspflicht des Arbeitgebers nach § 87 Abs. 1 Nr. 11 hat Ausnahmecharakter, wenn ihr Zweck nur beim Leistungslohn, nicht aber bei sonstigen vermögenswerten Arbeitgeberleistungen eingreift. Es fragt sich also, ob bei leistungsbezogenen Entgelten ein besonderes Schutzbedürfnis der Arbeitnehmer im Hinblick auf die Regelung der Lohnhöhe besteht.

Die von § 87 Abs. 1 Nr. 11 erfaßten leistungsbezogenen Entgelte unterscheiden sich vor allem dadurch vom Zeitlohn und den übrigen vermögenswerten Leistungen des Arbeitgebers, daß ihre Höhe unmittelbar von der Leistung des Arbeitnehmers abhängt[185]. Daher bewirkt beispielsweise das Akkordlohnsystem beim Arbeitnehmer einen Leistungsanreiz, so daß die Gefahr einer Überanstrengung besteht. Dem daraus resultierenden besonderen Schutzbedürfnis der Arbeitnehmer soll durch die Mitbestimmung gemäß § 87 Abs. 1 Nr. 11 Rechnung getragen werden[186].

---

[183] So aber *Moll*, Mitbestimmung beim Entgelt, S. 98.

[184] Vgl. *Wiese*, Festschrift für G. Müller, S. 625 (642).

[185] Vgl. BAG AP Nr. 1 zu § 87 BetrVG 1972 Provision, Bl. 4 R; DB 1981, 2031 (2032); LAG Bremen AP Nr. 1 zu § 87 BetrVG 1972 Lohngestaltung, Bl. 2 R; *Hofe*, Humanisierung der Arbeitswelt, S. 14; *Lieb*, DB 1975, 1748 (1750); *Löwisch*, DB 1973, 1746; *Wiese*, GK-BetrVG, § 87 Anm. 366 m. w. N.

[186] Vgl. BAG AP Nr. 1 zu § 87 BetrVG 1972 Provision, Bl. 4; AP Nr. 2 zu § 87 BetrVG 1972 Lohngestaltung, Bl. 4; DB 1981, 2031 (2032); *von Friesen*, DB 1980, Beilage Nr. 1, S. 1 (11); *Jahnke*, Anm. zu BAG, AR-Blattei D, Betriebsverfassung XIV B, Entsch. 33, Forts.-Bl. 8 R; *ders.*, ZfA 1980, 863 (890 f.); *Lieb*, SAE 1978, 95 (96); *Löwisch*, DB 1973, 1746 (1747); *Mäurer*, BetrR 1978, 548 (550); *Wiese*, Initiativrecht, S. 71; *ders.*, GK-BetrVG, § 87 Anm. 364. Daß der Gesetzgeber die besondere Schutzbedürftigkeit der Arbeitnehmer beim

Es wird allerdings die Auffassung vertreten, dieses besondere Schutzinteresse erkläre nicht die Mitbestimmung über die Entgelthöhe, so daß § 87 Abs. 1 Nr. 11 insoweit keineswegs Ausnahmecharakter haben könne. Die Gefahren des Leistungslohnsystems gingen nämlich von der Zeit-, nicht von der Geldseite aus[187]. Der Arbeitnehmer werde zu einer Überanstrengung verleitet, wenn die Vorgabezeit[188] zu gering bemessen sei, weil er dann mehr als die Normalleistung erbringen müsse, um den im Richtsatz festgelegten Stundenverdienst zu erhalten.

Zeit- und Geldseite lassen sich indessen nur theoretisch exakt auseinanderhalten. In der Praxis hängen sie untrennbar zusammen, weil eine Anhebung des Zeitfaktors dieselbe Auswirkung auf die Entgelthöhe hat wie eine Erhöhung des Geldfaktors[189]. Insofern sind Zeit- und Geldfaktor austauschbar[190]. Beim Geldakkord sind sogar beide Werte miteinander verrechnet. Hier wird lediglich ein Geldfaktor ausgewiesen, im oben erörterten Beispiel 3,50 DM für die Herstellung eines Gerätes. Das Mitbestimmungsrecht mußte also schon deshalb auf den Geldfaktor erstreckt werden, weil sonst die Mitbestimmung bei der Festsetzung des Zeitfaktors durch eine Manipulation des Geldfaktors unterlaufen werden könnte.

Die besondere Belastung des Arbeitnehmers bei leistungsbezogener Vergütung erklärt aber auch die notwendige Mitbestimmung über den Richtsatz. Ohne die Mitbestimmung bei der Entgelthöhe könnte der Arbeitgeber mangels tariflicher oder betrieblicher Regelungen als der wirtschaftlich stärkere Verhandlungspartner in vielen Fällen einen niedrigen Richtsatz erzwingen. Um sich trotzdem ein angemessenes Entgelt zu sichern, müßten die Arbeitnehmer versuchen, eine erheblich über der Norm liegende Leistung zu erbringen, so daß die Gefahr einer Überanstrengung entstünde. Bei anderen vermögenswerten Leistungen des Arbeitgebers ist kein vergleichbares Schutzbedürfnis erkennbar, weil der Anreiz fehlt, das Einkommen durch erhöhte Leistung zu verbessern. Deshalb hat § 87 Abs. 1 Nr. 11 Ausnahmecharakter.

Leistungslohn anerkennt, zeigen auch § 4 Abs. 3 Satz 1 Nr. 1 MuSchG und § 23 Abs. 1 Nr. 1 JArbSchG.

[187] Vgl. *Klinkhammer*, AuR 1977, 363 (366); *Moll*, Mitbestimmung beim Entgelt, S. 48, 186 ff.

[188] Vgl. hierzu *Schaub*, Arbeitsrechts-Handbuch, S. 279 ff.

[189] Zu den Einzelheiten der Vergütungsberechnung beim Akkord sowie zur Unterscheidung von Zeit- und Geldakkord vgl. *Schaub*, Arbeitsrechts-Handbuch, S. 278 ff., 292 ff.

[190] Insoweit zutr. *Dietz / Richardi*, § 87 Anm. 593; *Richardi*, ZfA 1976, 1 (26 ff.); ebenso *Galperin / Löwisch*, § 87 Anm. 241; *Löwisch*, ZHR 139 (1975), 362 (378); *Reuter*, Vergütung von AT-Angestellten, S. 12; *Wiese*, Initiativrecht, S. 71; *ders.*, GK-BetrVG, § 87 Anm. 385; vgl. auch *Farthmann*, RdA 1966, 249 (254).

b) Erfordernis einer betriebsspezifischen Regelung

Leistungsbezogene Entgelte nehmen auch insoweit eine Sonderstellung ein, als sie nur auf betrieblicher Ebene sachgerecht geregelt werden können. Bei anderen vermögenswerten Arbeitgeberleistungen kann der kollektive Schutz der Arbeitnehmer durch Tarifverträge verwirklicht werden, weil die Höhe des Zeitlohnes sowie Art und Umfang sonstiger Leistungen des Arbeitgebers einer überbetrieblichen Regelung zugänglich sind. Das gilt für Erschwerniszulagen ebenso wie für Vereinbarungen über die Kosten der Dienstkleidung[191] oder die Übernahme der Kontenführungsgebühren. In diesem Bereich ist daher die notwendige Mitbestimmung des Betriebsrats nicht erforderlich, die ihm die Befugnis gibt, notfalls gegen den Willen des Arbeitgebers eine Regelung zu erzwingen[192]. Zur Ergänzung des tariflichen Schutzes genügt die Möglichkeit freiwilliger Betriebsvereinbarungen, soweit dafür nach § 77 Abs. 3 Raum ist.

Bei der Festsetzung der Akkord- und Prämiensätze sowie sonstiger leistungsbezogener Entgelte versagt der kollektive Schutz durch das Tarifwesen. Die Zeit- und Geldfaktoren können nicht überbetrieblich festgelegt werden, weil sie von den speziellen arbeitstechnischen Gegebenheiten abhängen[193]. Der Abschluß eines Tarifvertrages, insbesondere eines Firmentarifvertrages[194], der auf die Besonderheiten des einzelnen Betriebs Rücksicht nimmt, ist zwar möglich, doch ist es praktisch ausgeschlossen, die Zeit- und Geldfaktoren jedes einzelnen Arbeitsvorganges, für den eine leistungsbezogene Vergütung gezahlt wird, in die Tarifverhandlungen einzubeziehen. Zudem müßte dann bei jeder Änderung des Arbeitsablaufes eine neue tarifliche Regelung getroffen werden. Da aber auch bei der Anwendung arbeitswissenschaftlicher Methoden, z. B. nach REFA oder Bédaux[195], ein Entscheidungsspielraum bei der Bewertung der Leistung verbleibt, ist zu einem effektiven Schutz der Arbeitnehmer die notwendige Mitbestimmung des Betriebsrats erforderlich[196].

Nur der Richtsatz kann tariflich festgesetzt werden und ist in der Regel auch Gegenstand von Tarifverträgen. Das spricht indessen nicht gegen die Annahme, das Mitbestimmungsrecht über die Lohnhöhe nach

[191] Vgl. die Beispiele bei *Brill*, DB 1975, 1076 (1078 f.).

[192] Vgl. die Nachweise oben § 1 Fn. 26.

[193] Vgl. *Vollmer*, DB 1979, 308, 355 (357).

[194] Vgl. dazu *Hueck / Nipperdey* II/1, S. 423 ff.

[195] Vgl. hierzu *Dietz / Gaul / Hilger*, Akkord und Prämie, S. 21.

[196] Vgl. BAG AP Nr. 1 zu § 87 BetrVG 1972 Provision, Bl. 4; AP Nr. 2 zu § 87 BetrVG 1972 Lohngestaltung, Bl. 4; *Wiese*, GK-BetrVG, § 87 Anm. 364; vgl. auch *Herschel*, AuR 1968, 129 (134); *G. Müller*, DB 1967, 903 (905); *Richardi*, DB 1971, 621 (625).

§ 87 Abs. 1 Nr. 11 beruhe auch auf dem Erfordernis eines betriebsspezifischen Entgeltschutzes der Arbeitnehmer. Wegen des engen Zusammenhanges zwischen Zeit- und Geldfaktoren[197] mußte der Gesetzgeber die Mitbestimmung auf alle Faktoren erstrecken. Damit wird aber zugleich das Produkt aus Geld- und Zeitfaktor, also die Entgelthöhe, der Mitbestimmung unterworfen. Daher ist die Einbeziehung der lohnpolitischen Entscheidung in § 87 Abs. 1 Nr. 11 auch die Konsequenz eines umfassenden betriebsspezifischen Entgeltschutzes.

Im Hinblick auf die Schutzbedürftigkeit der Arbeitnehmer nehmen die Leistungslöhne also eine Sonderstellung ein. Daher steht § 87 Abs. 1 Nr. 11 nicht der Annahme entgegen, der Rechtsgedanke des § 87 Abs. 1 Nr. 8 i. V. mit § 88 Nr. 2 gelte im übrigen für alle vermögenswerten Arbeitgeberleistungen.

XI. Mitbestimmung nach § 87 Abs. 1 Nr. 10

1. Mitbestimmung über die Entgelthöhe?

Ebenso wie bei § 87 Abs. 1 Nr. 11 stellt sich auch bei § 87 Abs. 1 Nr. 10 die Frage, ob die Entgelthöhe der notwendigen Mitbestimmung des Betriebsrats unterliegt.

a) Wortlaut

Der Wortlaut der Norm ist zwar nicht eindeutig, spricht aber jedenfalls nicht gegen die aus systematischen und teleologischen Gesichtspunkten[198] gebotene Annahme, das in § 87 Abs. 1 Nr. 8 i. V. mit § 88 Nr. 2 zum Ausdruck kommende Prinzip gelte grundsätzlich für alle vermögenswerten Arbeitgeberleistungen. Zur Erläuterung des Begriffes der betrieblichen Lohngestaltung werden im Gesetz die Aufstellung von Entlohnungsgrundsätzen sowie die Einführung, Anwendung und Änderung von Entlohnungsmethoden als Anwendungsbeispiele genannt. Es ist anzunehmen, daß der Gesetzgeber auch die Entgelthöhe ausdrücklich erwähnt hätte, wenn er die Mitbestimmung auf diese wichtige Materie hätte ausdehnen wollen[199].

Nicht überzeugend ist das Argument, die Bestimmung der Lohnhöhe sei unter das Tatbestandsmerkmal der betrieblichen Lohngestaltung zu subsumieren, weil sonst diesem keine eigenständige Bedeutung zukomme. Schon die Begriffe der Entlohnungsgrundsätze und -metho-

---

[197] Vgl. oben zu a.

[198] Vgl. oben § 2 A I 2.

[199] Vgl. dazu die Nachweise unten Fn. 210.

den erfaßten die gesamten Grundlagen der Entgeltberechnung[200]. Die Vertreter dieser Auffassung verkennen, daß der Gesetzgeber durch die Einfügung des allgemeinen Tatbestandsmerkmales der betrieblichen Lohngestaltung eine Generalklausel geschaffen hat, die auch in Zukunft auftretende Probleme erfassen soll[201].

b) Entstehungsgeschichte

Teilweise wird ein Mitbestimmungsrecht nach § 87 Abs. 1 Nr. 10 über die Höhe des Arbeitsentgeltes mit der Entstehungsgeschichte des Gesetzes begründet[202]. Die Materialien weisen in der Tat aus, daß der Gesetzgeber durch § 87 Abs. 1 Nr. 10 das Mitbestimmungsrecht des Betriebsrats über das geltende Recht hinaus auf alle Fragen der betrieblichen Lohngestaltung erstrecken wollte[203]. Die Vorschrift des § 87 Abs. 1 Nr. 10 geht indessen schon deshalb über § 56 Abs. 1 Buchst. h BetrVG 1952 hinaus, weil sie die Anwendung von Entlohnungsmethoden der Mitbestimmung unterwirft[204]. Auch die Tatsache, daß alle Fragen der betrieblichen Lohngestaltung erfaßt werden sollten, zwingt nicht zu einer Einbeziehung der Lohnhöhe, weil der Begriff der Lohngestaltung nicht eindeutig ist[205]. Folglich ergibt sich aus der Entstehungsgeschichte des § 87 Abs. 1 Nr. 10 keineswegs, daß der Umfang der Leistungspflicht des Arbeitgebers nach dieser Vorschrift der Mitbestimmung unterliegt.

c) Bedeutungszusammenhang

Als Hauptargument für eine Anwendung des § 87 Abs. 1 Nr. 10 auf die Regelung der Entgelthöhe wird insbesondere von *Moll* angeführt, es gebe keinen sachlichen Grund für eine unterschiedliche Behandlung von Zeit- und Leistungslohn[206]. Wenn § 87 Abs. 1 Nr. 11 die lohnpolitische Entscheidung über die Entgelthöhe erfasse, müsse das auch für

---

200 Vgl. *Gester / Isenhardt*, RdA 1974, 80 (82); *Klinkhammer*, AuR 1977, 363 (364); *Moll*, Mitbestimmung beim Entgelt, S. 184; *Strieder*, BB 1980, 420 (422).

201 Vgl. amtliche Begründung, BT-Drucks. VI/1786, S. 49, sowie *Fitting / Auffarth / Kaiser*, § 87 Anm. 54 c; *Reuter*, Vergütung von AT-Angestellten, S. 10 f.

202 Vgl. *Gester / Isenhardt*, RdA 1974, 80 (82); *Klinkhammer*, AuR 1977, 363 (365); *Moll*, Mitbestimmung beim Entgelt, S. 183 f.; *Strieder*, BB 1980, 420 (422); vgl. auch *Reuter / Streckel*, Grundfragen, S. 20.

203 Vgl. amtliche Begründung, BT-Drucks. VI/1786, S. 49.

204 Vgl. *Moll*, Mitbestimmung beim Entgelt, S. 144; *Reuter*, Vergütung von AT-Angestellten, S. 11; *Rumpff*, AuR 1972, 65.

205 Vgl. oben zu a.

206 *Moll*, Mitbestimmung beim Entgelt, S. 51 f., 186 ff.; ebenso *Gester / Isenhardt*, RdA 1974, 80 (84); *Klinkhammer*, AuR 1977, 363 (364 ff.); *Reuter / Streckel*, Grundfragen, S. 20; *Rumpff*, AuR 1972, 65 (71); *Strieder*, BB 1980, 420 (422); *Zachert*, MitbestGespr. 1978, 50.

§ 87 Abs. 1 Nr. 10 gelten. Dieser Begründungszusammenhang sei schon unter der Geltung des § 56 BetrVG 1952 anerkannt worden, wenn auch unter umgekehrten Vorzeichen. Damals sei man von der Prämisse ausgegangen, daß die Höhe des Zeitlohnes nicht der Mitbestimmung unterliege, und habe daraus den Schluß gezogen, daß auch die Höhe des Leistungslohnes mitbestimmungsfrei sei[207]. Wenn sich heute die Mitbestimmung bei leistungsbezogenen Entgelten auf die Lohnhöhe erstrecke, müsse die Argumentation in umgekehrter Richtung verlaufen.

Diese Ansicht überzeugt nicht, weil sie die oben dargelegten Besonderheiten des Leistungslohnes nicht hinreichend berücksichtigt: Dieser unterscheidet sich von anderen Arbeitgeberleistungen durch die Notwendigkeit einer betriebsspezifischen Regelung und das besondere Schutzbedürfnis der Arbeitnehmer, das sich aus der Gefahr einer Überlastung ergibt[208]. Eine vergleichbare Interessenlage besteht beim Zeitlohn ebensowenig wie bei sonstigen vermögenswerten Leistungen des Arbeitgebers.

Ein Vergleich von § 87 Abs. 1 Nr. 10 und Nr. 11 bestätigt sogar die hier vertretene Auffassung. Wenn die Entgelthöhe schon nach § 87 Abs. 1 Nr. 10 der Mitbestimmung unterläge, wäre die ausdrückliche Erwähnung der Geldseite in § 87 Abs. 1 Nr. 11 überflüssig. Der Betriebsrat könnte dann bereits im Rahmen der betrieblichen Lohngestaltung bei der Festsetzung der Zeit- und Geldfaktoren mitbestimmen, weil sich daraus die Lohnhöhe ergibt[209]. Da nicht angenommen werden kann, der Gesetzgeber habe eine überflüssige Regelung getroffen, bestätigt die Existenz des § 87 Abs. 1 Nr. 11, daß § 87 Abs. 1 Nr. 10 nur die Grundlagen der Entgeltberechnung, nicht aber die Höhe des Arbeitsentgelts erfaßt[210].

---

[207] Vgl. *Dietz*, BB 1959, 1210 (1215); *Hilger*, in Dietz / Gaul / Hilger, Akkord und Prämie, S. 190; *Weinheimer*, Mitbestimmung, S. 51.

[208] Vgl. oben § 2 A X 2 mit Nachweisen.

[209] Vgl. oben § 2 A X 1 a.

[210] Im Ergebnis h. M.; vgl. BAG AP Nr. 1 zu § 87 BetrVG 1972 Provision, Bl. 3 R, mit insoweit zust. Anm. von *Schulze-Osterloh*, Bl. 6 R; EzA Nr. 11 zu § 87 BetrVG 1972 Lohn u. Arbeitsentgelt, S. 87 f. (bzgl. der Lohnhöhe); AP Nr. 1 zu § 87 BetrVG 1972 Altersversorgung, Bl. 4 R f., mit zust. Anm. von *Richardi*, Bl. 8; AP Nr. 3 zu § 87 BetrVG 1972 Altersversorgung, Bl. 4 R, mit insoweit zust. Anm. von *Blomeyer*, Bl. 11 (bzgl. des Umfangs freiwilliger Versorgungsleistungen); *Dietz / Richardi*, § 87 Anm. 496 f.; *Galperin / Löwisch*, § 87 Anm. 226; *Gumpert*, BB 1976, 605 (610); *Hanau*, BB 1977, 350 (353); *Jahnke*, ZfA 1980, 863 (889 ff.); *ders.*, Anm. zu BAG, AR-Blattei D, Betriebsverfassung XIV B, Entsch. 33, Forts.-Bl. 7 R; *Köke*, Inhalt und Grenzen des Mitbestimmungsrechtes, S. 213 ff., 229; *Lieb*, ZfA 1978, 179 (194 Fn. 44); *ders.*, SAE 1978, 95 (96); *Stadler*, BB 1972, 800 (801); *Weber*, SAE 1981, 114 (120); *Weigel*, BB 1974, 1583 (1585); *Westhoff*, DB 1980, 1260 (1261); *Wiese*, Initiativrecht, S. 59, 67 f.; *ders.*, GK-BetrVG, § 87 Anm. 338. Nachweise zur Gegenansicht oben Fn. 200, 202, 206.

Auch aus § 88 Nr. 3 ergibt sich, daß die Entgelthöhe nicht der notwendigen Mitbestimmung nach § 87 Abs. 1 Nr. 10 unterliegt[211]. Weil letztere Vorschrift auf alle vermögenswerten Arbeitgeberleistungen anwendbar ist, die im Hinblick auf das Arbeitsverhältnis erbracht werden[212], erfaßt sie auch Leistungen zur Vermögensbildung, die der Arbeitgeber zusätzlich zum regulären Lohn zahlt[213]. Würde der Betriebsrat schon nach § 87 Abs. 1 Nr. 10 über die Einführung und den Umfang solcher vermögenswirksamen Maßnahmen mitbestimmen, wäre kein Raum für eine freiwillige Betriebsvereinbarung nach § 88 Nr. 3.

d) Keine materielle Annexkompetenz

Vereinzelt wird zur Begründung eines Mitbestimmungsrechts bei der Entgelthöhe nach § 87 Abs. 1 Nr. 10 eine materielle Annexkompetenz des Betriebsrats konstruiert[214]. Gerade hier zeigt sich deutlich, daß die Theorie der Mitbestimmung bei materiellen Annexbedingungen verfehlt ist[215]. Unter Hinweis auf einen angeblich engen Sachzusammenhang zwischen den technischen Lohnbedingungen und der Lohnhöhe wird die differenzierte gesetzgeberische Regelung überspielt.

Dasselbe Argumentationsschema liegt der Auffassung zugrunde, § 87 Abs. 1 Nr. 10 beziehe sich auf die Lohnhöhe, weil der Betriebsrat nach § 87 Abs. 1 Nr. 3 über die Einführung von Überstunden mitbestimme. Diese Befugnis sei unvollkommen, wenn der Betriebsrat nicht die Möglichkeit habe, die Mehrbelastung der Arbeitnehmer durch entsprechende Lohnzugeständnisse aufzufangen[216]. Auch diese Ansicht verkennt das Zusammenspiel der verschiedenen arbeitsrechtlichen Gestaltungsfaktoren. Die Interessen der Arbeitnehmer werden regelmäßig schon durch eine tarifliche oder arbeitsvertragliche Regelung der Überstundenzuschläge gewahrt[217]. Auch wenn das ausnahmsweise nicht der Fall ist, kann der Arbeitgeber nicht einfach eine Verlängerung der betriebsüblichen Arbeitszeit ohne angemessenen Lohnausgleich durchsetzen, weil die Einigungsstelle gemäß § 76 Abs. 5 Satz 3 auch die Belange der betroffenen Arbeitnehmer berücksichtigen muß. Daher wird der Ar-

---

[211] Vgl. auch *Hanau*, BB 1972, 499.

[212] Vgl. oben § 2 A I 2 d mit Nachweisen.

[213] Vgl. *Fitting / Auffarth / Kaiser*, § 87 Anm. 55; *Schimana / Frauenkron*, DB 1980, 445 (447).

[214] Vgl. *Gester / Isenhardt*, RdA 1974, 80 (84); a. M. *Hanau*, RdA 1973, 281 (282); *ders.*, BB 1977, 350 (353); vgl. auch *Weiß*, BlStSozArbR 1979, 97 (100), der § 87 Abs. 1 Nr. 10 auf Fragen der Lohnpolitik anwenden will, wenn ein enger sachlicher Zusammenhang mit Regelungen zur Verwirklichung der Lohngerechtigkeit besteht.

[215] Ausführlich oben § 2 A II 2.

[216] Vgl. *Strieder*, BB 1980, 420 (423).

[217] Vgl. oben § 2 A IV sowie *Schaub*, Arbeitsrechts-Handbuch, S. 303.

beitgeber im eigenen Interesse zu einer freiwilligen Betriebsvereinbarung nach § 88 oder einer individualvertraglichen Vereinbarung über die Bezahlung der Überstunden bereit sein.

e) Übergeordnete Gesichtspunkte

In der Diskussion um die Auslegung des § 87 Abs. 1 Nr. 10 werden auch grundsätzliche Bedenken gegen ein notwendiges Mitbestimmungsrecht bei der Festsetzung der Entgelthöhe erhoben. So wird etwa auf eine Aufgabenteilung zwischen Tarif- und Betriebspartnern[218], die mangelnde Kompetenz der Einigungsstelle zur Festsetzung des Umfanges von Leistungspflichten[219] und auf den Grundsatz der Mitbestimmungsfreiheit unternehmerischer Entscheidungen hingewiesen[220]. Auf diese und sonstige übergeordnete Gesichtspunkte wird an anderer Stelle einzugehen sein[221]. Im hier erörterten Zusammenhang genügt die Feststellung, daß der Bedeutungszusammenhang des Gesetzes eindeutig gegen ein Mitbestimmungsrecht nach § 87 Abs. 1 Nr. 10 bei der Entgelthöhe spricht[222].

2. Indirekte Beeinflussung der Lohnsumme

Durch die Mitbestimmung nach § 87 Abs. 1 Nr. 10 kann allerdings der Gesamtumfang der Leistungspflicht des Arbeitgebers indirekt beeinflußt werden. Die Lohnsumme läßt sich nicht auf einen im Belieben des Arbeitgebers stehenden Fonds oder Dotierungsrahmen begrenzen[223]. Insbesondere die Mitbestimmung bei der Aufstellung von Entlohnungsgrundsätzen würde sonst weitgehend leerlaufen, weil die Entscheidung über die Einführung von Leistungs- oder Zeitlohn die Gesamtsumme des Entgelts beeinflußt[224]. Der Übergang vom Zeit- zum Akkordlohn

---

[218] Vgl. *Dietz / Richardi*, § 87 Anm. 493; *Hanau*, BB 1977, 350 (353); *Richardi*, ZfA 1976, 1 (21 f.); *Wiese*, GK-BetrVG, § 87 Anm. 321.

[219] Vgl. *Blomeyer*, Anm. zu BAG AP Nr. 3 zu § 87 BetrVG 1972 Altersversorgung, Bl. 11 f.; *Galperin / Löwisch*, § 87 Anm. 226; *Hanau*, BB 1976, 91 (92); *ders.*, BB 1977, 350 (353); *Löwisch*, ZHR 139 (1975), 362 (372); *ders.*, DB 1973, 1746 (1747); *ders.*, Anm. zu BAG, EzA Nr. 2 zu § 87 BetrVG 1972 Leistungslohn, S. 29.

[220] Vgl. *Hanau*, BB 1976, 91 (92); *Kammann / Hess / Schlochauer*, § 87 Anm. 197; a. M. *Birk*, Anm. zu BAG, EzA Nr. 2 zu § 87 BetrVG 1972 Initiativrecht, S. 30 f.

[221] Vgl. unten § 5 bis § 7.

[222] Vgl. oben zu c.

[223] Vgl. *Fitting / Auffarth / Kaiser*, § 87 Anm. 54; *Hanau*, BB 1976, 91 (96; anders wohl *ders.*, BB 1977, 350 [353]); *Jahnke*, ZfA 1980, 863 (891 ff.); *Richardi*, Anm. zu BAG AP Nr. 1 zu § 87 BetrVG 1972 Altersversorgung, Bl. 9; *ders.*, ZfA 1976, 1 (23); *Strieder*, BB 1980, 420 (423); *Zöllner*, Arbeitsrecht, S. 363.

[224] Vgl. *Fitting / Auffarth / Kaiser*, § 87 Anm. 54; *Wiese*, GK-BetrVG, § 87 Anm. 360.

bewirkt regelmäßig eine indirekte Lohnerhöhung, weil der Arbeitgeber einen Akkordzuschlag und das Entgelt für überdurchschnittliche Leistungen[225] entrichten muß. Auch in diesen Fällen ist die Lohnhöhe als solche aber nicht Gegenstand der notwendigen Mitbestimmung. Somit dient § 87 Abs. 1 Nr. 10 nicht der Begründung und der Regelung des Umfanges vermögenswerter Leistungspflichten des Arbeitgebers. Der in § 87 Abs. 1 Nr. 8 i. V. mit § 88 Nr. 2 zum Ausdruck kommende Rechtsgedanke gilt auch hier.

XII. Mitbestimmung nach § 87 Abs. 1 Nr. 12

Es bleibt zu prüfen, ob bei der Regelung der Grundsätze über das betriebliche Vorschlagswesen die Einführung und der Umfang vermögenswerter Arbeitgeberleistungen der notwendigen Mitbestimmung unterliegen. Das wäre nur dann der Fall, wenn § 87 Abs. 1 Nr. 12 auf die Entscheidung über die Prämienhöhe anwendbar wäre.

Dagegen sprechen zunächst der Wortlaut und der Bedeutungszusammenhang der Norm. Ebenso wie die Tatbestände des § 87 Abs. 1 Nrn. 5 und 10, die die Urlaubs- bzw. die Entlohnungsgrundsätze der notwendigen Mitbestimmung unterwerfen[226], nennt auch § 87 Abs. 1 Nr. 12 nur die „Grundsätze" des betrieblichen Vorschlagswesens. Die Geldseite wird im Gegensatz zu § 87 Abs. 1 Nr. 11 nicht erwähnt. Das läßt darauf schließen, daß sich § 87 Abs. 1 Nr. 12 lediglich auf die Organisation, das Verfahren und allgemeine Regeln über die Behandlung und Prämierung von Vorschlägen bezieht, nicht aber auf die Dotierung selbst[227].

In dieselbe Richtung weist der Zweck der Vorschrift. Sie soll gewährleisten, daß Arbeitgeber und Betriebsrat das betriebliche Vorschlagswesen gemeinsam so gestalten, daß die Behandlung der Verbesserungsvorschläge durchschaubar ist und der einzelne Arbeitnehmer im Verhältnis zu anderen nicht ungerecht behandelt wird[228]. Die Mitbestim-

---

[225] Zu dem mit dem Akkordsystem verbundenen Leistungsanreiz vgl. oben § 2 A X 2 a.

[226] Vgl. dazu oben § 2 A VI und XI 1.

[227] Im Ergebnis h. M.; vgl. BAG, DB 1981, 1882 (1884 f.); LAG Düsseldorf/Köln, EzA Nr. 1 zu § 87 BetrVG 1972 Vorschlagswesen, S. 9; *Dietz / Richardi*, § 87 Anm. 645 f.; *Galperin / Löwisch*, § 87 Anm. 273; *Gaul*, Einigungsstelle, S. 132; *Gaul / Bartenbach*, DB 1980, 1843 (1845); *Krauss*, Vorschlagswesen, S. 54 ff.; *Stege / Weinspach*, § 87 Anm. 205; *Wiese*, GK-BetrVG, § 87 Anm. 403, 406; a. M. LAG Düsseldorf vom 21. 2. 1979 — 6 TaBV 73/78 —, zit. bei *Gaul / Bartenbach*, DB 1980, 1843 (1844); *Föhr*, AuR 1975, 353 (362); *Schoden*, AuR 1980, 73 (77).

[228] Vgl. BAG, DB 1981, 1882 (1883 f.); *Fitting / Auffarth / Kaiser*, § 87 Anm. 67; *Neukirchen*, Betriebsvereinbarung, S. 145; *Wiese*, GK-BetrVG, § 87 Anm. 401.

mung nach § 87 Abs. 1 Nr. 12 dient also der freien Entfaltung der Persönlichkeit der Arbeitnehmer, nicht der Wahrung von Vermögensinteressen. Soweit die Arbeitnehmer keinen Anspruch auf Vergütung ihrer Vorschläge nach § 20 Abs. 1 i. V. mit § 3 ArbNErfG oder nach § 242 BGB haben[229], entscheidet der Arbeitgeber allein, ob und in welchem Umfang er zusätzliche Mittel zur Verfügung stellt, um Verbesserungsvorschläge zu prämieren.

Auch nach § 87 Abs. 1 Nr. 12 kann der Betriebsrat aber die vom Arbeitgeber zu tragenden Kosten indirekt beeinflussen. Aus dem Zweck der Vorschrift, die freie Entfaltung der Persönlichkeit der Arbeitnehmer zu gewährleisten, ergibt sich, daß auch die erstmalige Aufstellung von Grundsätzen über die Behandlung von Verbesserungsvorschlägen der notwendigen Mitbestimmung und dem Initiativrecht des Betriebsrats unterliegt[230]. Auf diese Weise können dem Arbeitgeber Verwaltungs- und Organisationskosten entstehen, die indessen nicht Gegenstand, sondern nur eine Folgewirkung der notwendigen Mitbestimmung nach § 87 Abs. 1 Nr. 12 sind[231].

Insgesamt führt eine Analyse der einzelnen Tatbestände des § 87 Abs. 1 zu dem Ergebnis, daß lediglich bei leistungsbezogenen Entgelten der Umfang der vermögenswerten Leistungen des Arbeitgebers mitbestimmungspflichtig ist. Im übrigen gilt der in § 87 Abs. 1 Nr. 8 i. V. mit § 88 Nr. 2 zum Ausdruck kommende Rechtsgedanke.

B. Sonstige Mitbestimmungsrechte

Die Auslegung des § 87 darf indessen nicht bei der Interpretation der einzelnen Tatbestände dieser Vorschrift stehenbleiben, sondern muß die Norm als Teil der gesamten betriebsverfassungsrechtlichen Kompetenzordnung würdigen[232].

---

[229] Vgl. dazu BAG AP Nr. 1 zu § 20 ArbNErfG, Bl. 3 R f.; *Wiese*, GK-BetrVG, § 87 Anm. 403.

[230] Vgl. BAG, DB 1981, 1882 (1883 f.); *Fitting / Auffarth / Kaiser*, § 87 Anm. 67; *Wiese*, GK-BetrVG, § 87 Anm. 404; *ders.*, Initiativrecht, S. 72 ff.; a. M. *Galperin / Löwisch*, § 87 Anm. 264 ff.

[231] Nicht überzeugend daher insoweit BAG, DB 1981, 1882 (1884), das die indirekte Beeinflussung der dem Arbeitgeber entstehenden Kosten mit der angeblichen Annexkompetenz des Betriebsrats vergleicht, nach § 87 Abs. 1 Nr. 4 über die Erstattung der Kontenführungsgebühren mitzubestimmen. Im letzteren Fall ist die Begründung einer vermögenswerten Leistungspflicht Regelungsgegenstand, im ersteren nicht.

[232] Zur systematischen Auslegung vgl. *Larenz*, Methodenlehre, S. 311 ff.

I. Wirtschaftliche Angelegenheiten

1. Reichweite der Mitbestimmung nach § 112 Abs. 4

Auf den ersten Blick scheint § 112 Abs. 4 zu einer Korrektur des soeben gefundenen Ergebnisses zu zwingen[233]. In dieser Vorschrift ist ein Schlichtungsverfahren mit einem verbindlichen Spruch der Einigungsstelle vorgesehen, wenn zwischen Arbeitgeber und Betriebsrat keine Einigung über einen Sozialplan zustande kommt. Insoweit besteht also ein notwendiges Mitbestimmungsrecht wie in sozialen Angelegenheiten. Häufig begründet ein Sozialplan gemäß § 112 Abs. 1 Satz 3 i. V. mit § 77 Abs. 4 Satz 1 Rechtsansprüche der Arbeitnehmer auf Abfindungen wegen des Verlustes des Arbeitsplatzes oder anderer wirtschaftlicher Nachteile[234]. Somit bestimmt hier der Betriebsrat bei der Entscheidung über die Gewährung und den Umfang vermögenswerter Arbeitgeberleistungen mit.

2. Besonderheiten der Mitbestimmung über den Sozialplan

a) Ausgleich der durch mitbestimmungsfreie Arbeitgebermaßnahmen hervorgerufenen Nachteile

Doch schon die Besonderheit der Situation, an die § 112 Abs. 4 anknüpft, läßt es zweifelhaft erscheinen, ob die in dieser Vorschrift enthaltene Rechtsfolge verallgemeinert werden kann. Die Mitbestimmung über einen Sozialplan greift erst ein, wenn der Arbeitgeber eine Betriebsänderung i. S. des § 111 vorgenommen hat, die mit wesentlichen Nachteilen für die Arbeitnehmer verbunden ist. Die Vorschrift des § 112 Abs. 4 dient also nicht dazu, den Arbeitnehmern zusätzliche Arbeitgeberleistungen zu verschaffen, sondern die Folgen einer Arbeitgebermaßnahme auszugleichen oder zu mildern[235].

Das aus dieser Situation resultierende spezifische Schutzbedürfnis der Arbeitnehmer fehlt in den Fällen, in denen über § 87 Abs. 1 Nr. 11 hinaus ein notwendiges Mitbestimmungsrecht in sozialen Angelegenheiten über die Einführung und den Umfang vermögenswerter Arbeitgeberleistungen diskutiert wird. Das gilt für die Festlegung der Entgelthöhe ebenso wie für die sogenannten materiellen Annexregelungen.

---

[233] Vgl. *Strieder*, BB 1980, 420 (422), der annimmt, daß die Reichweite der Mitbestimmung nach § 112 Abs. 4 auch für die Auslegung des § 87 Abs. 1 Nr. 10 maßgebend sei.

[234] Vgl. BAG (GS) AP Nr. 6 zu § 112 BetrVG 1972, Bl. 5 R; *Fitting / Auffarth / Kaiser*, § 112 Anm. 11 ff.; *Galperin / Löwisch*, § 112 Anm. 24 ff., 60; *Hanau*, ZfA 1974, 89 (100).

[235] Vgl. *Richardi*, Anm. zu BAG AP Nr. 1 zu § 87 BetrVG 1972 Werkmietwohnungen, Bl. 6 R; zum Ausnahmecharakter der Mitbestimmung beim Sozialplan vgl. auch *Hanau*, BB 1977, 350 (353).

Durch letztere sollen zwar teilweise auch Nachteile der Arbeitnehmer ausgeglichen werden, die durch eine Arbeitgebermaßnahme hervorgerufen wurden. So würde beispielsweise die Ausdehnung der Mitbestimmung nach § 87 Abs. 1 Nr. 3 auf die Regelung eines Lohnausgleichs[236] die wirtschaftlichen Nachteile der kurzarbeitenden Arbeitnehmer mildern. In diesem Falle befinden sich die Arbeitnehmer aber in einer anderen Lage als bei einer Betriebsänderung, weil der Betriebsrat bei der nachteiligen Arbeitgebermaßnahme selbst mitbestimmt. Vor den Folgen der Kurzarbeit schützt die Mitbestimmung bei der vorübergehenden Verkürzung der betriebsüblichen Arbeitszeit nach § 87 Abs. 1 Nr. 3, während die Entscheidung über eine Betriebsänderung der notwendigen Mitbestimmung entzogen ist. Insoweit besteht lediglich ein Unterrichtungs- und Beratungsrecht nach § 111 und die Befugnis zum Abschluß einer freiwilligen Betriebsvereinbarung in Form eines Interessenausgleiches gemäß § 112 Abs. 1 Satz 1[237]. Schon deshalb zwingt § 112 Abs. 4 nicht dazu, die Mitbestimmung nach § 87 auf die Begründung und den Umfang vermögenswerter Leistungspflichten des Arbeitgebers auszudehnen.

b) Erfordernis einer betrieblichen Regelung

Zudem nimmt § 112 Abs. 4 aus einem ähnlichen Grund wie § 87 Abs. 1 Nr. 11 eine Sonderstellung ein. Ein wirksamer kollektiver Schutz der Arbeitnehmer bei Betriebsänderungen ist nur auf betrieblicher Ebene möglich. Die Gewerkschaften wären überfordert, wenn sie bei jeder Betriebsänderung einen Firmentarifvertrag über die in einem Sozialplan enthaltenen Ansprüche aushandeln müßten. Zudem wäre gerade in den Fällen einer Betriebsstillegung, in denen der Arbeitnehmer in besonderem Maße schutzbedürftig ist, ihre Verhandlungsposition nicht sehr stark, weil eine Streikdrohung ins Leere ginge.

Die Vorschrift des § 112 Abs. 1 Satz 4 bestätigt, daß die Mitbestimmung des Betriebsrats beim Sozialplan das Fehlen eines kollektiven Schutzes durch das Tarifwesen ausgleichen soll. Da nach dieser Norm § 77 Abs. 3 auf den Sozialplan keine Anwendung findet, kann sich dieser auch auf das Arbeitsentgelt und sonstige Arbeitsbedingungen beziehen, für die eine tarifliche Regelung besteht oder üblich ist. Die Gestaltungsbefugnis der Betriebspartner wird also in einen Bereich hinein erweitert, der sonst einer tariflichen Regelung vorbehalten ist. Das kann nur auf der Annahme des Gesetzgebers beruhen, daß die Arbeitnehmerinteressen insoweit durch die Gewerkschaften nicht sachgerecht

---

[236] Vgl. dazu oben § 2 A IV.

[237] Vgl. *Dietz / Richardi*, § 112 Anm. 3; *Fitting / Auffarth / Kaiser*, § 112 Anm. 2; *Fabricius*, GK-BetrVG, § 112 Anm. 2.

wahrgenommen werden können. Auch wegen dieser Besonderheit, die bei der Regelung vermögenswerter Leistungspflichten normalerweise nicht besteht, zwingt die Reichweite der Mitbestimmung nach § 112 Abs. 4 nicht zu einer Korrektur der hier vertretenen Auslegung des § 87.

II. Gestaltung von Arbeitsplatz, Arbeitsablauf und Arbeitsumgebung

1. *Reichweite der Mitbestimmung nach § 91*

Nach Maßgabe des § 91 kann der Betriebsrat unter bestimmten Voraussetzungen Maßnahmen zur Abwendung, Milderung oder zum Ausgleich von Belastungen verlangen, die durch eine Änderung von Arbeitsplatz, Arbeitsablauf oder Arbeitsumgebung entstehen. Die Vorschrift des § 91 Satz 2 und 3 sieht vor, daß bei Regelungsstreitigkeiten beide Betriebspartner eine Schlichtung durch bindenden Spruch der Einigungsstelle herbeiführen können. Insoweit hat der Betriebsrat also dieselben Befugnisse wie bei der notwendigen Mitbestimmung in sozialen Angelegenheiten. Deshalb ist die Reichweite der Mitbestimmung nach § 91 auch bei der systematischen Auslegung des § 87 zu berücksichtigen.

Wenn Änderungen des Arbeitsplatzes, des Arbeitsablaufs oder der Arbeitsumgebung, die den gesicherten arbeitswissenschaftlichen Erkenntnissen über die menschengerechte Gestaltung der Arbeit offensichtlich widersprechen, die Arbeitnehmer in besonderer Weise belasten, kann der Betriebsrat eine Betriebsvereinbarung über Abhilfemaßnahmen durchsetzen und so nach § 77 Abs. 4 Satz 1 auch Ansprüche der Arbeitnehmer begründen[238]. Auf diese Weise entstehen zusätzliche Leistungspflichten des Arbeitgebers i. S. des § 241 BGB[239]. Diese sind jedoch grundsätzlich nichtvermögenswerter Art, weil die besonderen Belastungen in erster Linie durch technische Maßnahmen abgewendet oder gemildert werden müssen, die den Arbeitnehmern keine geldwerten Vorteile bringen[240]. Nur wenn solche Maßnahmen praktisch unmöglich oder wirtschaftlich nicht vertretbar sind, kommen zum Ausgleich Ansprüche der Arbeitnehmer auf vermögenswerte Leistungen in Betracht[241].

[238] Vgl. *Dietz / Richardi*, § 91 Anm. 33; vgl. auch *Fitting / Auffarth / Kaiser*, § 91 Anm. 10; *Galperin / Löwisch*, § 91 Anm. 22; *Wiese*, GK-BetrVG, § 91 Anm. 17 b.

[239] Vgl. oben § 2 A I 2 a mit Nachweisen.

[240] Zur Unterscheidung von vermögenswerten und nichtvermögenswerten Leistungen vgl. oben § 2 A I 2 a.

[241] Vgl. *Fitting / Auffarth / Kaiser*, § 91 Anm. 8 b f.; *Wiese*, GK-BetrVG, § 91 Anm. 13 c, 16 m. w. N.

Wird beispielsweise eine neue Maschine aufgestellt, die einen so starken Lärm verursacht, daß der Tatbestand des § 91 erfüllt ist, kann der Betriebsrat zunächst nur verlangen, daß die besondere Lärmbelästigung etwa durch eine Schallisolierung beseitigt oder vermindert wird. Nur wenn diese Möglichkeit nicht besteht oder unverhältnismäßig große Aufwendungen erfordern würde und auch andere Maßnahmen zur Abwendung oder Milderung der Belastung, etwa Gehörschutzmittel, versagen, stellt sich die Frage nach einem Ausgleich der Belastung. Auch in den jetzt noch verbleibenden Fällen kommt eine finanzielle Entschädigung durch Erschwerniszulagen nur subsidiär in Betracht, weil § 91 die menschengerechte Gestaltung der Arbeit sicherstellen, nicht den Arbeitnehmern eine Lohnzulage verschaffen soll[242]. Die Auffassung, ein finanzieller Ausgleich könne unter keinen Umständen verlangt werden[243], widerspricht allerdings dem Schutzzweck der Norm, weil die Arbeitnehmer dann in manchen Fällen ohne jede Entschädigung die in § 91 genannte Belastung hinnehmen müßten[244].

2. *Ausnahmecharakter der Mitbestimmung über die Begründung und den Umfang vermögenswerter Leistungspflichten*

Aus der dargelegten Rangfolge der Maßnahmen, die der Betriebsrat nach § 91 verlangen kann, ergibt sich, daß die Mitbestimmung nach dieser Vorschrift nur in wenigen Fällen die Entscheidung über die Gewährung und den Umfang vermögenswerter Arbeitgeberleistungen erfaßt. Außerdem sind die engen Tatbestandsvoraussetzungen der Norm zu beachten[245]. Schon daraus folgt, daß die Mitbestimmung über die Begründung und den Umfang vermögenswerter Leistungspflichten nach § 91 Ausnahmecharakter hat.

Darüber hinaus fällt die Parallele zu § 112 Abs. 4 auf. In beiden Fällen dient die notwendige Mitbestimmung der Korrektur von Folgewirkungen einer mitbestimmungsfreien Arbeitgebermaßnahme und nicht der Einführung zusätzlicher vermögenswerter Leistungen[246]. Bei der Entscheidung über die Änderung der Arbeitsplätze, des Arbeitsablaufs und der Arbeitsumgebung als solcher besteht nur ein Unterrichtungs- und Beratungsrecht nach Maßgabe des § 90[247]. Daraus ergibt

242 Vgl. *Wiese*, GK-BetrVG, § 91 Anm. 16.

243 Vgl. *Dietz / Richardi*, § 91 Anm. 18, 26; *Kammann / Hess / Schlochauer*, § 91 Anm. 12; *Richardi*, Anm. zu BAG AP Nr. 1 zu § 87 BetrVG 1972 Werkmietwohnungen, Bl. 7; *Stege / Weinspach*, § 91 Anm. 13.

244 Vgl. *Wiese*, GK-BetrVG, § 91 Anm. 16.

245 Vgl. auch *Rüthers*, ZfA 1973, 399 (419).

246 Vgl. oben § 2 B I 2 a.

247 Vgl. *Galperin / Löwisch*, § 91 Anm. 13; *Wiese*, GK-BetrVG, § 90 Anm. 14.

sich ein besonderes Schutzbedürfnis, das in den Fällen fehlt, in denen ein notwendiges Mitbestimmungsrecht nach § 87 über die Begründung und den Umfang vermögenswerter Leistungspflichten des Arbeitgebers diskutiert wird.

Die Vorschriften des § 91 und des § 112 Abs. 4 sind auch deshalb vergleichbar, weil in beiden Fällen die Arbeitnehmer nur durch eine betriebliche Regelung effektiv geschützt werden können[248]. Welche Maßnahmen zur Abwendung, Milderung oder zum Ausgleich einer Belastung angemessen sind, hängt von den Gegebenheiten des einzelnen Betriebes ab, so daß diese Frage in der Praxis meist nicht Gegenstand eines Tarifvertrages sein kann. Die Vorschrift des § 91 beruht also ebenso wie § 112 Abs. 4 auf einem spezifischen Schutzinteresse der Arbeitnehmer, das sonst bei der Begründung und der Regelung des Umfangs vermögenswerter Leistungspflichten des Arbeitgebers grundsätzlich nicht besteht. Folglich muß das durch die Einzelanalyse der Tatbestände des § 87 gefundene Auslegungsergebnis auch im Hinblick auf § 91 nicht korrigiert werden.

III. Personelle Angelegenheiten

1. Berufsbildung

Die Auffassung, der in § 87 Abs. 1 Nr. 8 i. V. mit § 88 Nr. 2 zum Ausdruck kommende Rechtsgedanke gelte grundsätzlich für alle vermögenswerten Arbeitgeberleistungen, wird durch die Ausgestaltung der Teilhaberechte im Bereich der Berufsbildung nach §§ 96 ff. bestätigt[249]. Die Errichtung betrieblicher Berufsbildungseinrichtungen, die Einführung betrieblicher und die Finanzierung außerbetrieblicher Berufsbildungsmaßnahmen sind vermögenswerte Leistungen des Arbeitgebers[250]. Bei der Entscheidung, ob solche Maßnahmen durchgeführt werden sollen, steht dem Betriebsrat nach §§ 96, 97 lediglich ein Vorschlags- und Beratungsrecht zu[251], so daß die Begründung der Leistungspflicht des Arbeitgebers nicht der notwendigen Mitbestimmung unterliegt. Der Betriebsrat kann in einigen Fällen allenfalls indirekt Druck auf den Arbeitgeber ausüben, weil ihm nach § 102 Abs. 3 Nr. 4 das Recht zusteht, einer Kündigung zu widersprechen, wenn der Arbeitnehmer nach

---

[248] Vgl. oben § 2 B I 2 b.

[249] Vgl. auch *Richardi*, Anm. zu BAG AP Nr. 1 zu § 87 BetrVG 1972 Werkmietwohnungen, Bl. 7.

[250] Zum Begriff oben § 2 A I 2 a.

[251] Vgl. *Dietz / Richardi*, § 98 Anm. 1; *Fitting / Auffarth / Kaiser*, § 97 Anm. 2, § 98 Anm. 1; *Galperin / Löwisch*, § 98 Anm. 2; *Kraft*, GK-BetrVG, § 97 Anm. 3, § 98 Anm. 1.

zumutbaren Umschulungs- oder Fortbildungsmaßnahmen weiterbeschäftigt werden könnte[252].

Aus denselben Erwägungen wie bei § 87 Abs. 1 Nr. 8[253] gehört der Umfang der vom Arbeitgeber zur Verfügung gestellten Mittel zur mitbestimmungsfreien Einführung der Maßnahme[254]. Vorbehaltlich bestehender Rechtsansprüche kann der Arbeitgeber insoweit allein entscheiden. Das notwendige Mitbestimmungsrecht nach § 98 Abs. 1, 3 und 4 bezieht sich nur auf die Durchführung der betrieblichen Berufsbildung, etwa auf die generelle Regelung des Prüfungsverfahrens[255], sowie auf die Auswahl der Teilnehmer an betrieblichen und außerbetrieblichen Berufsbildungsmaßnahmen, wenn die Entscheidung über die Kostentragung bereits gefallen ist[256]. Diese eindeutige gesetzliche Regelung darf auch hier nicht durch die Anerkennung einer materiellen Annexkompetenz des Betriebsrats überspielt werden[257].

2. *Personelle Einzelmaßnahmen*

Die Mitbestimmung des Betriebsrats nach § 99 bezieht sich unter anderem auf die Ein- und Umgruppierung der Arbeitnehmer, also auf die Festsetzung der für ihre Entlohnung maßgebenden Lohn- oder Gehaltsgruppe[258]. Somit ist hier der Umfang einer vermögenswerten Leistungspflicht des Arbeitgebers Gegenstand der Mitbestimmung. Daraus lassen sich indessen keine Rückschlüsse auf die Reichweite der notwendigen Mitbestimmung in sozialen Angelegenheiten ziehen.

Dies verbietet sich schon wegen des unterschiedlichen Inhaltes der Beteiligungsrechte. Das Gesetz spricht zwar sowohl in § 87 als auch in § 99 von „Mitbestimmung", doch räumt es dem Betriebsrat in § 87 eine stärkere Position ein. Nach dieser Vorschrift hat der Betriebsrat die Möglichkeit, gleichberechtigt mit dem Arbeitgeber bei der Regelung der dort genannten Angelegenheiten mitzuwirken, selbst eine Regelung zu verlangen und gegebenenfalls einen verbindlichen Spruch der Einigungsstelle herbeizuführen[259]. Dagegen gewährt ihm § 99 Abs. 1 Satz 1

[252] Vgl. *Galperin / Löwisch,* § 98 Anm. 2; *Kraft,* GK-BetrVG, § 98 Anm. 1.

[253] Vgl. oben § 2 A I 1.

[254] Vgl. *Dietz / Richardi,* § 97 Anm. 2 f.; *Stege / Weinspach,* §§ 96—98 Anm. 7 hinsichtlich der Errichtung und Ausstattung betrieblicher Berufsbildungseinrichtungen.

[255] Vgl. *Stege / Weinspach,* §§ 96—98 Anm. 9.

[256] Vgl. ArbG Celle, ARSt. 1980, 179 (180); *Dietz / Richardi,* § 98 Anm. 47.

[257] So aber *Galperin / Löwisch,* § 98 Anm. 4; ausführlich zur Theorie der materiellen Annexkompetenz oben § 2 A II 2.

[258] Vgl. *Fitting / Auffarth / Kaiser,* § 99 Anm. 8; *Galperin / Löwisch,* § 99 Anm. 29, 33; *Kraft,* GK-BetrVG, § 99 Anm. 26 f., 35 ff.

[259] Vgl. oben § 1 B II mit Nachweisen in Fn. 26.

nur ein Vetorecht, das zudem an die in § 99 Abs. 2 abschließend aufgezählten Gründe gebunden ist[260].

Auch im Hinblick auf den Regelungsgegenstand lassen sich die notwendige Mitbestimmung in sozialen Angelegenheiten und die Mitbestimmung bei personellen Einzelmaßnahmen nicht vergleichen. Während der Betriebsrat nach § 87 an einer kollektiven Regelung beteiligt wird, setzt die Mitbestimmung bei Ein- und Umgruppierungen eine solche voraus. Sie betrifft den Vollzug einer generellen Norm, also deren Anwendung im Einzelfall[261]. Deshalb ergeben sich aus § 99 keine Argumente für die Auslegung des § 87.

C. Kosten der Mitbestimmung

Durch die Begründung und den Umfang vermögenswerter Leistungspflichten werden die dem Arbeitgeber entstehenden Kosten in erheblichem Maße beeinflußt. Deshalb scheint es naheliegend zu sein, bei der systematischen Auslegung auch § 40 sowie die speziellen Regelungen in § 20 Abs. 3, § 37 Abs. 2, 3, 6, 7 und § 38 heranzuziehen. Nach diesen Vorschriften hat der Arbeitgeber die Kosten der betrieblichen Mitbestimmung zu tragen.

Für die hier erörterte Problematik haben diese Normen indessen keine Aussagekraft, weil sie sich, um die Terminologie *Blomeyers* zu gebrauchen[262], nur auf die unmittelbaren Kosten der Mitbestimmung beziehen, d. h. auf jene, die für die Organisation der betrieblichen Mitbestimmung aufgebracht werden müssen. Dazu gehören beispielsweise die Kosten der Wahl und der vom Betriebsrat benötigten Sachmittel. Davon zu unterscheiden sind die mittelbaren Kosten, die durch eine der Mitbestimmung des Betriebsrats unterliegende Regelung verursacht werden. Insoweit können die genannten Vorschriften allenfalls als zusätzliches Indiz dafür angesehen werden, daß die Mitbestimmung nach § 87 nicht auf kostenneutrale Regelungen beschränkt ist[263]. Sie können jedoch nicht herangezogen werden, um den Gegenstand der Mitbestimmung zu ermitteln.

---

[260] Zu den verschiedenen Formen betriebsverfassungsrechtlicher Beteiligung vgl. *Zöllner*, Arbeitsrecht, S. 346 ff.

[261] Vgl. BAG AP Nr. 4 zu § 99 BetrVG 1972, Bl. 3; *Galperin / Löwisch*, § 99 Anm. 29; *Kraft*, GK-BetrVG, § 99 Anm. 31.

[262] *Blomeyer*, in Steinmann / Gäfgen / Blomeyer, Kosten der Mitbestimmung, S. 69 (73 f.).

[263] Vgl. *Moll*, Mitbestimmung beim Entgelt, S. 179 f., und oben § 2 A II 1 b, XI 2.

D. Ergebnis

Die Einzelanalyse der Tatbestände des § 87 Abs. 1 unter Berücksichtigung der übrigen betrieblichen Teilhaberechte ergibt, daß sich die notwendige Mitbestimmung in sozialen Angelegenheiten nur ausnahmsweise, nämlich bei der Festsetzung leistungsbezogener Entgelte gemäß § 87 Abs. 1 Nr. 11, auf den Umfang vermögenswerter Arbeitgeberleistungen bezieht. Im übrigen kann der Umfang solcher Zuwendungen zwar indirekt beeinflußt werden, er ist jedoch nicht Gegenstand der mitbestimmten Regelung[264].

Die Begründung vermögenswerter Leistungspflichten des Arbeitgebers wird in keinem Falle der Mitbestimmung nach § 87 unterworfen. Lediglich bei der Verteilung der vom Arbeitgeber bereitgestellten Mittel kommt die Anwendung des § 87 in Betracht, so daß aus der Sicht des einzelnen Arbeitnehmers die Begründung und der Umfang der ihm gegenüber bestehenden Leistungspflicht der Mitbestimmung unterliegen[265]. Die hier behandelte Grenze der notwendigen Mitbestimmung in sozialen Angelegenheiten gilt nur für vermögenswerte, nicht für sonstige Leistungen des Arbeitgebers[266].

§ 3 Die Leistungspflicht der Arbeitnehmer

A. Vorüberlegung: Paritätsgrundsatz und Arbeitnehmerschutz

Während in § 87 Abs. 1 Nr. 8 i. V. mit § 88 Nr. 2 ein allgemeiner Rechtsgedanke über die Reichweite der Mitbestimmung bei vermögenswerten Arbeitgeberleistungen zum Ausdruck kommt, gibt es für die Leistungspflicht der Arbeitnehmer keine Vorschrift, der ein solches Prinzip unmittelbar entnommen werden kann. Teleologische und systematische Erwägungen, insbesondere der Grundsatz gleichberechtigter Partnerschaft und der Gedanke des Arbeitnehmerschutzes, legen indessen die Annahme nahe, daß für Arbeitnehmerleistungen ein vergleichbarer Auslegungsgrundsatz gilt, der anhand einer Einzelanalyse der Tatbestände des § 87 Abs. 1 zu überprüfen sein wird.

---

[264] Vgl. oben § 2 A II 1 b, XI 2.
[265] Vgl. oben § 2 A I 1.
[266] Vgl. oben § 2 A I 2 a, § 2 A VII.

I. Der Grundsatz gleichberechtigter Partnerschaft

Die Mitbestimmung nach § 87 soll dem Arbeitgeber einerseits und den durch den Betriebsrat repräsentierten Arbeitnehmern[1] andererseits gleichartige und gleich starke Rechtspositionen einräumen[2]. Das folgt zwar nicht schon aus dem Begriff der „Mitbestimmung"[3], weil der Gesetzgeber diesen Ausdruck auch in § 99 verwendet hat und diese Vorschrift dem Betriebsrat nur ein an enge Voraussetzungen gebundenes Vetorecht gewährt[4]. Der Gedanke einer gleichberechtigten Partnerschaft ergibt sich aber aus dem Zweck des § 87. Schon unter der Geltung des BetrVG 1952 ging man zu Recht davon aus, daß die betriebliche Mitbestimmung nicht nur dem Schutz der Arbeitnehmer im herkömmlichen Sinne dient, sondern diesen auch die Möglichkeit geben soll, an der Regelung der sie betreffenden Angelegenheiten teilzuhaben[5]. Dem trägt das Gesetz durch die Konstituierung einer neuen betrieblichen Kompetenzordnung Rechnung. Dabei soll im Bereich der in § 87 genannten sozialen Angelegenheiten eine echte Parität der Arbeitgeber- und Arbeitnehmerseite verwirklicht werden[6].

Der Gedanke der gleichberechtigten Partnerschaft wurde bisher vor allem in der Diskussion über das Initiativrecht des Betriebsrats fruchtbar gemacht, also bei der Bestimmung des Inhalts der notwendigen Mitbestimmung. Nach Rechtsprechung und herrschender Lehre zwingt der Paritätsgrundsatz zu der Annahme, daß grundsätzlich sowohl der Arbeitgeber als auch der Betriebsrat die Initiative ergreifen und eine verbindliche Regelung der in § 87 Abs. 1 aufgezählten Angelegenheiten herbeiführen können[7]. Doch nicht nur bei der Auslegung des Inhalts,

---

[1] Auf die Frage, ob der Betriebsrat Vertreter der Arbeitnehmer ist oder diese in anderer Weise repräsentiert, ist hier nicht einzugehen; vgl. dazu *Thiele*, GK-BetrVG, Einleitung Anm. 75 ff.

[2] Vgl. BAG AP Nr. 1 zu § 87 BetrVG 1972, Bl. 2; ebenso die Vorinstanz: LAG Düsseldorf, EzA Nr. 1 zu § 87 BetrVG 1972 Initiativrecht, S. 6; *Gaul*, Einigungsstelle, S. 100; *Kammann / Hess / Schlochauer*, § 87 Anm. 22; *Stege / Weinspach*, § 87 Anm. 19; *Wiese*, GK-BetrVG, vor § 87 Anm. 10, § 87 Anm. 52 f.; *ders.*, Initiativrecht, S. 11, 26, 34; ebenso zu § 56 BetrVG 1952: *Galperin / Siebert*, vor § 56 Anm. 2; *Neumann-Duesberg*, Betriebsverfassungsrecht, S. 473; *Siebert*, RdA 1958, 161 (163).

[3] So aber BAG AP Nr. 1 zu § 87 BetrVG 1972, Bl. 2; LAG Düsseldorf, EzA Nr. 1 zu § 87 BetrVG 1972 Initiativrecht, S. 6; dagegen *Wiese*, Initiativrecht, S. 24.

[4] Vgl. oben § 2 B III 2.

[5] Vgl. zum BetrVG 1972: Bericht der Mitbestimmungskommission, BT-Drucks. VI/334, S. 64 ff.; *Galperin / Löwisch*, vor § 74 Anm. 4; *Jahnke*, ZfA 1980, 863 (883 ff.); *Wiese*, GK-BetrVG, § 87 Anm. 52 f.; *ders.*, Initiativrecht, S. 11, 34; *ders.*, 25 Jahre Bundesarbeitsgericht, S. 661 (662); im Grundsatz ebenso zum BetrVG 1952: *Adomeit*, Regelungsabrede, S. 55; *Richardi*, Festgabe für von Lübtow, S. 755 (761 f.).

[6] Vgl. die Nachweise oben Fn. 2.

sondern auch bei der Bestimmung der Reichweite der notwendigen Mitbestimmung muß die gesetzgeberische Grundentscheidung für eine gleichberechtigte Teilhabe der Arbeitgeber- und der Arbeitnehmerseite berücksichtigt werden. Es würde dem Gedanken der Parität widersprechen, wenn der Arbeitgeber gegebenenfalls aufgrund seines Initiativrechts eine Erweiterung der vermögenswerten Leistungen des Arbeitnehmers erzwingen könnte, während der Betriebsrat entsprechend dem in § 87 Abs. 1 Nr. 8 i. V. mit § 88 Nr. 2 zum Ausdruck kommenden Prinzip grundsätzlich keinen verbindlichen Spruch der Einigungsstelle über die Einführung und den Umfang vermögenswerter Arbeitgeberleistungen herbeiführen kann[8]. Dieser Wertungswiderspruch läßt sich auch nicht dadurch ausräumen, daß man insoweit ein Initiativrecht des Arbeitgebers verneint, weil eine solche Lösung ebenfalls dem Prinzip gleichberechtigter Partnerschaft widersprechen würde[9]. Daher liegt die Annahme nahe, daß sich die notwendige Mitbestimmung grundsätzlich nicht auf die Begründung und den Umfang vermögenswerter Leistungspflichten[10] der Arbeitnehmer bezieht.

Zu den vermögenswerten Arbeitnehmerleistungen gehört vor allem die Verrichtung der geschuldeten Arbeit, weil sie dem Arbeitgeber einen geldwerten Vorteil bringt. Darüber hinaus kommen vermögenswerte Nebenleistungen in Betracht, etwa Geldleistungen[11], falls sich der Arbeitnehmer an den Kosten seiner Dienst- oder Schutzkleidung beteiligt. Auch die in manchen Betrieben übliche Verwendung des Privatwagens für Dienstfahrten ist eine vermögenswerte Arbeitnehmerleistung[12].

II. Der Gedanke des Arbeitnehmerschutzes

Gegen eine generelle Einbeziehung der Begründung und des Umfanges solcher vermögenswerten Leistungspflichten in die notwendige Mitbestimmung spricht auch der Zweck der Betriebsverfassung, den Arbeitnehmern kollektiven Schutz zu gewähren[13]. Das Gesetz beschränkt

---

[7] Vgl. die Nachweise oben Fn. 2 und in § 1 B II, Fn. 26.

[8] Vgl. oben § 2.

[9] Vgl. die Nachweise oben Fn. 2. Unzutreffend daher *von Stebut*, RdA 1974, 332 (343); dagegen *Wiese*, Initiativrecht, S. 75 Fn. 308.

[10] Zum Begriff oben § 2 A I 2 a.

[11] In der Praxis werden solche Leistungen regelmäßig als Lohnabzüge in Erscheinung treten. Es liegt dann eine Aufrechnung nach § 387 BGB vor.

[12] Zum umgekehrten Fall, der privaten Nutzung des Dienstwagens, deren Gestattung eine vermögenswerte Arbeitgeberleistung darstellt, vgl. oben § 2 A II 1 a.

[13] Zum Schutzzweck der betrieblichen Mitbestimmung und der Betriebsverfassung allgemein vgl. BAG AP Nr. 1 zu § 87 BetrVG 1972 Werkmietwohnungen, Bl. 2; AP Nr. 1 zu § 87 BetrVG 1972 Kurzarbeit, Bl. 4; *Jahnke*,

zwar nicht nur bestehende Befugnisse des Arbeitgebers, sondern schafft eine neue Kompetenzordnung, die auch diesem zusätzliche Befugnisse verleiht[14]. Ohne Mitbestimmung könnte der Arbeitgeber beispielsweise nur im Wege vertraglicher Einzelvereinbarungen zur bargeldlosen Lohnzahlung übergehen, weil die Zahlung durch Überweisung auf ein Girokonto eine Leistung an Erfüllungs Statt nach § 364 Abs. 1 BGB darstellt[15]. Gegebenenfalls müßte er durch Änderungskündigungen auf den Abschluß entsprechender Vereinbarungen hinwirken. Aufgrund seines Initiativrechts nach § 87 Abs. 1 Nr. 4[16] hat der Arbeitgeber nunmehr die Möglichkeit, nach § 87 Abs. 2 einen Spruch der Einigungsstelle über die Art der Auszahlung der Arbeitsentgelte herbeizuführen, der die Wirkung einer Betriebsvereinbarung hat und der somit gemäß § 77 Abs. 4 normativ auf die Arbeitsverhältnisse einwirkt. Eine solche partielle Erweiterung der rechtlichen Gestaltungsmittel des Arbeitgebers ist als Konsequenz der neuen betrieblichen Kompetenzordnung hinzunehmen. Der Schutzzweck des Betriebsverfassungsrechts würde indessen in sein Gegenteil verkehrt, wenn die Begründung und der Umfang vermögenswerter Leistungspflichten der Arbeitnehmer grundsätzlich in die notwendige Mitbestimmung einbezogen würden. Denn dann erhielte der Arbeitgeber die Möglichkeit, unter bestimmten Voraussetzungen normative Regelungen über zusätzliche Nebenleistungspflichten der Arbeitnehmer und über den Umfang der Arbeitspflicht durch verbindlichen Spruch der Einigungsstelle zu erzwingen. Er wäre nicht mehr auf entsprechende tarifliche oder einzelvertragliche Regelungen bzw. auf den Abschluß einer freiwilligen Betriebsvereinbarung angewiesen. Nach § 76 Abs. 5 Satz 3 hat die Einigungsstelle zwar bei ihrer Entscheidung die Belange der betroffenen Arbeitnehmer zu berücksichtigen, doch könnte sie deren Leistungspflichten erweitern, wenn überwiegende betriebliche Belange dafür sprechen würden. Einer freiwilligen Betriebsvereinbarung braucht der Betriebsrat dagegen auch dann nicht zuzustimmen, wenn betriebliche Gesichtspunkte dafür sprechen[17]. Zudem hat er im Gegensatz zur Einigungsstelle selbst ein

---

ZfA 1980, 863 (882); *G. Müller*, BB 1957, 409 (410); *ders.*, DB 1970, 1023, 1076 (1078); *Wiese*, GK-BetrVG, § 87 Anm. 52; *ders.*, Initiativrecht, S. 11; *Zöllner*, Arbeitsrecht, S. 325.

[14] Vgl. *Kammann / Hess / Schlochauer*, § 87 Anm. 7; *Wiese*, Initiativrecht, S. 74 f.; *ders.*, GK-BetrVG, § 87 Anm. 155.

[15] Vgl. BGH, JZ 1953, 469 f.; *Staudinger / Kaduk*, 11. Aufl., vor § 362 Anm. 62 f., § 364 Anm. 30; nur in der Begründung abweichend *Larenz*, Schuldrecht I, S. 156.

[16] Zur Mitbestimmung nach § 87 Abs. 1 Nr. 4 vgl. oben § 2 A V.

[17] Vgl. auch *Blomeyer*, Anm. zu LAG Düsseldorf/Köln, EzA Nr. 1 zu § 87 BetrVG 1972 Lohn u. Arbeitsentgelt, S. 13 f., der meint, daß in bestimmten Fällen die Position des Arbeitnehmers stärker sei, wenn kein notwendiges Mitbestimmungsrecht, sondern nur die Möglichkeit zum Abschluß einer freiwilligen Betriebsvereinbarung bestehe.

Interesse daran, die Belange der Arbeitnehmer zu wahren, weil seine Wiederwahl davon abhängt, daß diese mit seiner Amtsführung zufrieden sind.

Somit sprechen allgemeine Überlegungen dafür, daß die notwendige Mitbestimmung grundsätzlich nicht der Schaffung zusätzlicher und der Regelung des Umfangs bestehender vermögenswerter Leistungspflichten der Arbeitnehmer dient. Dieses Zwischenergebnis ist nunmehr anhand einer Einzelanalyse der Tatbestände des § 87 Abs. 1 zu überprüfen.

B. Arbeitspflicht und Mitbestimmung

I. Mitbestimmung nach § 87 Abs. 1 Nr. 2

1. Mitbestimmung über die Dauer der Arbeitszeit?

Der Umfang der Arbeitspflicht wird durch die Dauer der Arbeitszeit bestimmt. Wenn diese generell der Mitbestimmung nach § 87 Abs. 1 Nr. 2 unterliegen würde[18], wäre das in der Vorüberlegung aus allgemeinen Erwägungen abgeleitete Zwischenergebnis positivrechtlich widerlegt.

a) Wortlaut und Bedeutungszusammenhang

Der Wortlaut der Vorschrift ist nicht eindeutig. Einerseits könnte man argumentieren, die Dauer der Arbeitszeit hänge von ihrem Beginn und ihrem Ende ab. Nach allgemeinem Sprachgebrauch gebe § 87 Abs. 1 Nr. 2 daher dem Betriebsrat die Befugnis, über den zeitlichen Umfang der Arbeitspflicht mitzubestimmen[19]. Andererseits wird die Dauer der Arbeitszeit normalerweise auf die Woche und nicht auf den Tag bezogen festgelegt. Deshalb kann man die Tatsache, daß das Gesetz Beginn und Ende der „täglichen" Arbeitszeit nennt, als Indiz dafür werten, daß nur deren Lage einschließlich ihrer Verteilung auf die einzelnen Wochentage erfaßt werden soll[20], so daß lediglich die Dauer der Arbeitszeit an einem bestimmten Tag der Mitbestimmung unterworfen ist,

[18] So *Farthmann,* RdA 1974, 65 (67); *Fitting / Auffarth / Kaiser,* § 87 Anm. 23; *Föhr,* AuR 1975, 353 (359); *Lappe,* JArbR Bd. 16, S. 55 (62 ff.); *Weiss,* § 87 Anm. 15; anders die h. M.: vgl. BAG AP Nr. 2 zu § 87 BetrVG 1972 Arbeitszeit, Bl. 2 R; EzA Nr. 7 zu § 615 BGB Betriebsrisiko, S. 47; *Dietz / Richardi,* § 87 Anm. 205 ff.; *Galperin / Löwisch,* § 87 Anm. 85; *Kammann / Hess / Schlochauer,* § 87 Anm. 62; *Wiese,* GK-BetrVG, § 87 Anm. 135 f. m. w. N.

[19] Vgl. *Fitting / Auffarth / Kaiser,* § 87 Anm. 23; *Föhr,* AuR 1975, 353 (359); *Weiss,* § 87 Anm. 15; ebenso zu § 56 Abs. 1 Buchst. a BetrVG 1952: *Herschel,* AuR 1964, 257 (258).

[20] Vgl. *Kammann / Hess / Schlochauer,* § 87 Anm. 62; *Wiese,* GK-BetrVG, § 87 Anm. 135.

während ihre Gesamtdauer, also der zeitliche Umfang der Arbeitspflicht, einer freiwilligen Regelung vorbehalten bleibt.

Aufschlußreicher als der Wortlaut der Norm ist der systematische Zusammenhang zwischen § 87 Abs. 1 Nr. 2 und Nr. 3. In der letzteren Vorschrift wird die vorübergehende Verkürzung und Verlängerung der betriebsüblichen Arbeitszeit ausdrücklich der Mitbestimmung unterworfen[21]. Das wäre überflüssig, wenn die Dauer der Arbeitszeit schon von § 87 Abs. 1 Nr. 2 erfaßt würde[22]. Daher liegt der Umkehrschluß nahe, daß nur die vorübergehende, nicht aber eine sonstige Veränderung der Dauer der Arbeitszeit der Mitbestimmung unterworfen werden sollte. Das Verhältnis zwischen § 87 Abs. 1 Nr. 2 und Nr. 3 ist also mit dem zwischen Nr. 10 und Nr. 11 vergleichbar[23]. In beiden Fällen wird der Umfang der Leistungspflicht nicht generell, sondern nur in einer bestimmten Fallgruppe der Mitbestimmung unterworfen.

b) Entstehungsgeschichte

Auch die Entstehungsgeschichte des § 87 Abs. 1 Nr. 2 spricht zunächst eindeutig gegen ein notwendiges Mitbestimmungsrecht über den zeitlichen Umfang der Arbeitspflicht[24]. Der Vorschlag der SPD und des DGB, die Mitbestimmung ausdrücklich auf die Dauer der Arbeitszeit zu erstrecken[25], wurde nicht Gesetz. Statt dessen hat der Gesetzgeber in § 87 Abs. 1 Nr. 2 die Regelung des § 56 Abs. 1 Buchst. a BetrVG 1952 fast wörtlich übernommen und lediglich die Verteilung der Arbeitszeit auf die einzelnen Wochentage eigens erwähnt.

Mißverständlich ist allerdings der Hinweis in der amtlichen Begründung, die in § 87 Abs. 1 Nr. 3 vorgesehene Mitbestimmung bei der vorübergehenden Verkürzung oder Verlängerung der betriebsüblichen Arbeitszeit werde „an sich" bereits von § 56 Abs. 1 Buchst. a BetrVG 1952 erfaßt[26]. Die Verfasser des Gesetzentwurfs gingen anscheinend davon aus, daß sich die Mitbestimmung über Beginn und Ende der täglichen Arbeitszeit auch auf die Entscheidung über die Einführung von Kurzarbeit und Überstunden beziehe[27]. Daraus läßt sich indessen nicht ab-

---

[21] Vgl. unten § 3 B II 1.

[22] Vgl. *Galperin / Löwisch*, § 87 Anm. 85; *Wiedemann / Moll*, Anm. zu BAG AP Nr. 1 zu § 87 BetrVG 1972 Arbeitszeit, Bl. 4; *dies.*, Anm. zu BAG AP Nr. 1 zu § 87 BetrVG 1972 Auszahlung, Bl. 5 R; *Wiese*, GK-BetrVG, § 87 Anm. 136.

[23] Vgl. auch *Jahnke*, ZfA 1980, 863 (890); zur systematischen Auslegung des § 87 Abs. 1 Nr. 10 im Hinblick auf Nr. 11 vgl. oben § 2 A XI 1 c.

[24] Vgl. *Wiedemann / Moll*, Anm. zu BAG AP Nr. 1 zu § 87 BetrVG 1972 Arbeitszeit, Bl. 3 R f.; *Wiese*, GK-BetrVG, § 87 Anm. 135.

[25] Vgl. § 56 Abs. 1 Buchst. a SPD-Entwurf, BT-Drucks. V/3658, S. 12; § 56 Abs. 1 Buchst. a DGB-Vorschläge, RdA 1967, 462 (465); RdA 1970, 237 (245).

[26] Vgl. amtliche Begründung, BT-Drucks. VI/1786, S. 48.

leiten, § 87 Abs. 1 Nr. 2 unterwerfe die Dauer der Arbeitszeit der Mitbestimmung[28]. Die amtliche Begründung enthält insoweit lediglich eine von Rechtsprechung und herrschender Lehre[29] abweichende Interpretation der früheren Rechtslage[30], wobei nicht einmal klar wird, ob nach Ansicht der Verfasser § 56 Abs. 1 Buchst. a BetrVG 1952 generell oder nur in bestimmten Fällen, nämlich bei der vorübergehenden Verkürzung und Verlängerung der betriebsüblichen Arbeitszeit, den zeitlichen Umfang der Arbeitspflicht erfaßte. Zudem sind die Normvorstellungen der an der Gesetzgebung beteiligten Personen nicht verbindlich für die Auslegung[31]. Sie sind nur dann zu berücksichtigen, wenn sie im Gesetzestext objektiv zum Ausdruck kommen. Das ist aber bei § 87 Abs. 1 Nr. 2 gerade nicht der Fall, weil die Gesetzessystematik gegen die Annahme spricht, der Tatbestand erfasse auch die Dauer der Arbeitszeit.

c) Zusammenhang mit der Lage der Arbeitszeit?

Darüber hinaus wird vorgebracht, der zeitliche Umfang der Arbeitspflicht hänge eng mit der Verteilung der Arbeitszeit auf die einzelnen Wochentage zusammen und lasse sich davon praktisch nicht trennen[32]. Diese Ansicht ist indessen ebensowenig überzeugend, wie die Theorie der materiellen Annexkompetenz[33], die gleichfalls auf einen angeblich engen Sachzusammenhang zwischen zwei Materien abstellt. Die Entscheidung über die Dauer der Arbeitszeit muß deren Verteilung zwar logisch vorausgehen, läßt sich aber klar von ihr trennen. Auch an anderer Stelle differenziert das Gesetz zwischen der Regelung des Leistungsumfangs und des Zeitpunkts der Leistungserbringung. Nach § 87 Abs. 1 Nr. 4 unterliegt die Zeit der Auszahlung der Arbeitsentgelte der Mitbestimmung, nicht aber die Lohnhöhe. Es ist nicht einzusehen, warum eine solche Unterscheidung im Rahmen des § 87 Abs. 1 Nr. 2 unzulässig sein sollte[34].

---

[27] Vgl. dagegen die Äußerung von Bundesminister *Arendt*, Stenographischer Bericht über die 101. Sitzung des Deutschen Bundestages, 6. Wahlperiode, S. 5806, der die Mitbestimmung bei der vorübergehenden Verkürzung und Verlängerung der betriebsüblichen Arbeitszeit als Beispiel für die Erweiterung der Mitbestimmung durch den Regierungsentwurf nennt.

[28] So aber *Farthmann*, RdA 1974, 65 (67); *Lappe*, JArbR Bd. 16, S. 55 (64).

[29] Vgl. BAG AP Nr. 1 Bl. 3, Nr. 2 Bl. 3 zu § 56 BetrVG Arbeitszeit; *Dietz*, § 56 Anm. 86, 95, 99 m. w. N. pro und contra.

[30] Vgl. *Wiese*, GK-BetrVG, § 87 Anm. 152; *ders.*, Anm. zu BAG AP Nr. 1 zu § 87 BetrVG 1972 Kurzarbeit, Bl. 5 f.

[31] Vgl. *Larenz*, Methodenlehre, S. 317, 333 f.

[32] Vgl. *Fitting / Auffarth / Kaiser*, § 87 Anm. 23; *Weiss*, § 87 Anm. 15.

[33] Vgl. dazu oben § 2 A II 2.

[34] Vgl. *Dietz / Richardi*, § 87 Anm. 209; *Wiedemann / Moll*, Anm. zu BAG AP Nr. 1 zu § 87 BetrVG 1972 Arbeitszeit, Bl. 4 f.; *Wiese*, GK-BetrVG, § 87 Anm. 135.

Schließlich wird behauptet, es sei wenig sinnvoll, wenn der Gesetzgeber zwar die Lage der Arbeitszeit, nicht aber die viel wichtigere Frage ihrer Dauer der Mitbestimmung unterworfen hätte[35]. Die Anhänger dieser Auffassung verkennen, daß der kollektive Schutz der Arbeitnehmer auf verschiedene Weise verwirklicht wird, so daß sich die notwendige Mitbestimmung nach § 87 keineswegs auf die „wichtigsten" Angelegenheiten erstrecken muß. So ist beispielsweise die Lohnhöhe für den Arbeitnehmer von größerer Bedeutung als Zeit, Ort und Art der Auszahlung des Arbeitsentgelts. Dennoch unterliegen nur letztere der Mitbestimmung nach § 87 Abs. 1 Nr. 4, während erstere auch von § 87 Abs. 1 Nr. 10 nicht erfaßt wird[36]. Die nach § 87 Abs. 1 Nr. 8 mitbestimmungsfreie Entscheidung über die Dotierung einer betrieblichen Sozialeinrichtung[37] ist für die dadurch Begünstigten „wichtiger" als die mitbestimmungspflichtige[38] Regelung ihrer Rechtsform. Eine solche Abgrenzung ist sachgerecht, weil die Arbeitnehmer bei der Festsetzung des Leistungsumfanges regelmäßig durch Tarifverträge geschützt werden können[39]. Das gilt für den Umfang der vermögenswerten Leistungen des Arbeitgebers[40] ebenso wie für den Umfang der Arbeitspflicht. Ob und in welchem Maße der tarifliche Schutz durch einen betriebsverfassungsrechtlichen ergänzt werden soll, ist eine rechtspolitische Frage. Deshalb hat das Argument, es sei nicht sinnvoll, die praktisch wichtige Dauer der Arbeitszeit von der Mitbestimmung auszunehmen, allenfalls de lege ferenda, nicht aber de lege lata Bedeutung.

2. *Indirekte Beeinflussung der Dauer der Arbeitszeit*

Der zeitliche Umfang der Arbeitspflicht kann durch eine nach § 87 Abs. 1 Nr. 2 mitbestimmte Regelung allenfalls indirekt beeinflußt werden, und auch das nur in geringem Maße. Von der Verteilung der Arbeitszeit auf die einzelnen Wochentage hängt ab, wieviele Arbeitsstunden durch gesetzliche Feiertage ausfallen[41]. Auch hier ist die Dauer der

---

[35] Vgl. *Fitting / Auffarth / Kaiser*, § 87 Anm. 23; *Lappe*, JArbR Bd. 16, S. 55 (63 f.).

[36] Vgl. oben § 2 A XI 1.

[37] Vgl. oben § 2 A I 1.

[38] Vgl. *Wiese*, GK-BetrVG, § 87 Anm. 269 m. w. N.

[39] Ähnlich zu § 56 Abs. 1 Buchst. a BetrVG 1952 bereits *Nikisch* III, S. 393.

[40] Zur Aufgabenteilung von Betriebs- und Tarifpartnern in diesem Bereich vgl. schon oben § 2 A X 2 b.

[41] Beispiel: Ein Feiertag fällt auf einen Samstag. Wird bei einer wöchentlichen Arbeitszeit von 42 Stunden an 6 Tagen je 7 Stunden gearbeitet, fallen 7 Stunden aus. Wird durch die Einführung der 5-Tage-Woche die wöchentliche Arbeitszeit auf Montag bis Freitag verteilt, fällt keine Arbeitszeit aus. Vgl. auch den der Entscheidung BAG AP Nr. 2 zu § 56 BetrVG zugrundeliegenden Sachverhalt.

Arbeitszeit indessen nicht Gegenstand der Mitbestimmung[42]. Diese Regelung wird von § 87 Abs. 1 Nr. 2 nicht erfaßt.

II. Mitbestimmung nach § 87 Abs. 1 Nr. 3

1. *Mitbestimmung über die Dauer der Arbeitszeit*

a) Gegenstand des Mitbestimmungsrechts

Die Vorschrift des § 87 Abs. 1 Nr. 3 bezieht sich auf die vorübergehende Verkürzung oder Verlängerung der betriebsüblichen Arbeitszeit und unterwirft damit in bestimmten Fällen den zeitlichen Umfang der Arbeitspflicht der notwendigen Mitbestimmung. Ob eine verfassungskonforme Auslegung der Norm dazu zwingt, den Anwendungsbereich der Vorschrift entgegen ihrem Wortlaut auf die Lage von Kurzarbeit und Überstunden zu beschränken[43], ist an anderer Stelle zu behandeln[44]. Jedenfalls ist es nicht überzeugend, wenn aus den Gesetzesmaterialien abgeleitet wird, auch nach § 87 Abs. 1 Nr. 3 sei die Dauer der Arbeitszeit mitbestimmungsfrei[45]. Die Verfasser der amtlichen Begründung zum Regierungsentwurf waren zwar der Auffassung, daß § 87 Abs. 1 Nr. 3 nur die unter der Geltung des BetrVG 1952 bestehende Rechtslage klarstelle[46]. Sie gingen dabei aber im Gegensatz zu Rechtsprechung und herrschender Lehre[47] davon aus, daß § 56 Abs. 1 Buchst. a BetrVG 1952 zumindest in den genannten Fällen die Dauer der Arbeitszeit der Mitbestimmung unterwerfe[48]. Folglich bestimmt der Betriebsrat unter den Voraussetzungen des § 87 Abs. 1 Nr. 3 über die Dauer der Arbeitszeit mit[49].

---

[42] Zur Unterscheidung zwischen indirekter Beeinflussung des Leistungsumfanges und dessen unmittelbarer Regelung vgl. schon oben § 2 A II 1 b.

[43] So *Erdmann / Jürging / Kammann*, § 87 Anm. 47 f. (anders jetzt *Kammann / Hess / Schlochauer*, § 87 Anm. 78 ff.).

[44] Vgl. unten § 5 B, § 6 B I, § 7 C.

[45] So aber *Erdmann / Jürging / Kammann*, § 87 Anm. 47 f. (anders jetzt *Kammann / Hess / Schlochauer*, § 87 Anm. 77 ff.); *Galperin*, Leitfaden, S. 106.

[46] Vgl. amtliche Begründung, BT-Drucks. VI/1786, S. 48.

[47] Vgl. die Nachweise oben Fn. 29.

[48] Vgl. oben § 3 B I 1 b sowie *Wiese*, Anm. zu BAG AP Nr. 1 zu § 87 BetrVG 1972 Kurzarbeit, Bl. 5 R.

[49] Ganz h. M., vgl. BAG AP Nr. 1 zu § 87 BetrVG 1972 Kurzarbeit, Bl. 2 f., mit zust. Anm. von *Wiese*, Bl. 5; AP Nr. 2 zu § 87 BetrVG 1972 Kurzarbeit, Bl. 2 R f., mit zust. Anm. von *Löwisch*, Bl. 5 R; *Dietz / Richardi*, § 87 Anm. 236; *Herschel*, Anm. zu BAG, EzA Nr. 3 zu § 87 BetrVG 1972, S. 18; *Stege / Weinspach*, § 87 Anm. 73; *Wiese*, GK-BetrVG, § 87 Anm. 153 m. w. N.

b) Inhalt des Mitbestimmungsrechts

Durch die Ausübung des notwendigen Mitbestimmungsrechts würde der Umfang der vermögenswerten Leistungspflicht des Arbeitnehmers allerdings auch in den von § 87 Abs. 1 Nr. 3 erfaßten Fällen nicht unmittelbar geregelt, wenn sich die von *Zöllner* vertretene Auslegung[50] als zutreffend erweisen sollte. *Zöllner* erkennt zwar an, daß sich § 87 Abs. 1 Nr. 3 auf die Dauer der Arbeitszeit bezieht, meint jedoch, der Verpflichtungsumfang der Arbeitnehmer und des Arbeitgebers dürfe auch nach dieser Vorschrift nicht ohne Zustimmung der Arbeitsvertragspartner erhöht oder vermindert werden. Folglich könne die Einführung von Kurzarbeit und Überstunden zwar nur unter Mitwirkung des Betriebsrats erfolgen, bedürfe aber außerdem einer Grundlage im Arbeits- oder Tarifvertrag. Nach *Zöllner* wird also durch § 87 Abs. 1 Nr. 3 lediglich eine zusätzliche Schranke für die Festsetzung der Dauer der Arbeitszeit statuiert, nicht aber ein notwendiges Mitbestimmungsrecht bei der normativen Regelung der Dauer der Arbeitszeit geschaffen.

Dem Wortlaut, der Entstehungsgeschichte und der Systematik des Gesetzes läßt sich indessen kein Anhaltspunkt für die von *Zöllner* vertretene Auslegung entnehmen. Das Gesetz regelt zwar nicht ausdrücklich, in welcher Form die notwendige Mitbestimmung in sozialen Angelegenheiten auszuüben ist, doch war bereits unter der Geltung des § 56 BetrVG 1952 allgemein anerkannt, daß dies grundsätzlich durch den Abschluß einer normativ wirkenden Betriebsvereinbarung geschieht[51]. Bestritten war und ist nur die Möglichkeit, zur Ausübung des Mitbestimmungsrechts statt einer Betriebsvereinbarung eine Betriebsabsprache zu treffen[52], die lediglich obligatorische Wirkung zwischen den Betriebspartnern entfaltet und — wie nunmehr in § 77 Abs. 1 Satz 1 geregelt ist — vom Arbeitgeber mit den ihm zur Verfügung stehenden individualrechtlichen Mitteln ausgeführt werden muß. Dagegen ist niemals behauptet worden, in bestimmten Fällen könne die Mitbestimmung nur durch eine Betriebsabsprache verwirklicht werden[53]. Weder der Gesetzeswortlaut noch die Entstehungsgeschichte des BetrVG 1972 enthalten einen Hinweis darauf, daß diese Rechtslage geändert werden

---

[50] *Zöllner*, Arbeitsrecht, S. 363; im Ergebnis ebenso *Gnade / Kehrmann / Schneider*, § 87 Anm. 18.

[51] So schon Schriftlicher Bericht des Ausschusses für Arbeit, BT-Drucks. I/3585, S. 11; *Dietz*, vor § 56 Anm. 11; *Fitting / Kraegeloh / Auffarth*, § 56 Anm. 4; *Galperin / Siebert*, vor § 56 Anm. 33.

[52] Vgl. BAG AP Nr. 2 zu § 56 BetrVG, Bl. 2 R f.; *Dietz / Richardi*, § 87 Anm. 52 ff.; *Wiese*, GK-BetrVG, § 87 Anm. 45 ff. m. w. N.

[53] Etwas anderes kann sich nur aus den Grenzen der Normsetzungsbefugnis der Betriebspartner ergeben, die aber hier unstreitig nicht überschritten sind. Vgl. dazu unten § 6 B II.

sollte. Wenn aber das Mitbestimmungsrecht nach § 87 Abs. 1 Nr. 3 durch eine gemäß § 77 Abs. 4 Satz 1 normativ wirkende Betriebsvereinbarung ausgeübt werden kann, haben die Betriebspartner die Möglichkeit, bei einer vorübergehenden Verkürzung oder Verlängerung der betriebsüblichen Arbeitszeit den zeitlichen Umfang der Arbeitspflicht unmittelbar zu regeln und darüber gegebenenfalls einen Spruch der Einigungsstelle zu erzwingen.

Es gibt auch kein übergeordnetes Auslegungsprinzip, das eine andere Interpretation rechtfertigen würde. *Zöllner* verweist zwar auf die Unterscheidung zwischen formellen und materiellen Arbeitsbedingungen[54]. Der Grundsatz der Mitbestimmungsfreiheit materieller Arbeitsbedingungen gelte zwar nicht mehr uneingeschränkt, doch wirke er sich bei den Tatbeständen, die die Mitbestimmung in den materiellen Bereich erstreckten, in abgeschwächter Weise aus. Diese Argumentation kann jedoch aus den bereits dargelegten Gründen nicht überzeugen[55]. Wenn § 87 Abs. 1 Nr. 3 ausdrücklich eine im herkömmlichen Sinne materielle Arbeitsbedingung in die notwendige Mitbestimmung einbezogen hat, darf diese gesetzgeberische Entscheidung nicht unter Berufung auf ein früher anerkanntes Auslegungsprinzip umgangen werden.

Man könnte allerdings erwägen, den Schutzzweck des § 87 zur Begründung der Konzeption *Zöllners* heranzuziehen. Falls § 87 Abs. 1 Nr. 3 die normative Regelung der vorübergehenden Verkürzung oder Verlängerung der betriebsüblichen Arbeitszeit der notwendigen Mitbestimmung unterwirft, erhält der Arbeitgeber ein zusätzliches Gestaltungsmittel, das bei der Einführung von Kurzarbeit von großer praktischer Bedeutung ist. Er ist dann nicht mehr auf eine tarifliche oder eine gegebenenfalls durch Änderungskündigung herbeizuführende einzelvertragliche Ermächtigung angewiesen, sondern kann über die Einigungsstelle nach § 87 Abs. 2, § 76 Abs. 5 Satz 3, § 77 Abs. 4 Satz 1 eine unmittelbar auf die einzelnen Arbeitsverhältnisse einwirkende Regelung erzwingen, wenn die für die Einführung der Kurzarbeit sprechenden betrieblichen Belange überwiegen[56]. Eine solche Erweiterung der Arbeitgeberbefugnisse wird teilweise mit der Begründung abgelehnt, es würde dem Zweck des § 87 widersprechen, wenn der Arbeitgeber aufgrund der Mitbestimmung sein Betriebs- und Wirtschaftsrisiko partiell auf die Arbeitnehmer abwälzen könnte[57]. Dem ist entgegenzuhalten, daß der Arbeitgeber keineswegs die Möglichkeit erhält, nach

[54] Vgl. *Zöllner*, Arbeitsrecht, S. 362 f.

[55] Vgl. oben § 1 B I, § 2 A X 1 b ee.

[56] Vgl. oben § 3 A II.

[57] Vgl. *von Stebut*, RdA 1974, 332 (343), der allerdings insoweit nur das Initiativrecht des Arbeitgebers ablehnt. Der Gedanke könnte aber auch zur Begründung der Konzeption *Zöllners* herangezogen werden.

seinem Ermessen die Einführung von Kurzarbeit zu erzwingen, weil die Einigungsstelle nach § 76 Abs. 5 Satz 3 seine Interessen gegen die der betroffenen Arbeitnehmer abwägen muß. Die verbleibende Erweiterung seiner Befugnisse ist ebenso wie in bestimmten anderen Fällen hinzunehmen. Der Gesetzgeber hat die Regelung von Kurzarbeit und Überstunden in die durch § 87 geschaffene neue betriebliche Kompetenzordnung einbezogen, die nicht nur die bestehenden Rechte des Arbeitgebers beschränkt, sondern beiden Betriebspartnern zusätzliche Gestaltungsmöglichkeiten zuweist[58]. Bei der vorübergehenden Verkürzung und Verlängerung der betriebsüblichen Arbeitszeit kann somit der zeitliche Umfang der Arbeitspflicht unmittelbar durch eine mitbestimmte Regelung festgelegt werden[59].

2. *Ausnahmecharakter des § 87 Abs. 1 Nr. 3*

Angesichts dieser gesetzgeberischen Entscheidung stellt sich die Frage, ob die Ansicht aufrechterhalten werden kann, der Umfang vermögenswerter Leistungspflichten der Arbeitnehmer sei ebenso wie die Begründung solcher Pflichten grundsätzlich der Mitbestimmung entzogen. Die in der Vorüberlegung auf den Paritätsgrundsatz und den Schutzzweck der Norm gestützte Annahme wird durch § 87 Abs. 1 Nr. 3 indessen nicht widerlegt, wenn es einen besonderen Grund für ein Mitbestimmungsrecht gerade bei der vorübergehenden Verkürzung oder Verlängerung der betriebsüblichen Arbeitszeit gibt, der in sonstigen Fällen nicht besteht.

Die regelmäßige Dauer der Arbeitszeit wird, wie bereits angedeutet[60], typischerweise tariflich festgesetzt. Auch der Umfang sonstiger vermögenswerter Leistungen des Arbeitnehmers[61] kann in einem Tarifvertrag geregelt werden. Dagegen muß über Kurzarbeit oder Überstunden auf betrieblicher Ebene entschieden werden. Sie sind ein Mittel, den Umfang der Produktion bei vorübergehenden Marktschwankungen der Nachfrage anzupassen[62], während der Betriebsinhaber auf langfristige Veränderungen des Auftragsbestandes regelmäßig durch Entlassungen bzw. Neueinstellungen reagiert. Deshalb muß meist kurzfristig darüber entschieden werden, wann und in welchem Umfang eine vorübergehende Änderung der Dauer der Arbeitszeit erforderlich ist, so daß wegen der

---

[58] Vgl. oben § 3 A II sowie *Wiese*, GK-BetrVG, § 87 Anm. 156; vgl. auch BAG, EzA Nr. 7 zu § 615 BGB Betriebsrisiko, S. 36.

[59] Auf die Grenzen des Initiativrechts des Betriebsrats bei Kurzarbeit und Überstunden ist hier nicht einzugehen; vgl. dazu *Fitting / Auffarth / Kaiser*, § 87 Anm. 3, 27 c; *Wiese*, Initiativrecht, S. 42 ff. m. w. N. pro und contra.

[60] Vgl. oben § 3 B I 1 c.

[61] Beispiele oben § 3 A I a. E.

[62] Vgl. *Jene*, Kurzarbeit, S. 15; *von Stebut*, RdA 1974, 332.

oft langwierigen Verhandlungsprozedur eine tarifliche Regelung ausscheidet. Das gilt nicht nur für einen Verbands-, sondern auch für einen Firmentarifvertrag.

Zudem hängt die Notwendigkeit, Kurzarbeit oder Überstunden einzuführen, von den Gegebenheiten des jeweiligen Betriebes ab, insbesondere von der Art seiner Produkte. Auch diese Tatsache bedingt eine betriebsspezifische Regelung[63] und schließt regelmäßig einen kollektiven Schutz der Arbeitnehmer durch Tarifverträge aus. Andererseits sind die Arbeitnehmer gerade bei der Einführung von Kurzarbeit besonders schutzwürdig, weil damit in der Regel eine Lohneinbuße verbunden ist[64]. Auch Überstunden können eine erhebliche Belastung für die Betroffenen bedeuten.

Die Ausdehnung der Mitbestimmung auf die Dauer der Arbeitszeit in § 87 Abs. 1 Nr. 3 beruht also auf demselben Gedanken wie die Mitbestimmung über die Lohnhöhe nach § 87 Abs. 1 Nr. 11[65]. Sie steht nicht der Annahme entgegen, die Begründung und der Umfang vermögenswerter Leistungspflichten der Arbeitnehmer seien grundsätzlich ebenso wie die Festsetzung entsprechender Arbeitgeberpflichten mitbestimmungsfrei[66].

III. Mitbestimmung nach § 87 Abs. 1 Nr. 5

Für diese allgemeine Grenze der Mitbestimmung spricht auch die Vorschrift des § 87 Abs. 1 Nr. 5, die nicht die Dauer des Urlaubs, sondern nur die Grundsätze über die Urlaubsgewährung und in bestimmten Fällen deren Zeitpunkt der Mitbestimmung unterwirft[67]. Folglich unterliegt der Umfang der Arbeitspflicht nur ausnahmsweise der notwendigen Mitbestimmung, und zwar bei der vorübergehenden Verkürzung oder Verlängerung der betriebsüblichen Arbeitszeit gemäß § 87 Abs. 1 Nr. 3.

---

[63] Vgl. BAG AP Nr. 1 zu § 87 BetrVG 1972 Kurzarbeit, Bl. 3, mit zust. Anm. von *Wiese*, Bl. 7; *Jene*, Kurzarbeit, S. 280 f.; *Simitis / Weiss*, DB 1973, 1240 (1249); *von Stebut*, RdA 1974, 332 (338); *Vollmer*, DB 1979, 308, 355 (357); *Wiese*, GK-BetrVG, § 87 Anm. 153.

[64] Vgl. *Farthmann*, RdA 1974, 65 (69); *von Stebut*, RdA 1974, 332 (333).

[65] Vgl. oben § 2 A X 2 b.

[66] Zum Ausnahmecharakter der Mitbestimmung bei der Dauer der Arbeitszeit vgl. auch BAG AP Nr. 2 zu § 87 BetrVG 1972 Arbeitszeit, Bl. 3 R, mit insoweit krit. Anm. von *Wiedemann / Moll*, Bl. 5.

[67] Vgl. oben § 2 A VI mit Nachweisen.

C. Nebenleistungspflichten und Mitbestimmung

I. Mitbestimmung nach § 87 Abs. 1 Nr. 1

Die Mitbestimmung des Betriebsrats nach § 87 Abs. 1 Nr. 1 betrifft das Verhalten der Arbeitnehmer in bezug auf die Ordnung des Betriebs[68]. Die Begründung zusätzlicher und der Umfang bestehender vermögenswerter Nebenleistungspflichten der Arbeitnehmer werden deshalb von dieser Vorschrift nicht erfaßt. Die Frage, ob der Arbeitnehmer verpflichtet ist, seinen Privatwagen oder sein privates Telefon für dienstliche Zwecke zu benutzen[69], unterliegt ebensowenig der notwendigen Mitbestimmung wie die Regelung, ob der Arbeitgeber die Verwendung des Dienstwagens bzw. des Diensttelefons für private Zwecke gestatten muß[70]. Entsprechendes gilt für die Beteiligung der Arbeitnehmer an den Kosten ihrer Dienstkleidung und für die Einführung einer Gebührenpflicht für die Benutzung eines Betriebsparkplatzes[71]. Da sich eine materielle Annexkompetenz nicht mit der gesetzlichen Regelung des § 87 Abs. 1 vereinbaren läßt, können die genannten Angelegenheiten allenfalls Gegenstand einer freiwilligen Betriebsvereinbarung sein[72].

Durch die Mitbestimmung nach § 87 Abs. 1 Nr. 1 können lediglich nichtvermögenswerte Leistungspflichten der Arbeitnehmer begründet werden. So entsteht beispielsweise durch eine mitbestimmungspflichtige[73] Betriebsvereinbarung über Torkontrollen die Verpflichtung des Arbeitnehmers, solche Kontrollen zu dulden[74], und somit eine auf ein Unterlassen gerichtete Leistungspflicht i. S. des § 241 BGB[75]. Das bestätigt die Annahme, daß die hier diskutierte Grenze der notwendigen Mitbestimmung nur für vermögenswerte Leistungspflichten gilt. Auch insoweit ist die Rechtsstellung der Arbeitgeber- und der Arbeitnehmerseite vergleichbar[76].

---

[68] Vgl. oben § 2 A II 1 a mit Nachweisen.

[69] Zum vermögenswerten Charakter einer solchen Leistung vgl. oben § 3 A I.

[70] Vgl. oben § 2 A II 1 a mit Nachweisen.

[71] Vgl. *Wiese*, GK-BetrVG, § 87 Anm. 110; a. M. unter Berufung auf eine angebliche materielle Annexkompetenz *Galperin / Löwisch*, § 87 Anm. 64; *Hanau*, RdA 1973, 281 (283).

[72] Vgl. oben § 2 A II 2 mit Nachweisen pro und contra.

[73] Vgl. LAG Düsseldorf, DB 1967, 2230 f.; *Fitting / Auffarth / Kaiser*, § 87 Anm. 17 a; *Wiese*, GK-BetrVG, § 87 Anm. 108.

[74] Vgl. *Schelp*, DB 1962, 1242 (1244); *Wiese*, RdA 1968, 41 (46).

[75] Zum Dulden als Leistung i. S. des § 241 BGB vgl. *Staudinger / Weber*, 11. Aufl., § 241 Anm. 62 ff. m. w. N.

[76] Zur Mitbestimmung bei der Begründung nichtvermögenswerter Leistungspflichten des Arbeitgebers vgl. oben § 2 A I 2 a, § 2 A VII, § 2 B II 1.

Die Betriebspartner sind allerdings, wie Rechtsprechung und herrschende Lehre zutreffend annehmen, befugt, eine Betriebsbußenordnung[77] zu erlassen, die auch Geldbußen, also vermögenswerte Leistungen des Arbeitnehmers, vorsehen kann[78]. Bei der Aufstellung der Bußordnung und der Verhängung der Buße im Einzelfall hat der Betriebsrat ein Mitbestimmungsrecht nach § 87 Abs. 1 Nr. 1[79], weil zur Regelung des Verhaltens der Arbeitnehmer in bezug auf die Ordnung des Betriebs auch die Festsetzung der Konsequenzen abweichenden Verhaltens gehört[80].

Aus diesem Grunde unterliegen nicht nur Betriebsbußen, sondern auch andere Rechtsfolgen ordnungswidrigen Verhaltens der Mitbestimmung nach § 87 Abs. 1 Nr. 1. Hierher gehören etwa Betriebsvereinbarungen, die vorsehen, daß auf dem Werksparkplatz falsch abgestellte Kraftfahrzeuge von Arbeitnehmern auf deren Kosten abgeschleppt werden dürfen[81]. Soweit dadurch nicht nur deklaratorisch gesetzliche Ansprüche[82] in eine Betriebsvereinbarung aufgenommen werden, beruht eine etwaige Verpflichtung der Arbeitnehmer zum Ersatz der Abschleppkosten auf einer nach § 87 mitbestimmungspflichtigen Regelung.

In beiden Fällen ist die Begründung vermögenswerter Leistungspflichten indessen nicht unmittelbar der Mitbestimmung unterworfen. Die Arbeitnehmer werden nicht durch die Aufstellung einer Betriebsbußenordnung bzw. durch eine Betriebsvereinbarung über den Ersatz von Abschleppkosten, sondern erst aufgrund eines Verstoßes gegen die betriebliche Ordnung zu einer Leistung verpflichtet. Die genannten Regelungen sind mit der Begründung zusätzlicher vermögenswerter Leistungspflichten der Arbeitnehmer ebensowenig vergleichbar wie gesetzliche Vorschriften über Geldstrafen bzw. Schadenersatz mit Steuergesetzen. Soweit der Betriebsrat nach § 87 Abs. 1 Nr. 1 bei der Verhängung einer Geldbuße und damit direkt bei der Begründung einer Lei-

[77] Vgl. BAG AP Nr. 1 Bl. 2 ff., Nr. 2 Bl. 2 zu § 87 BetrVG 1972 Betriebsbuße; *Fitting / Auffarth / Kaiser*, § 87 Anm. 18 ff.; *Wiese*, GK-BetrVG, § 87 Anm. 112 m. w. N.; a. M. *Dietz / Richardi*, § 87 Anm. 161 ff.

[78] Vgl. BAG AP Nr. 2 zu § 87 BetrVG 1972 Betriebsbuße, Bl. 2; *Fitting / Auffarth / Kaiser*, § 87 Anm. 18 a; *Wiese*, GK-BetrVG, § 87 Anm. 65.

[79] Vgl. die Nachweise oben Fn. 77 sowie zur Mitbestimmung bei der Verhängung der Betriebsbuße im Einzelfall *Wiese*, GK-BetrVG, § 87 Anm. 128 m. w. N.

[80] Vgl. *Wiese / Starck*, Anm. zu BAG AP Nr. 2 zu § 87 BetrVG 1972 Arbeitssicherheit, Bl. 6 R f.

[81] Vgl. LAG Düsseldorf, EzA Nr. 33 zu § 611 BGB Arbeitnehmerhaftung, S. 110 f. Davon ist der Fall eines Haftungsausschlusses zu unterscheiden, der nicht vom Tatbestand des § 87 Abs. 1 Nr. 1 erfaßt wird; vgl. dazu § 2 A II 1 a mit Nachweisen in Fn. 62.

[82] In Betracht kommen ein Schadenersatzanspruch des Arbeitgebers aus positiver Vertragsverletzung und Ansprüche aus Geschäftsführung ohne Auftrag; vgl. zum Ganzen *Moritz*, BB 1980, 373 ff.

stungspflicht mitwirkt, handelt es sich um bloßen Normenvollzug[83] und nicht um echte Mitbestimmung, weil diese einen Regelungsspielraum voraussetzt[84].

II. Mitbestimmung nach § 87 Abs. 1 Nr. 4

Ebensowenig wie § 87 Abs. 1 Nr. 1 zwingt der Tatbestand des § 87 Abs. 1 Nr. 4 zu der Annahme, daß durch die notwendige Mitbestimmung vermögenswerte Nebenleistungspflichten der Arbeitnehmer begründet werden können. Die Mitbestimmung über die Art der Auszahlung der Arbeitsentgelte betrifft nur die Berechtigung des Arbeitgebers, den Lohn auf ein Girokonto zu überweisen, statt ihn bar auszuzahlen. Die Arbeitnehmer können deshalb entgegen der Auffassung der Rechtsprechung und herrschenden Lehre nur durch eine freiwillige Betriebsvereinbarung nach § 88 oder durch eine tarifliche oder individualvertragliche Vereinbarung verpflichtet werden, ein Gehaltskonto zu errichten und die Kontenführungsgebühren zu tragen[85].

III. Mitbestimmung nach § 87 Abs. 1 Nr. 7

Auch nach § 87 Abs. 1 Nr. 7 unterliegen die Begründung und der Umfang vermögenswerter Leistungspflichten der Arbeitnehmer nicht der Mitbestimmung. Unter engen Voraussetzungen besteht zwar die Möglichkeit, die Arbeitnehmer an den Kosten ihrer Schutzkleidung zu beteiligen, doch ist darüber mangels tariflicher oder individualvertraglicher Regelungen nur eine freiwillige Betriebsvereinbarung zulässig[86].

IV. Mitbestimmung nach § 87 Abs. 1 Nrn. 8, 9 und 10

Problematischer ist die Reichweite der Mitbestimmung nach § 87 Abs. 1 Nrn. 8, 9 und 10. In anderem Zusammenhang wurde nachgewiesen, daß diese Vorschriften weder die Begründung noch den Umfang vermögenswerter Leistungspflichten des Arbeitgebers erfassen[87]. Nunmehr ist zu prüfen, ob dies auch für vermögenswerte Leistungspflichten der Arbeitnehmer gilt.

---

[83] Vgl. *Dütz*, DB 1972, 383 (385); *Hueck / Nipperdey / Säcker* II/2, S. 1379 Fn. 27 n; *Wiese*, GK-BetrVG, § 87 Anm. 128.

[84] Vgl. dazu schon oben, § 2 A I 1, § 2 A V 2 c.

[85] Vgl. oben § 2 A V 2 b mit Nachweisen pro und contra.

[86] Vgl. zum Ganzen oben § 2 A VIII.

[87] Vgl. oben § 2 A I 1, § 2 A IX, § 2 A XI 1.

1. *Mitbestimmung über Entgelt- und Beitragspflichten*

Eine Mitbestimmung über vermögenswerte Leistungen der Arbeitnehmer nach § 87 Abs. 1 Nr. 8 kommt in Betracht, wenn für die Inanspruchnahme einer Sozialeinrichtung, etwa für eine Mahlzeit in einer Werkskantine, ein Entgelt zu entrichten ist. Eine Sozialeinrichtung setzt nämlich keineswegs voraus, daß die Arbeitgeberleistungen für den Arbeitnehmer unentgeltlich sind. Sie müssen ihm nur überhaupt einen Vorteil bringen[88].

Nach Auffassung von Rechtsprechung und herrschender Lehre gehört die Festsetzung der Nutzungsentgelte im Rahmen der vom Arbeitgeber zur Verfügung gestellten Mittel zur Verwaltung der Sozialeinrichtung, so daß der Betriebsrat dabei nach § 87 Abs. 1 Nr. 8 mitbestimmt[89]. Die vereinzelt vertretene gegenteilige Ansicht[90] kann nicht überzeugen. Nach allgemeinem Sprachgebrauch ist die Preisgestaltung eine Verwaltungsmaßnahme. Falls der Gesetzgeber eine für die Arbeitnehmer so wichtige Frage wie die Festsetzung des Nutzungsentgeltes von der Mitbestimmung hätte ausnehmen wollen, wäre eine ausdrückliche Einschränkung des Tatbestandes erforderlich gewesen, zumal die Rechtsprechung bereits unter der Geltung des § 56 Abs. 1 Buchst. e BetrVG 1952 die Regelung von Kantinenpreisen als mitbestimmungspflichtige Verwaltungsmaßnahme ansah[91].

Außerdem geht es bei der Festsetzung des Nutzungsentgeltes einer Sozialeinrichtung ebenso wie bei der Verteilung der Arbeitgeberleistungen um das Maß der Begünstigung einzelner Arbeitnehmergruppen. So können etwa die von den Eltern zu entrichtenden Beiträge für einen Betriebskindergarten[92] nach sozialen Gesichtspunkten abgestuft werden. Bei der Festsetzung der Kantinenpreise ist zu entscheiden, ob alle angebotenen Leistungen gleichmäßig subventioniert werden oder ob nur ein Essen besonders billig abgegeben wird, während im übrigen kostendeckende Preise zu zahlen sind. Nach seinem Zweck, für Verteilungsgerechtigkeit zu sorgen[93], erfaßt § 87 Abs. 1 Nr. 8 daher nicht nur die Erstellung eines Leistungsplanes[94], sondern auch die Preisgestaltung.

---

[88] Vgl. *Wiese*, GK-BetrVG, § 87 Anm. 255 m. w. N.

[89] Vgl. BAG AP Nr. 6 Bl. 3 ff., Nr. 7 Bl. 1 R ff. zu § 56 BetrVG Wohlfahrtseinrichtungen (Mitbestimmung über Kantinenpreise nach § 56 Abs. 1 Buchst. e BetrVG 1952); LAG Hamm, DB 1976, 201 f. (Beiträge für Betriebskindergarten); *Moll*, Mitbestimmung beim Entgelt, S. 110 ff.; *Wiese*, GK-BetrVG, § 87 Anm. 265 m. w. N.

[90] Vgl. zum BetrVG 1952 *Hueck / Nipperdey / Säcker* II/2, S. 1370 f. Fn. 19 c.

[91] Vgl. die Nachweise zur Rechtsprechung des BAG oben Fn. 89.

[92] Zur Mitbestimmung bei deren Festsetzung vgl. LAG Hamm, DB 1976, 201 f.; *Wiese*, GK-BetrVG, § 87 Anm. 265.

[93] Vgl. BAG AP Nr. 5 zu § 87 BetrVG 1972 Altersversorgung, Bl. 2; AP Nr. 1 zu § 87 BetrVG 1972 Werkmietwohnungen, Bl. 3; *Moll*, Mitbestimmung beim Entgelt, S. 110.

Über das Maß der Begünstigung einzelner Arbeitnehmergruppen wird auch bei der Mietzinsbildung für Werkmietwohnungen entschieden, da der Quadratmeterpreis von den persönlichen Verhältnissen der Mieter abhängig gemacht werden kann. Rechtsprechung und herrschende Lehre gehen daher zu Recht davon aus, daß generelle Regelungen über die Mietzinsbildung im Rahmen der vom Arbeitgeber vorgegebenen Dotierung zur Festlegung der allgemeinen Nutzungsbedingungen gehören und daher der Mitbestimmung des Betriebsrats nach § 87 Abs. 1 Nr. 9 unterliegen[95]. Dafür spricht auch der Wortlaut dieser Vorschrift, dem keine Beschränkung auf formale Benutzungsregeln, wie z. B. die Aufstellung einer Hausordnung, zu entnehmen ist.

Auch Beiträge der Arbeitnehmer zur betrieblichen Altersversorgung stellen vermögenswerte Leistungen dar. Wenn der Arbeitgeber Betriebsrenten über eine Pensions- oder Unterstützungskasse i. S. des § 1 Abs. 3 und 4 BetrAVG gewährt[96], besteht eine Sozialeinrichtung[97] und der Betriebsrat bestimmt grundsätzlich nach § 87 Abs. 1 Nr. 8 über die Beitragsgestaltung mit. Wie bei der Verteilung der Arbeitgeberleistungen und der generellen Regelung von Nutzungsentgelten geht es auch insoweit um das Maß der Begünstigung einzelner Arbeitnehmergruppen.

Bei einer Direktversicherung i. S. des § 1 Abs. 2 BetrAVG ist § 87 Abs. 1 Nr. 8 allerdings nicht anwendbar[98], weil Träger der Altersversorgung ein allgemeines Versicherungsunternehmen ist, dessen Wirkungsbereich sich nicht auf den Betrieb, das Unternehmen oder den Konzern beschränkt. In diesem Falle ergibt sich aber die notwendige Mitbestimmung über die von den Arbeitnehmern zu entrichtenden

---

[94] Vgl. oben § 2 A I 1.

[95] Vgl. BAG AP Nr. 1 zu § 87 BetrVG 1972 Werkmietwohnungen, Bl. 2 R ff., mit zust. Anm. von *Richardi*, Bl. 4 R ff.; AP Nr. 3 zu § 87 BetrVG 1972 Werkmietwohnungen, Bl. 3, mit insoweit zust. Anm. von *Dütz*, Bl. 5 f.; *Fitting / Auffarth / Kaiser*, § 87 Anm. 53; *von Hoyningen-Huene*, SAE 1979, 153 (154); *Kammann / Hess / Schlochauer*, § 87 Anm. 190; *Moll*, Mitbestimmung beim Entgelt, S. 127 ff.; *Stege / Weinspach*, § 87 Anm. 155; *Weiss*, § 87 Anm. 29; *Wiese*, GK-BetrVG, § 87 Anm. 314; vgl. auch *Farthmann*, Stenographischer Bericht über die 101. Sitzung des Deutschen Bundestages, 6. Wahlperiode, S. 5891; a. M. *Bötticher*, SAE 1973, 232 ff.; *Giese*, BB 1973, 198 (199 f.); *Lieb*, ZfA 1978, 179 (197 f.); a. M. zum BetrVG 1952 auch BAG AP Nr. 3 zu § 56 BetrVG Wohlfahrtseinrichtungen, Bl. 1 R f.

[96] Zu den verschiedenen Formen der betrieblichen Altersversorgung vgl. *Zöllner*, Arbeitsrecht, S. 210 ff.

[97] Vgl. jeweils m. w. N. BAG AP Nr. 1 Bl. 2 R, Nr. 2 Bl. 3, Nr. 3 Bl. 3 zu § 87 BetrVG 1972 Altersversorgung; *Fitting / Auffarth / Kaiser*, § 87 Anm. 44; *Wiese*, GK-BetrVG, § 87 Anm. 253.

[98] Vgl. BAG AP Nr. 4 zu § 87 BetrVG 1972 Altersversorgung, Bl. 2 R, mit zust. Anm. von *Hanau*, Bl. 5; *Moll*, Mitbestimmung beim Entgelt, S. 83; *Wiese*, GK-BetrVG, § 87 Anm. 278.

Versicherungsbeiträge aus § 87 Abs. 1 Nr. 10[99], weil Leistungen der betrieblichen Altersversorgung wie alle vermögenswerten Arbeitgeberleistungen zum Arbeitsentgelt gehören[100] und damit Teil der betrieblichen Lohngestaltung sind[101]. Man könnte allerdings argumentieren, der Begriff der „Lohngestaltung" beziehe sich nur auf die Leistungen des Arbeitgebers und erfasse nicht die Festsetzung der von den Arbeitnehmern zu erbringenden Beiträge. Eine solche Begrenzung der Mitbestimmung wäre indessen zu formal. Wie § 87 Abs. 1 Nrn. 8 und 9 soll auch § 87 Abs. 1 Nr. 10 für Verteilungsgerechtigkeit sorgen[102]. Als Kehrseite zum Leistungsplan[103] unterliegt daher auch die Beitragsregelung grundsätzlich der notwendigen Mitbestimmung nach dieser Vorschrift, weil es in beiden Fällen um das Maß der Begünstigung einzelner Arbeitnehmergruppen geht.

Nach § 87 Abs. 1 Nrn. 8, 9 und 10 erfaßt also die notwendige Mitbestimmung des Betriebsrats die Festsetzung von Entgelt- und Beitragspflichten der Arbeitnehmer für die Gewährung betrieblicher Sozialleistungen.

2. Besonderheiten der Mitbestimmung über Entgelt- und Beitragspflichten

Die Reichweite der Mitbestimmung nach § 87 Abs. 1 Nrn. 8, 9 und 10 widerlegt aber nicht die Annahme, die Begründung und der Umfang vermögenswerter Nebenleistungspflichten seien mitbestimmungsfrei. Im Regelfall bleibt es den Arbeitnehmern überlassen, ob sie die Sozialleistungen des Arbeitgebers gegen Entgelt in Anspruch nehmen. Sie können selbst entscheiden, ob sie in der Werkskantine essen und eine Werkmietwohnung beziehen wollen. Der Betriebsrat bestimmt nur darüber mit, zu welchen Bedingungen den Arbeitnehmern die Arbeitgeberleistungen angeboten werden. Dadurch unterscheidet sich die Festsetzung der hier behandelten Entgelt- und Beitragspflichten von der Regelung der Arbeitspflicht und arbeitsvertraglicher Nebenleistungspflichten, etwa der Verpflichtung, ein Gehaltskonto einzurichten, den Privat-

---

[99] Vgl. BAG AP Nr. 4 zu § 87 BetrVG 1972 Altersversorgung, Bl. 3, mit zust. Anm. von *Hanau*, Bl. 6.

[100] Dazu oben § 2 A I 2 c.

[101] Vgl. BAG AP Nr. 1 Bl. 3 R f., Nr. 2 Bl. 3 f., Nr. 3 Bl. 3 R, Nr. 4 Bl. 2 R zu § 87 BetrVG 1972 Altersversorgung; *Galperin / Löwisch*, § 87 Anm. 227; *Moll*, Mitbestimmung beim Entgelt, S. 141 f.; *Wiese*, GK-BetrVG, § 87 Anm. 334 m. w. N.; zweifelnd *Fitting / Auffarth / Kaiser*, § 87 Anm. 54 a.

[102] Vgl. *Blomeyer*, JA 1977, 241 (243); *Moll*, Mitbestimmung beim Entgelt, S. 141; *Wiedemann*, ZGR 1975, 385 (406).

[103] Zur Mitbestimmung nach § 87 Abs. 1 Nr. 10 beim Leistungsplan vgl. BAG AP Nr. 1 Bl. 5 R, Nr. 2 Bl. 5, Nr. 3 Bl. 5 f., Nr. 4 Bl. 3 zu § 87 BetrVG 1972 Altersversorgung; *Weiss*, Anm. zu BAG, EzA Nr. 5 zu § 87 BetrVG 1972 Lohn und Arbeitsentgelt, S. 53; *Wiese*, GK-BetrVG, § 87 Anm. 336 m. w. N.

wagen für Dienstfahrten zu benutzen oder sich an den Kosten der Schutzkleidung zu beteiligen, die bei der Arbeit getragen werden muß. Solchen Verpflichtungen können sich die Arbeitnehmer nicht entziehen, ohne ihr Arbeitsverhältnis zu gefährden.

Vereinzelt sind die Arbeitnehmer allerdings verpflichtet, Arbeitgeberleistungen in Anspruch zu nehmen. Gelegentlich ist in Tarifverträgen oder Arbeitsordnungen beispielsweise bestimmt, daß die Arbeitnehmer einem betrieblichen Altersversorgungswerk angehören müssen[104]. Aus dem systematischen Zusammenhang mit § 87 Abs. 1 Nr. 9 ergibt sich indessen, daß in solchen Ausnahmefällen keine notwendige Mitbestimmung über etwaige Entgelt- und Beitragspflichten der Arbeitnehmer besteht. Die Vorschrift des § 87 Abs. 1 Nr. 9 erfaßt nach einhelliger Auffassung nur Werkmietwohnungen i. S. des § 565 b BGB, nicht aber Werkdienstwohnungen i. S. des § 565 e BGB, die die Arbeitnehmer aufgrund ihres Arbeitsvertrages beziehen müssen[105]. Das folgt schon aus dem Wortlaut der Vorschrift, der an die Formulierung des § 565 b BGB angelehnt ist und den Abschluß eines Mietvertrages zusätzlich zum Arbeitsvertrag verlangt. Im Regelfall werden die von der Mitbestimmung nach § 87 Abs. 1 Nr. 9 ausgenommenen Werkdienstwohnungen den Arbeitnehmern auch keineswegs unentgeltlich überlassen. Vielmehr wird üblicherweise ein Nutzungsentgelt auf den Arbeitslohn angerechnet[106]. Dieses ist aber nicht Gegenstand der notwendigen Mitbestimmung, sondern kann allenfalls durch freiwillige Betriebsvereinbarung geregelt werden. Die Begründung und der Umfang vermögenswerter Gegenleistungspflichten unterliegen nach § 87 Abs. 1 Nr. 9 also nur dann der notwendigen Mitbestimmung, wenn es Sache der Arbeitnehmer ist, ob sie von dem Angebot zusätzlicher entgeltlicher Arbeitgeberleistungen Gebrauch machen.

Dieser Rechtsgedanke ist auch auf die Mitbestimmung bei anderen Entgelt- und Beitragspflichten für Arbeitgeberleistungen nach § 87 Abs. 1 Nrn. 8 und 10 zu übertragen, weil sonst ein Wertungswiderspruch

---

[104] Vgl. die in BAG AP Nr. 4 zu § 87 BetrVG 1972 Altersversorgung, Bl. 3 R, behandelte Tarifvorschrift sowie die Vorschrift Nr. I 5 der Arbeitsordnung der Farbwerke Hoechst AG 1972, zit. nach *Hromadka*, Arbeitsordnung, S. 166. Die Frage, ob die tarifvertragliche Verpflichtung, einem betrieblichen Versorgungswerk beizutreten, außerhalb des Anwendungsbereiches des § 4 Abs. 2 TVG ein unzulässiges Lohnverwendungsgebot (dazu *Wiedemann / Stumpf*, TVG, Einleitung Anm. 212 ff.) darstellt, wurde, soweit ersichtlich, bisher nicht gestellt. Dasselbe gilt für entsprechende Regelungen in einer Betriebsvereinbarung. Das Problem kann hier nur angedeutet werden.

[105] Vgl. BAG AP Nr. 3 zu § 87 BetrVG 1972 Werkmietwohnungen, Bl. 1 R f., mit zust. Anm. von *Dütz*, Bl. 3 R; *Fitting / Auffarth / Kaiser*, § 87 Anm. 50 a; *Galperin / Löwisch*, § 87 Anm. 202; *Schmidt-Futterer / Blank*, BB 1976, 1033; *Wiese*, GK-BetrVG, § 87 Anm. 297.

[106] Vgl. *Schmidt-Futterer / Blank*, BB 1976, 1033.

entstünde[107]. Die Interessenlage ist in allen Fällen gleich. Wenn die Arbeitnehmer etwa verpflichtet sind, einem betrieblichen Altersversorgungswerk anzugehören, hat eine Regelung der Beiträge für sie dieselben Auswirkungen wie die Festsetzung des Nutzungsentgeltes für Dienstwohnungen, die sie aufgrund ihres Arbeitsvertrages beziehen müssen. In beiden Fällen geht es um den Umfang von Lohnabzügen, die die Arbeitnehmer nicht vermeiden können, ohne ihr Arbeitsverhältnis zu lösen. Eine notwendige Mitbestimmung nach § 87 Abs. 1 Nr. 8 bzw. Nr. 10 über die Begründung und den Umfang von Pflichtbeiträgen der Arbeitnehmer wäre auch deshalb ungereimt, weil umgekehrt die Frage, ob den Arbeitnehmern ein Rechtsanspruch auf die Arbeitgeberleistung eingeräumt werden soll, der Mitbestimmung ebenso entzogen ist[108] wie der Umfang der vom Arbeitgeber zu erbringenden Leistungen[109].

Die hier vertretene Grenze der Mitbestimmung bei Entgelt- und Beitragspflichten vernachlässigt keineswegs schutzwürdige Belange der Arbeitnehmer. Die Verpflichtung, Sozialleistungen in Anspruch zu nehmen, wird regelmäßig durch Tarifvertrag oder Betriebsvereinbarung begründet, weil ein Interesse an einer normativen Regelung für alle betroffenen Arbeitnehmer besteht. Deren Belange können beim Aushandeln des Kollektivvertrages gewahrt werden, da der Arbeitgeber außerhalb der notwendigen Mitbestimmung keine Möglichkeit hat, eine normative Regelung gegen den Willen der Arbeitnehmerseite zu erzwingen. Falls etwa eine betriebliche Altersversorgung als zusätzliche Pflichtversicherung durch Betriebsvereinbarung eingeführt werden soll, kann der Betriebsrat seine Zustimmung zu einer normativen Regelung der Beitrittspflicht verweigern, wenn der Arbeitgeber nicht bereit ist, hinsichtlich der Eigenbeteiligung der Arbeitnehmer Zugeständnisse zu machen.

V. Mitbestimmung nach § 87 Abs. 1 Nr. 12

Nach § 87 Abs. 1 Nr. 12 unterliegen die Begründung und der Umfang vermögenswerter Leistungspflichten der Arbeitnehmer ebenfalls nicht der notwendigen Mitbestimmung. Realisierbare Verbesserungsvor-

---

[107] Zur systematischen Auslegung als Mittel, Wertungswidersprüche zu vermeiden, vgl. *Canaris*, Systemdenken, S. 90 ff.; *Larenz*, Methodenlehre, S. 314 f., 323 f.

[108] Vgl. oben § 2 A I 1 mit Nachweisen in Fn. 11.

[109] Vgl. oben § 2 A I 1 und § 2 A XI. Das BAG prüft in der Entscheidung AP Nr. 4 zu § 87 BetrVG 1972 Altersversorgung, Bl. 2 ff., nur die Grenzen der Mitbestimmung im Hinblick auf die Leistungspflichten des Arbeitgebers und nimmt damit in Kauf, daß die Einigungsstelle die Arbeitnehmer, nicht aber den Arbeitgeber zu zusätzlichen vermögenswerten Leistungen zwingen kann. Das ist aus den im Text genannten Gründen nicht überzeugend.

schläge sind zwar vermögenswerte Leistungen der Arbeitnehmer an den Arbeitgeber, weil sie diesem einen geldwerten Vorteil bringen. Eine Verpflichtung, solche Vorschläge zu machen, besteht jedoch nicht[110] und kann den Arbeitnehmern auch nicht im Wege der notwendigen Mitbestimmung auferlegt werden.

Nach Wortlaut und Zweck des § 87 Abs. 1 Nr. 12 bezieht sich diese Vorschrift nur auf die Organisation und das Verfahren des betrieblichen Vorschlagswesens einschließlich der Aufstellung allgemeiner Grundsätze über die Behandlung und Prämierung von Verbesserungsvorschlägen[111]. Ihrem Zweck, die freie Entfaltung der Persönlichkeit der Arbeitnehmer zu schützen[112], würde es widersprechen, wenn der Arbeitgeber aus überwiegenden betrieblichen Belangen i. S. des § 76 Abs. 5 Satz 3 einen verbindlichen Spruch der Einigungsstelle erzwingen könnte, der die Arbeitnehmer zu zusätzlichen vermögenswerten Leistungen verpflichtet. Die Begründung und der Umfang der Pflicht, Verbesserungsvorschläge zu machen, können also allenfalls Gegenstand einer freiwilligen Betriebsvereinbarung sein.

D. Ergebnis und Schlußfolgerung

Der Umfang vermögenswerter Leistungspflichten der Arbeitnehmer unterliegt nur in einem Ausnahmefall der notwendigen Mitbestimmung, und zwar bei der vorübergehenden Veränderung der betriebsüblichen Dauer der Arbeitszeit nach § 87 Abs. 1 Nr. 3. Im übrigen ist er ebenso wie die Begründung solcher Pflichten mitbestimmungsfrei. Für nichtvermögenswerte Leistungspflichten ist kein entsprechender Auslegungsgrundsatz nachweisbar[113].

Insgesamt läßt die Einzelanalyse der Beteiligungsbefugnisse des Betriebsrats auf eine Aufgabenteilung zwischen Tarifwesen und betrieblicher Mitbestimmung in sozialen Angelegenheiten schließen[114]. Die Begründung und die Regelung des Umfanges vermögenswerter Leistungspflichten des Arbeitgebers und der Arbeitnehmer sind grund-

---

110 Vgl. *Däubler* I, S. 250; *Krauss*, Vorschlagswesen, S. 68 m. w. N. Nach § 242 BGB ist der Arbeitnehmer allenfalls gehalten, einen bereits konzipierten Vorschlag dem Arbeitgeber mitzuteilen, statt ihn einem Dritten auszuhändigen; vgl. *Röpke*, Arbeitsverhältnis und Arbeitnehmererfindung, S. 134 ff.

111 Vgl. oben § 2 A XII mit Nachweisen.

112 Vgl. die Nachweise oben § 2 A XII in Fn. 228.

113 Vgl. oben § 3 C I.

114 Im Grundsatz ebenso *Galperin / Löwisch*, § 87 Anm. 1; vgl. auch *Hanau*, BB 1977, 350 (353) für Entgeltregelungen.

sätzlich Sache der Tarifpartner. Dieser Befund wird durch die Tatsache bestätigt, daß der Umfang der wichtigsten vermögenswerten Leistungspflichten, nämlich die Höhe des Lohnes einerseits und die Dauer der Arbeitszeit sowie des Urlaubs andererseits, typischerweise tariflich geregelt werden[115]. Davon geht auch § 1 Abs. 1 des Gesetzes über die Festsetzung von Mindestarbeitsbedingungen[116] aus.

Demgegenüber liegt die Domäne der Betriebspartner in der Gestaltung der betrieblichen Ordnung im weitesten Sinne[117]. Dazu gehören mit Ausnahme der Begründung und des Umfangs vermögenswerter Leistungspflichten von Arbeitgeber und Arbeitnehmer alle sozialen Angelegenheiten[118] i. S. der §§ 87 ff., also etwa die Lage der Arbeitszeit, die betrieblichen Entlohnungsgrundsätze, Fragen des Arbeitsschutzes, aber auch Verhaltenspflichten der Arbeitnehmer und damit nichtvermögenswerte Leistungspflichten. Im Kernbereich dieser Angelegenheiten soll der Betriebsrat nicht auf die Bereitschaft des Arbeitgebers zum Abschluß freiwilliger Betriebsvereinbarungen angewiesen sein. Da der Gesetzgeber zur Wahrung des Betriebsfriedens keinen Arbeitskampf zwischen Betriebsrat und Arbeitgeber zulassen wollte (§ 74 Abs. 2), hat er diese Fragen der notwendigen Mitbestimmung des Betriebsrats unterworfen, um diesem bei der Ausübung der betrieblichen Regelungsbefugnis eine stärkere Position gegenüber dem Arbeitgeber zu verschaffen. Im übrigen besteht nur die Möglichkeit zum Abschluß von freiwilligen Betriebsvereinbarungen, soweit nicht die Normsetzungsprärogative der Tarifpartner gemäß § 77 Abs. 3 entgegensteht.

Die Funktionsteilung zwischen notwendiger Mitbestimmung in sozialen Angelegenheiten und Tarifwesen ist indessen nicht streng durchgeführt. Die Vorschrift des § 87 erfaßt dann den Umfang vermögenswerter Leistungspflichten, wenn ausnahmsweise die Arbeitnehmer durch Tarifverträge nicht effektiv geschützt werden können, weil eine sachgerechte Regelung nur auf betrieblicher Ebene getroffen werden kann. Diese Voraussetzung ist in zwei Fallgruppen erfüllt, und zwar bei der vorübergehenden Verkürzung oder Verlängerung der betriebsüblichen Arbeitszeit (§ 87 Abs. 1 Nr. 3)[119] und bei der Festsetzung der Höhe leistungsbezogener Entgelte (§ 87 Abs. 1 Nr. 11)[120]. Außerhalb der

---

[115] Vgl. *Dietz*, BB 1959, 1210 (1215); *Hanau*, BB 1977, 350 (353); *Jahnke*, ZfA 1980, 863 (883 Fn. 82); *Richardi*, DB 1971, 621 (625).

[116] Gesetz vom 11. 1. 1952 (BGBl. I S. 17).

[117] Vgl. *Wiese*, GK-BetrVG, § 87 Anm. 1; ebenso zum BetrVG 1952: *Dietz*, § 56 Anm. 24; *Nikisch* III, S. 261; *Schelp*, DB 1962, 1242, 1275; vgl. auch oben § 2 A II 1 a.

[118] Vgl. dazu *Wiese*, GK-BetrVG, vor § 87 Anm. 3, § 88 Anm. 10.

[119] Vgl. oben § 3 B II 2.

[120] Vgl. oben § 2 A X 2 b.

sozialen Angelegenheiten ist die Mitbestimmung beim Ausgleich besonderer Belastungen aufgrund einer Änderung von Arbeitsplatz, Arbeitsablauf und Arbeitsumgebung (§ 91)[121] und bei der Aufstellung eines Sozialplanes (§ 112 Abs. 4)[122] zu nennen.

---

[121] Vgl. oben § 2 B II 2.

[122] Vgl. oben § 2 B I 2 b.

Dritter Teil

Historische Auslegung

Nach der Analyse der einzelnen Mitbestimmungstatbestände ist zu fragen, ob auch übergreifende Gesichtspunkte dafür sprechen, daß die Begründung und der Umfang vermögenswerter Leistungspflichten der Arbeitsvertragspartner grundsätzlich mitbestimmungsfrei sind, während nichtvermögenswerte Leistungspflichten von § 87 erfaßt werden können. Dabei ist von der historischen Entwicklung der betrieblichen Mitbestimmung auszugehen.

§ 4 Geschichte der Mitbestimmung und Entstehungsgeschichte des BetrVG 1972

A. Geschichte der Mitbestimmung

I. Entwicklung vor dem Inkrafttreten der Tarifvertragsverordnung

Vorschriften über eine betriebliche Mitbestimmung der Arbeitnehmer finden sich erstmals in einem der beiden Entwürfe[1] einer Gewerbeordnung für das deutsche Reich, die der Volkswirtschaftliche Ausschuß der Frankfurter Nationalversammlung 1848/49 erarbeitet hatte. Der Entwurf sah auf betrieblicher Ebene Fabrikausschüsse vor, denen neben dem Arbeitgeber auch Vertreter der Arbeitnehmer angehören sollten[2]. Die Fabrikausschüsse sollten vor allem die Fabrikordnung aufstellen und aufrechterhalten[3], darüber hinaus aber auch die Arbeitslöhne und

---

[1] Sog. Minoritäten-Gegenentwurf von *Degenkolb, Veit, Becker* und *Lette*. Der Hauptentwurf sah keine Beteiligungsbefugnisse für die Arbeitnehmerseite vor; vgl. zum Ganzen *Teuteberg*, Geschichte der Mitbestimmung, S. 94 ff.

[2] Vgl. § 42 Entwurf einer Gewerbeordnung für das deutsche Reich von *Degenkolb, Veit, Becker* und *Lette*, zit. nach *Haßler* (Hrsg.), Verhandlungen der deutschen verfassunggebenden Reichsversammlung, Bd. 2, S. 926.

[3] Vgl. § 43 Nr. 2 des Entwurfes (Quelle s. Fn. 2).

die Dauer der Arbeitszeit mit dem Fabrikinhaber vereinbaren[4]. Daneben war die Möglichkeit vorgesehen, die Arbeitszeit auf überbetrieblicher Ebene zu regeln, und zwar durch die für jeden Gewerbebezirk gebildeten Fabrikräte, denen ebenfalls Arbeitgeber- und Arbeitnehmervertreter angehören sollten[5]. Der Entwurf der Frankfurter Nationalversammlung wurde indessen nicht Gesetz.

Auch in den sogenannten konstitutionellen Fabriken, deren Inhaber den Beschäftigten freiwillig Beteiligungsrechte einräumten, erstreckten sich die Befugnisse der Arbeitnehmervertretungen teilweise nicht nur auf Fragen der betrieblichen Ordnung, sondern auch auf den Umfang vermögenswerter Leistungspflichten. In der Fabrik *Freeses*, einem der bedeutendsten Vertreter des konstitutionellen Gedankens, wirkte die Arbeitnehmervertretung etwa bei der Regelung der Dauer der Arbeitszeit mit[6].

Die erste gesetzliche Regelung der Betriebsverfassung war im sogenannten Arbeiterschutzgesetz[7] vom 1. 6. 1891 enthalten. Es sah zwar nur fakultative Arbeitnehmervertretungen vor, enthielt aber neben einem Anhörungsrecht beim Erlaß einer Arbeitsordnung erstmals ein echtes Mitbestimmungsrecht[8]. Ebenso wie nach den in den folgenden Jahren ergangenen Novellen zum bayerischen[9] und preußischen Berggesetz[10] bedurften Vorschriften über das Verhalten der Arbeiter bei der Benutzung betrieblicher Wohlfahrtseinrichtungen und über das Verhalten minderjähriger Arbeiter außerhalb des Betriebs der Zustimmung des Arbeiterausschusses. Bei der Regelung vermögenswerter Leistungspflichten bestand weder ein Mitbestimmungs- noch ein sonstiges Beteiligungsrecht.

Im Gegensatz dazu sah das Gesetz über den vaterländischen Hilfsdienst vom 5. 12. 1916 vor, daß in seinem Geltungsbereich die Arbeiter-

[4] Vgl. Motive zu § 42, zit. nach *Haßler* (Hrsg.), Verhandlungen der deutschen verfassunggebenden Reichsversammlung, Bd. 2, S. 945.

[5] Vgl. § 44 und § 45 Nr. 2 des Entwurfes (Quelle s. oben Fn. 2).

[6] Vgl. § 58 Abs. 1 Nr. 5 der Arbeitsordnung, zit. nach *Freese*, Die konstitutionelle Fabrik, S. 150. Weitere Beispiele bei *Teuteberg*, Geschichte der Mitbestimmung, S. 256 ff.

[7] Gesetz, betreffend Abänderung der Gewerbeordnung vom 1. 6. 1891 (RGBl. S. 261).

[8] Vgl. § 134 b Abs. 3 Satz 2 GewO i. d. F. des Gesetzes vom 1. 6. 1891 (RGBl. S. 261).

[9] Vgl. Art. 87 Abs. 3 Berggesetz für das Königreich Bayern vom 20. 3. 1869 i. d. F. der Bekanntmachung vom 20. 7. 1900 (GVBl. S. 774). Nach Art. 91 Abs. 2 des Gesetzes mußten in Bergwerken mit mehr als 20 Arbeitern Arbeiterausschüsse gebildet werden.

[10] Vgl. § 80 d Abs. 3 Satz 2 Allgemeines Berggesetz vom 24. 6. 1865 i. d. F. des Gesetzes vom 24. 6. 1892 (Gesetz-Samml. S. 131). Die Vorschrift des § 80 f Abs. 1 i. d. F. des Gesetzes vom 14. 7. 1905 (Gesetz-Samml. S. 307) sah für Bergwerke mit mehr als 100 Arbeitern obligatorische Arbeiterausschüsse vor.

ausschüsse bei der Regelung der Lohn- und sonstigen Arbeitsbedingungen zu beteiligen seien. Kam eine Einigung zwischen dem Arbeitgeber und dem Arbeiterausschuß nicht zustande, konnten beide Seiten eine Schlichtungsstelle anrufen[11]. Deren Spruch war zwar nicht bindend, doch für den Fall, daß sich der Arbeitgeber oder die Arbeitnehmer dem Einigungsvorschlag nicht unterwarfen, enthielt das Gesetz in seinem § 13 Abs. 3 eine spezifische Sanktion, die auf den Besonderheiten der arbeitsrechtlichen Regelungen des Hilfsdienstes beruhte: Ein hilfsdienstpflichtiger Arbeitnehmer konnte nach § 9 Abs. 1 des Gesetzes nur mit Zustimmung des Arbeitgebers seine Stelle wechseln. Wenn sich der Arbeitgeber nicht dem Spruch der Schlichtungsstelle unterwarf, hatte der Arbeitnehmer einen Anspruch auf Erteilung dieser Zustimmung. Lehnten die Arbeitnehmer den Einigungsvorschlag ab, durfte ihnen aus dem Grund, der den Schiedsspruch veranlaßt hatte, nicht die Erlaubnis zum Arbeitsplatzwechsel erteilt werden.

Die Geschichte der betrieblichen Mitbestimmung vor 1918 läßt also im Hinblick auf das hier erörterte Problem keine klare Entwicklung erkennen. Eindeutig ist allerdings, daß eine kollektive Beteiligung der Arbeitnehmerseite an der Regelung von Verhaltenspflichten von Anfang an im Mittelpunkt der betrieblichen Mitbestimmung stand, da schon der Entwurf der Frankfurter Nationalversammlung eine Beteiligung des Fabrikausschusses bei der Aufstellung und Aufrechterhaltung der Fabrikordnung vorsah und das erste echte Mitbestimmungsrecht nach dem Arbeiterschutzgesetz bestimmte Fälle der Regelung des Verhaltens der Arbeitnehmer betraf. Nichtvermögenswerte Leistungspflichten wurden also traditionell unter Beteiligung der Arbeitnehmervertretung geregelt, so daß auch historische Gesichtspunkte gegen die Mitbestimmungsfreiheit solcher Angelegenheiten sprechen.

Eine Abstufung der Teilhaberechte bei der Gestaltung der betrieblichen Ordnung im weitesten Sinne[12] einerseits und der Begründung sowie dem Umfang vermögenswerter Leistungspflichten andererseits war jedoch noch nicht erkennbar. Die Tatsache, daß letztere keiner echten Mitbestimmung, sondern nur der Mitwirkung der Arbeitnehmerrepräsentanten unterlagen, spielt für die historische Auslegung keine entscheidende Rolle, weil die Reichweite der echten Mitbestimmungsrechte insgesamt sehr gering war.

Die fehlende Abstufung der Beteiligungsbefugnisse in den Mitbestimmungsmodellen vor Inkrafttreten der Tarifvertragsverordnung

---

[11] Vgl. § 13 Abs. 1 Gesetz über den vaterländischen Hilfsdienst vom 5. 12. 1916 (RGBl. S. 1333).

[12] Zum Begriff oben § 3 D.

(TVVO)[13] korrespondiert indessen mit dem Ergebnis der Analyse des geltenden Betriebsverfassungsrechts. Wenn die grundsätzliche Mitbestimmungsfreiheit der Begründung und des Umfangs vermögenswerter Leistungspflichten auf einer Aufgabenteilung zwischen Tarifwesen und betrieblicher Mitbestimmung beruht[14], war eine solche Abstufung erst sachgerecht, als die Arbeitnehmer durch das Tarifwesen effektiv geschützt werden konnten. Tarifverträge gab es zwar schon Ende des 19. Jahrhunderts[15], doch verlieh ihnen erst § 1 TVVO unmittelbare und zwingende Wirkung. Erst damit war die Voraussetzung für einen differenzierten Arbeitnehmerschutz geschaffen.

II. Entwicklung bis zum BetrVG 1952

1. *Die Tarifvertragsverordnung*

Die in der TVVO selbst enthaltenen betriebsverfassungsrechtlichen Vorschriften lassen allerdings noch keine Abstufung der Beteiligungsrechte erkennen. Durch § 13 Abs. 1 Satz 3 TVVO wurde den Arbeitnehmervertretungen eine Mitwirkungsbefugnis bei der Regelung der Löhne und der „sonstigen Arbeitsverhältnisse" eingeräumt. Ein dem notwendigen Mitbestimmungsrecht nach § 87 vergleichbares Teilhaberecht enthielt die TVVO aber nicht. Konnten sich der Arbeitgeber und die Arbeitnehmervertretung nicht einigen, bestand zwar die Möglichkeit, nach § 20 Abs. 1 TVVO einen Schlichtungsausschuß anzurufen, doch hatte dessen Spruch gemäß § 28 Abs. 1 TVVO nur die Wirkung eines unverbindlichen Einigungsvorschlags.

2. *Das Betriebsrätegesetz*

Dagegen enthielt das Betriebsrätegesetz (BRG)[16] ein echtes Mitbestimmungsrecht für die Arbeitnehmervertretungen, d. h. für den Arbeiter- und Angestelltenrat sowie den Betriebsrat[17], aber bezeichnenderweise nicht bei der Begründung und dem Umfang vermögenswerter Leistungspflichten. Der Arbeiter- und der Angestelltenrat hatten zwar nach § 78 Nr. 2 BRG ein Mitwirkungsrecht bei der Regelung der Löhne und der „sonstigen Arbeitsverhältnisse", doch bestand insoweit nicht

[13] Verordnung über Tarifverträge, Arbeiter- und Angestelltenausschüsse und Schlichtung von Arbeitsstreitigkeiten vom 23. 12. 1918 (RGBl. S. 1456).

[14] Vgl. oben § 3 D.

[15] Als erster Tarifvertrag wird allgemein der Buchdruckertarif von 1873 genannt; vgl. *Nikisch* II, S. 197; *Zöllner*, Arbeitsrecht, S. 27.

[16] Gesetz vom 4. 2. 1920 (RGBl. S. 147).

[17] Zur Aufgabenteilung zwischen Betriebsrat und Gruppenräten (Arbeiter- und Angestelltenrat) vgl. § 66 und § 78 BRG. Danach vertrat der Betriebsrat nur die beiden Arbeitnehmergruppen gemeinsamen Interessen.

die Möglichkeit, einen ohne weiteres bindenden Spruch des Schlichtungsausschusses herbeizuführen[18]. Dies war nach § 66 Nr. 5, § 78 Nr. 3 i. V. mit § 80 Abs. 1, § 75 BRG nur bei der Regelung der Arbeitsordnung und sonstiger Dienstvorschriften vorgesehen. Die Vorschrift des § 75 Abs. 1 Satz 3 BRG stellte sogar ausdrücklich klar, daß die Verbindlichkeit der Entscheidung des Schlichtungsausschusses nicht die Dauer der Arbeitszeit erfaßte[19].

Für Betriebsvereinbarungen über den Umfang bestehender und die Begründung zusätzlicher vermögenswerter Leistungspflichten war lediglich das allgemeine Schlichtungsrecht anwendbar, das auch für den Abschluß von Tarifverträgen galt. Nach § 3 SchlVO[20] konnte über alle Betriebsvereinbarungen, also auch über solche, die die Lohnhöhe, die Dauer der Arbeitszeit oder andere vermögenswerte Leistungspflichten der Arbeitsvertragspartner regelten, ein Verfahren vor dem Schlichtungsausschuß durchgeführt werden. In diesem Falle hatte der Schiedsspruch jedoch nicht ohne weiteres bindende Wirkung, sondern nur dann, wenn er nach Maßgabe des § 6 SchlVO vom Schlichter für verbindlich erklärt wurde. Somit war es zwar unzutreffend, wenn in der Diskussion um die Mitbestimmung bei materiellen Arbeitsbedingungen behauptet wurde, unter der Geltung des BRG sei eine Zwangsschlichtung bei der Regelung von Löhnen und der Arbeitszeitdauer unzulässig gewesen[21]. Die Arbeitnehmervertretungen hatten indessen bei der Begründung und dem Umfang vermögenswerter Leistungspflichten keine Teilhabebefugnis, die der notwendigen Mitbestimmung des Betriebsrats nach § 87 vergleichbar wäre. Es hing nicht vom Willen eines der Betriebspartner, sondern von der Ermessensentscheidung des Schlichters ab, ob ein verbindlicher Spruch einer Einigungsinstanz erging. Zudem konnte der Schiedsspruch nach § 6 Abs. 1 SchlVO nur dann für verbindlich erklärt werden, wenn seine Durchführung aus wirtschaftlichen und sozialen Gründen erforderlich war. Dementsprechend waren Verbindlicherklärungen in der Praxis sehr selten[22].

---

[18] Vgl. *Flatow / Kahn-Freund*, § 75 Anm. 4 I; *Hueck*, NZfA 1923, Sp. 87 (89 ff.); *Mansfeld*, § 78 Anm. 3 a; a. M. anfangs *Flatow*, Betriebsvereinbarung und Arbeitsordnung, S. 33 ff., der aber in der 12. Aufl. seines Kommentars zum BRG (§ 75 Anm. 4 a) diese Auffassung ausdrücklich aufgab.

[19] Aus den Materialien ergibt sich, daß § 75 Abs. 1 Satz 3 BRG nur klarstellende Funktion hatte. Vgl. Bericht des Ausschusses für soziale Angelegenheiten, Drucks. der verfassunggebenden Deutschen Nationalversammlung Nr. 1838, S. 28.

[20] Verordnung über das Schlichtungswesen vom 30. 10. 1923 (RGBl. S. 1043).

[21] So aber BAG AP Nr. 3 zu § 56 BetrVG Akkord, Bl. 4 R; *Hilger*, in Dietz / Gaul / Hilger, Akkord und Prämie, S. 152; *Köhn*, Mitbestimmungsrecht, S. 8; vgl. auch *Dietz / Richardi*, § 87 Anm. 207; dagegen zutr. *Herschel*, AuR 1968, 129 (132); *ders.*, AuR 1969, 65 (67); *Moll*, Mitbestimmung beim Entgelt, S. 167 f.

[22] Vgl. *Flatow / Kahn-Freund*, § 75 Anm. 4 I b.

Das BRG läßt also eine deutliche Abstufung der Mitwirkungsrechte erkennen. Die Vorschrift des § 78 Nr. 2 BRG gibt einen Hinweis darauf, daß dieser Konzeption der Gedanke einer Funktionsteilung zwischen Tarif- und Betriebspartnern zugrunde lag. Nach dieser Norm mußten der Arbeiterrat und der Angestelltenrat bei der Regelung von Löhnen und „sonstigen Arbeitsverhältnissen" im Benehmen mit den Gewerkschaften handeln. Für die Aufstellung der Arbeitsordnung und sonstiger Dienstvorschriften fehlte eine entsprechende Bestimmung. In diesem Bereich, in dem ihnen das Gesetz ein echtes Mitbestimmungsrecht einräumte, lag also die originäre Zuständigkeit der Betriebsvertretungen, während im übrigen nach Auffassung des Gesetzgebers die Möglichkeit freiwilliger Betriebsvereinbarungen zur Ergänzung des tariflichen Schutzes genügte.

In dieselbe Richtung weisen die Gesetzesmaterialien. Die Reichsregierung, auf deren Gesetzentwurf das BRG beruhte, hatte betont, daß die „Lohn- und Arbeitsverhältnisse" in erster Linie nicht durch die auf betrieblicher Ebene errichteten Räte, sondern durch die „Arbeitervertretungen der Berufe", also die Gewerkschaften, geregelt werden müßten, weil sonst die gemeinwirtschaftliche Entwicklung gehemmt und ein „kapitalistischer Konkurrenzgeist" in der Arbeiterschaft gezüchtet würde[23].

Auch in der zeitgenössischen Literatur wurde dem BRG der Gedanke einer Funktionsteilung zwischen Tarif- und Betriebspartnern entnommen. *Hueck* meinte, aus wirtschafts- und sozialpolitischen Gründen sollten insbesondere die Dauer der Arbeitszeit und die Lohnhöhe Gegenstand von Tarifverträgen sein, um zu vermeiden, daß diese Arbeitsbedingungen in jedem Betrieb verschieden gestaltet würden. Deshalb sei es sachgerecht, wenn der Gesetzgeber insoweit eine zwangsweise Festsetzung von Betriebsvereinbarungen erschwere. Dagegen müßten die Arbeitsordnung und die Dienstvorschriften, für die das BRG einen ohne weiteres verbindlichen Spruch des Schlichtungsausschusses vorsehe, auf betrieblicher Ebene aufgestellt werden[24]. Diese Erkenntnis *Huecks* war die Grundlage für die Unterscheidung zwischen formellen und materiellen Arbeitsbedingungen, der somit ungeachtet ihrer Unschärfe[25] ein zutreffender Gedanke zu Grunde lag.

---

[23] Vgl. Entwurf eines Gesetzes zur Ergänzung des Artikels 34 des Entwurfs einer Verfassung des Deutschen Reichs, Drucks. der verfassunggebenden Deutschen Nationalversammlung Nr. 385, S. 4. In der Begründung zum Entwurf des BRG wird hierauf verwiesen; vgl. Entwurf eines Gesetzes über Betriebsräte, Drucks. der verfassunggebenden Deutschen Nationalversammlung Nr. 928, S. 17.

[24] Vgl. *Hueck*, NZfA 1923, Sp. 87 (93).

[25] Vgl. oben § 1 B I. Daß der Begriff der materiellen Arbeitsbedingungen nicht eindeutig ist, räumt *Hueck* selbst ein (NZfA 1923, Sp. 87 [92]).

Die Ausgestaltung der betrieblichen Mitbestimmung unter der Geltung des BRG zeigt also, daß schon damals ein Zusammenhang zwischen der Reichweite der Beteiligungsrechte bei der Regelung vermögenswerter Leistungspflichten der Arbeitsvertragspartner und der Möglichkeit eines effektiven Schutzes durch das Tarifwesen bestand. Im Gegensatz zum geltenden Betriebsverfassungsrecht wurde der Gedanke der Funktionsteilung zwischen Tarif- und Betriebspartnern allerdings noch schematisch und undifferenziert verwirklicht. Die Begründung und der Umfang vermögenswerter Leistungspflichten waren ausnahmslos mitbestimmungsfrei. Der historische Gesetzgeber ging offenbar davon aus, daß insoweit der Schutz durch die nunmehr normativ wirkenden Tarifverträge generell ausreiche, so daß bei diesen Angelegenheiten keine echte betriebliche Mitbestimmung erforderlich sei.

3. *Das Gesetz zur Ordnung der nationalen Arbeit*

Durch das Gesetz zur Ordnung der nationalen Arbeit (AOG)[26] wurde die Entwicklung der betrieblichen Mitbestimmung unterbrochen. Für einen Arbeitnehmerschutz im heutigen Sinne war kein Raum mehr, nachdem die nationalsozialistischen Machthaber bereits im Jahre 1933 die Gewerkschaften aufgelöst und an ihre Stelle die „Deutsche Arbeitsfront" gesetzt hatten[27]. Unter der Geltung des AOG wirkten nicht mehr Arbeitnehmervertreter durch den Abschluß von Tarifverträgen und die Ausübung betrieblicher Teilhabebefugnisse an der Gestaltung der Arbeitsbedingungen mit. Statt dessen erließ nach § 26 AOG der „Führer des Betriebes" eine Betriebsordnung, die nach § 27 Abs. 3 AOG auch Bestimmungen über die Höhe des Arbeitsentgelts und sonstige Arbeitsbedingungen enthalten konnte. Außerdem stellte nach § 32 AOG der „Treuhänder der Arbeit" eine Tarifordnung auf, die Mindestbedingungen für die von ihr erfaßten Arbeitsverhältnisse enthielt. Bei der Auslegung des geltenden Betriebsverfassungsrechts können diese Vorschriften naturgemäß keine Rolle spielen.

4. *Die Betriebsrätegesetze der Länder*

In den ersten Jahren nach der Aufhebung des AOG durch das Kontrollratsgesetz Nr. 40 vom 30. 11. 1946 war das Betriebsverfassungsrecht in Landesgesetzen geregelt und sehr verschieden ausgestaltet. Während

[26] Gesetz vom 20. 1. 1934 (RGBl. I S. 45).

[27] Vgl. *Nikisch* I, S. 25. Da in der Praxis eine effektive Betriebsratsarbeit nur mit Unterstützung der Gewerkschaften möglich ist, hatte das Gewerkschaftsverbot nicht nur Auswirkungen auf das Tarifwesen, sondern auch auf die Betriebsverfassung.

einige Gesetze ausdrücklich an die Tradition des BRG anknüpften[28] und von einer strikten Aufgabenteilung zwischen Tarif- und Betriebspartnern ausgingen[29], bezogen andere Gesetze die Lohnhöhe[30] und die Arbeitszeitdauer[31] in die Mitbestimmung ein, ohne die Beteiligungsrechte wie unter der Geltung des BRG abzustufen.

5. Das BetrVG 1952

Das Gesetzgebungsverfahren, aus dem das BetrVG 1952[32] hervorging, wurde durch einen Gesetzentwurf der CDU/CSU-Bundestagsfraktion eingeleitet, der eine sehr weitgehende Mitbestimmung des Betriebsrats vorsah. Danach sollten alle arbeitsvertraglichen Grundlagen des Verhältnisses zwischen Arbeitgeber und Arbeitnehmer im Rahmen gesetzlicher und tariflicher Bestimmungen durch obligatorische Betriebsvereinbarungen geregelt werden, insbesondere die Arbeitsvergütung nebst allen Berechnungsmethoden und die Arbeitszeit[33]. Auch für die Festsetzung des Umfangs vermögenswerter Leistungspflichten waren also nicht nur freiwillige Betriebsvereinbarungen vorgesehen. Wenn eine Einigung über den Inhalt der obligatorischen Betriebsvereinbarung nicht zustande kam, sollte eine Zwangsschlichtung, notfalls durch Anrufung des Arbeitsgerichts, möglich sein[34].

---

[28] Vgl. die Präambel des Betriebsrätegesetzes Württemberg-Hohenzollern vom 21. 5. 1949 (GVBl. S. 153).

[29] Vgl. die Vorschrift des § 49 Abs. 1 Buchst. g Betriebsrätegesetz Bayern vom 25. 10. 1950 (GVBl. S. 227), die ein Mitwirkungsrecht des Betriebsrats bei der Regelung der Löhne und der Arbeitszeit nur im Auftrag oder mit Zustimmung der zuständigen Gewerkschaften vorsah. Ein bloßes Mitwirkungsrecht, kein echtes Mitbestimmungsrecht bei der Regelung der Lohnhöhe und der Dauer der Arbeitszeit hatte der Betriebsrat auch nach § 37 Landesverordnung über die Errichtung und die Tätigkeit von Betriebsräten Rheinland-Pfalz vom 15. 5. 1947 (VOBl. S. 258), nach § 17 Abs. 1 Nr. 1 i. V. mit § 28 Gesetz über die Beteiligung der Arbeitnehmer an der Verwaltung und Gestaltung der Betriebe der Privatwirtschaft Württemberg-Baden vom 18. 8. 1948 (RBl. S. 136), das insoweit nur ein unverbindliches Schlichtungsverfahren gemäß Art. X Kontrollratsgesetz Nr. 35 vom 20. 8. 1946 vorsieht, sowie nach § 66 m Abs. 2 Nr. 2 Betriebsrätegesetz Württemberg-Hohenzollern vom 21. 5. 1949 (GVBl. S. 153).

[30] Vgl. § 21 Abs. 1 Buchst. d Betriebsrätegesetz Baden vom 24. 9. 1948 (GVBl. S. 209). Die Regelung leistungsbezogener Entgelte unterlag der Mitbestimmung nach § 33 Teil A Nr. 2 Buchst. a Bremisches Betriebsrätegesetz vom 10. 1. 1949 (GVBl. S. 7) und nach § 34 Abs. 1 Betriebsrätegesetz für das Land Hessen vom 31. 5. 1948 (GVBl. S. 117).

[31] Vgl. § 27 Abs. 1 Nr. 4 Gesetz zur Regelung vordringlicher Angelegenheiten des Betriebsräterechts Schleswig-Holstein vom 3. 5. 1950 (GVBl. S. 169).

[32] Betriebsverfassungsgesetz vom 11. 10. 1952 (BGBl. I S. 681).

[33] Vgl. § 30 des Entwurfs, BT-Drucks. I/970, S. 9.

[34] Vgl. § 31 des Entwurfs, BT-Drucks. I/970, S. 9 f., und die Begründung, S. 22 f.

Der Gesetzgeber ist indessen bewußt einen anderen Weg gegangen. In den Gesetzesberatungen spielte der CDU/CSU-Entwurf keine entscheidende Rolle mehr. Das BetrVG 1952 beruhte vielmehr auf einem Entwurf des Bundestagsausschusses für Arbeit[35], der sich seinerseits am Regierungsentwurf[36] orientierte. Die Begründung und der Umfang vermögenswerter Leistungspflichten der Arbeitsvertragspartner waren grundsätzlich der notwendigen Mitbestimmung nach § 56 BetrVG 1952 entzogen. Insoweit bestand nur die Möglichkeit zum Abschluß einer freiwilligen Betriebsvereinbarung gemäß § 57 BetrVG 1952.

Die Auslegung des § 56 Abs. 1 Buchst. a und g BetrVG 1952 war allerdings umstritten. Dabei spielt die Frage, ob der Geldfaktor beim Akkordlohn von § 56 Abs. 1 Buchst. g BetrVG 1952 erfaßt wurde[37], im hier behandelten Zusammenhang nur eine untergeordnete Rolle, weil sich die Annahme, der Umfang vermögenswerter Leistungspflichten des Arbeitgebers sei grundsätzlich mitbestimmungsfrei, nach den obigen Ausführungen auch dann halten läßt, wenn der Betriebsrat über die Höhe leistungsbezogener Entgelte mitbestimmt[38]. Zu § 56 Abs. 1 Buchstabe a BetrVG 1952 wurde von einer Mindermeinung ähnlich wie heute zu § 87 Abs. 1 Nr. 2[39] die Auffassung vertreten, die notwendige Mitbestimmung beziehe sich nicht nur auf die Lage der Arbeitszeit, sondern auch auf deren Dauer[40]. Aus den Materialien ergibt sich indessen eindeutig, daß der Gesetzgeber dem Betriebsrat durch § 56 Abs. 1 Buchst. a BetrVG 1952 kein Mitbestimmungsrecht über den zeitlichen Umfang der Arbeitspflicht einräumen wollte. Vielmehr sollten Beginn und Ende der täglichen Arbeitszeit als Bestandteil der Arbeitsordnung im gleichen Umfang der Mitbestimmung unterworfen werden wie nach § 75 BRG[41]. Da die Normvorstellungen der an der Gesetzgebung beteiligten Personen aber nicht verbindlich sind, sondern nur herangezogen werden können, soweit sie im Gesetz objektiv zum Ausdruck kommen[42], ist damit das Problem der Auslegung des § 56 Abs. 1 Buchst. a BetrVG 1952 nicht abschließend geklärt. Darauf kommt es im hier behandelten Zu-

---

[35] BT-Drucks. I/3585.

[36] BT-Drucks. I/1546. Der Entwurf der SPD-Fraktion (BT-Drucks. I/1229) enthielt keine Vorschriften über die betriebliche Mitbestimmung in sozialen Angelegenheiten und kann daher im hier behandelten Zusammenhang außer Betracht bleiben.

[37] Gegen ein Mitbestimmungsrecht beim Geldfaktor BAG AP Nr. 3 zu § 56 BetrVG Akkord, Bl. 4 R ff.; *Dietz,* § 56 Anm. 194 ff. m. w. N.; a. M. *Fitting / Kraegeloh / Auffarth,* § 56 Anm. 41, 43.

[38] Vgl. oben § 2 A X 2.

[39] Vgl. oben § 3 B I 1.

[40] Vgl. *Fitting / Kraegeloh / Auffarth,* § 56 Anm. 16 m. w. N.

[41] Vgl. Schriftlicher Bericht des Ausschusses für Arbeit, BT-Drucks. I/3585, S. 11.

[42] Vgl. oben § 3 B I 1 b mit Nachweisen.

sammenhang aber auch nicht an. Entscheidend ist, daß die ständige höchstrichterliche Rechtsprechung und die herrschende Lehre[43] davon ausgingen, daß die Dauer der Arbeitszeit und der Umfang anderer vermögenswerter Leistungspflichten der Arbeitsvertragspartner nicht der notwendigen Mitbestimmung nach § 56 BetrVG 1952 unterlagen. Somit knüpfte die betriebsverfassungsrechtliche Praxis an die Tradition des BRG an, was vor allem in der Tatsache zum Ausdruck kommt, daß die Unterscheidung zwischen formellen und materiellen Arbeitsbedingungen wieder aufgegriffen wurde und sich weitgehend durchsetzte[44]. Diese Situation fand der Gesetzgeber des BetrVG 1972 vor.

Die Entstehungsgeschichte des BetrVG 1972 ist nunmehr daraufhin zu überprüfen, ob die Begründung und der Umfang vermögenswerter Leistungspflichten weiterhin grundsätzlich einer Regelung durch Tarifvertrag oder freiwillige Betriebsvereinbarung vorbehalten bleiben sollte oder ob der Gesetzgeber von der bisherigen Konzeption abrücken wollte.

B. Entstehungsgeschichte des BetrVG 1972

I. Die Gesetzentwürfe

Ein Vergleich der Entwürfe zur Neufassung des Betriebsverfassungsrechts legt die Annahme nahe, daß der Grundsatz der Mitbestimmungsfreiheit der Begründung und des Umfanges vermögenswerter Leistungspflichten nicht völlig aufgegeben, sondern nur im Hinblick auf bestimmte Fallgruppen modifiziert werden sollte. Schon in der fünften Legislaturperiode hatten die Bundestagsfraktionen Entwürfe zu einer Novellierung des BetrVG vorgelegt. Während die Vorschläge der CDU/CSU und der FDP im hier behandelten Bereich keine wesentlichen Änderungen vorsahen[45], sollten nach dem SPD-Entwurf sämtliche sozialen Angelegenheiten der Mitbestimmung unterworfen werden, wobei die Dauer der Arbeitszeit ausdrücklich erwähnt wurde[46]. Auch der DGB-Vorschlag sah ein Mitbestimmungsrecht über die Dauer der Arbeitszeit

---

[43] Vgl. BAG AP Nr. 14 zu § 56 BetrVG, Bl. 4; AP Nr. 1 Bl. 2 ff., Nr. 2 Bl. 2 ff. zu § 56 BetrVG Arbeitszeit; *Dietz,* § 56 Anm. 86 ff. m. w. N.

[44] Vgl. die Nachweise oben § 1 B I.

[45] Vgl. CDU/CSU-Entwurf, BT-Drucks. V/2234, S. 5, der keine Änderung des § 56 BetrVG 1952 vorsah; § 56 Abs. 1 FDP-Entwurf, BT-Drucks. V/4011, S. 5. Ob nach § 56 Abs. 1 Buchst. i FDP-Entwurf die Höhe leistungsbezogener Entgelte der Mitbestimmung unterliegen sollte, ist nicht eindeutig.

[46] Vgl. § 56 Abs. 1 Buchst. a SPD-Entwurf, BT-Drucks. V/3658, S. 12. Zur Bedeutung dieses Entwurfs für die Auslegung des § 87 Abs. 1 Nr. 2 vgl. oben § 3 B I 1 b.

vor[47]. Diese Konzeption, die zumindest im Hinblick auf die Leistungspflicht der Arbeitnehmer eine eindeutige Abkehr von dem bisherigen Prinzip bedeutet hätte, wurde aber nicht Gesetz.

Während der sechsten Legislaturperiode, in der das BetrVG 1972 verabschiedet wurde, legten die Regierung, die Opposition und die Sozialpartner Entwürfe vor, die sich in drei Kategorien einteilen lassen. Die weitestgehenden Beteiligungsbefugnisse des Betriebsrats bei der Regelung vermögenswerter Leistungspflichten enthielten die Vorschläge von DGB und DAG, nach denen die Dauer der Arbeitszeit generell der notwendigen Mitbestimmung unterliegen sollte[48]. Dagegen räumte der Vorschlag der Bundesvereinigung der Deutschen Arbeitgeberverbände dem Betriebsrat in keinem Fall ein Mitbestimmungsrecht über vermögenswerte Leistungspflichten ein[49]. Die im Bundestag eingebrachten Gesetzentwürfe der Bundesregierung und der CDU/CSU gingen einen Mittelweg. Nach beiden Vorlagen sollte sich die Mitbestimmung nur in einer bestimmten Fallgruppe auf die Dauer der Arbeitszeit beziehen, nämlich bei deren vorübergehender Verkürzung oder Verlängerung[50]. Die Lohnhöhe sollte nach dem Entwurf der Opposition in keinem Falle[51], nach dem Regierungsentwurf nur bei leistungsbezogenen Entgelten der notwendigen Mitbestimmung unterliegen[52].

Der Entwurf der Bundesregierung, der, soweit er im hier behandelten Zusammenhang von Interesse ist, ohne wesentliche Änderungen Gesetz wurde, machte sich also nicht die Konzeption des DGB und des früheren SPD-Vorschlages zu eigen, sondern sah für den Umfang der wichtigsten vermögenswerten Leistungspflichten der Arbeitsvertragspartner nur in zwei Fallgruppen ein notwendiges Mitbestimmungsrecht vor. Da es sich dabei, wie die Einzelanalyse der Mitbestimmungstatbestände ergeben hat, ausschließlich um Fälle handelt, in denen das Tarifwesen den Arbeitnehmern keinen effektiven Schutz bietet, liegt der Schluß nahe, daß dem geltenden Recht ebenso wie dem BRG und dem BetrVG 1952 der Gedanke einer Aufgabenteilung zwischen Tarif- und Betriebspartnern zugrunde liegt. Der Gesetzgeber hat lediglich die undifferen-

---

[47] Vgl. § 56 Abs. 1 Buchst. a DGB-Vorschlag, RdA 1967, 462 (465).

[48] Vgl. § 56 Abs. 1 Buchst. a DGB-Vorschlag, RdA 1970, 237 (245); § 56 Abs. 1 Buchst. a DAG-Vorschlag, in Deutsche Angestellten-Gewerkschaft, Forderungen zur Novellierung des Betriebsverfassungsgesetzes, S. 24.

[49] Vgl. § 85 Abs. 1 BDA-Vorschlag, in Bundesvereinigung der Deutschen Arbeitgeberverbände, Vorschlag für ein Betriebsverfassungsgesetz, S. 39 f.

[50] Vgl. § 87 Abs. 1 Nrn. 2 und 3 Regierungsentwurf, BT-Drucks. VI/1786, S. 17 f. (zur Auslegung dieser Vorschriften, die unverändert ins BetrVG 1972 übernommen wurden, oben § 3 B I und II); § 29 Abs. 1 Buchst. c CDU/CSU-Entwurf, BT-Drucks. VI/1806, S. 6.

[51] Vgl. § 29 Abs. 1 Buchst. k CDU/CSU-Entwurf, BT-Drucks. VI/1806, S. 6.

[52] Vgl. § 87 Abs. 1 Nr. 11 Regierungsentwurf, BT-Drucks. VI/1786, S. 18.

zierte, schematische Begrenzung der notwendigen Mitbestimmung aufgegeben und damit der Tatsache Rechnung getragen, daß bei der Regelung vermögenswerter Leistungspflichten in bestimmten Fallgruppen der tarifliche Schutz versagt. Demzufolge gilt weiterhin der Auslegungsgrundsatz, daß abgesehen von den genannten Ausnahmefällen die Begründung und der Umfang vermögenswerter Leistungspflichten nicht der notwendigen Mitbestimmung in sozialen Angelegenheiten unterliegen.

II. Die rechtspolitische Diskussion über die Mitbestimmung bei materiellen Arbeitsbedingungen

Im übrigen enthalten die Materialien zum BetrVG 1972 keine Hinweise, die zu einer Lösung des hier behandelten Problems beitragen könnten. Das gilt insbesondere für die rechtspolitische Diskussion darüber, ob auch materielle Arbeitsbedingungen der notwendigen Mitbestimmung in sozialen Angelegenheiten unterliegen sollten. Sowohl der Regierungsentwurf als auch die Vorlage der CDU/CSU sahen eine partielle Ausdehnung der Mitbestimmung auf im herkömmlichen Sinne materielle Arbeitsbedingungen[53] vor. Die Einführung von Kurzarbeit oder Überstunden[54] sollte nach beiden Entwürfen der notwendigen Mitbestimmung des Betriebsrats unterliegen. Dennoch betonten der Abgeordnete *Ruf*, der als Sprecher der CDU/CSU deren Entwurf im Bundestag begründete[55], und der Abgeordnete *Pohlmann*, die Opposition wolle keine Mitbestimmung in materiellen Arbeitsbedingungen[56], während ihr Fraktionskollege *Müller* dem CDU/CSU-Entwurf ein notwendiges Mitbestimmungsrecht bei der Regelung „materiellen Rechts" entnahm[57]. Der SPD-Abgeordnete *Farthmann* meinte, man mache die Mitbestimmung zu einer „Spielwiese", wenn man sie auf die formellen Angelegenheiten reduziere, weil das Interessante am Arbeitsplatz für den Arbeitnehmer gerade die „materiellen Dinge" seien[58].

---

[53] Zum Begriff vgl. oben § 1 B I.

[54] Vgl. § 87 Abs. 1 Nr. 3 Regierungsentwurf, BT-Drucks. VI/1786, S. 18; § 29 Abs. 1 Buchst. c CDU/CSU-Entwurf, BT-Drucks. VI/1806, S. 6, der von „Mehrarbeit" spricht.

[55] Vgl. Stenographischer Bericht über die 101. Sitzung des Deutschen Bundestages, 6. Wahlperiode, S. 5810 ff.

[56] Vgl. *Ruf*, Stenographischer Bericht über die 101. Sitzung des Deutschen Bundestages, 6. Wahlperiode, S. 5859; 150. Sitzung, S. 8641; *Pohlmann*, a.a.O., 150. Sitzung, S. 8649 f.

[57] Vgl. *Müller (Remscheid)*, Stenographischer Bericht über die 150. Sitzung des Deutschen Bundestages, 6. Wahlperiode, S. 8652.

[58] *Farthmann*, Stenographischer Bericht über die 101. Sitzung des Deutschen Bundestages, 6. Wahlperiode, S. 5891; vgl. auch *ders.*, a.a.O., 150. Sitzung, S. 8650.

Dieser parlamentarischen Diskussion läßt sich nur entnehmen, daß nach dem Regierungsentwurf, der dem BetrVG 1972 zugrunde liegt, materielle Arbeitsbedingungen in die notwendige Mitbestimmung einbezogen werden sollten. Darin liegt eine Bestätigung der Annahme, daß der Gesetzgeber die bisherige schematische Begrenzung der Mitbestimmung aufgeben wollte. Entgegen einer in der Literatur vertretenen Auffassung[59] gibt die Debatte aber keinen Aufschluß darüber, in welchem Umfang der Gesetzgeber materielle Arbeitsbedingungen der Mitbestimmung unterworfen hat.

Die Diskussion zwischen den Abgeordneten der Bundesregierung und der Opposition zeigt indessen deutlich, daß die Unterscheidung zwischen formellen und materiellen Arbeitsbedingungen wegen ihrer Mehrdeutigkeit zu einer sachgerechten Abgrenzung der betrieblichen Mitbestimmung ungeeignet ist und die dahinterstehenden Sachprobleme verdeckt.

C. Zusammenfassung

Nachdem die TVVO dem Inhalt von Tarifverträgen normative Wirkung verliehen hatte, ließ die gesetzliche Regelung der betrieblichen Mitbestimmung eine Aufgabenteilung zwischen Tarif- und Betriebspartnern erkennen, die in einer Abstufung der Beteiligungsbefugnisse der Arbeitnehmervertretungen zum Ausdruck kam. Unter der Geltung des BRG und des BetrVG 1952 bestand eine der Mitbestimmung nach § 87 vergleichbare Teilhabebefugnis nur bei Angelegenheiten der betrieblichen Ordnung im weitesten Sinne[60]. Gesetzentwürfe, die eine völlige Abkehr von dieser Konzeption bedeutet hätten, wurden während der Beratungen des BetrVG 1952 und des BetrVG 1972 bewußt abgelehnt.

Die historische Auslegung bestätigt also das Ergebnis der Einzelanalyse der Tatbestände des § 87 Abs. 1: Die Begründung und der Umfang vermögenswerter Leistungspflichten der Arbeitsvertragspartner unterliegen nur ausnahmsweise der Mitbestimmung, und zwar dann, wenn das Tarifwesen den Arbeitnehmern keinen effektiven Schutz bieten kann. Dagegen gehört die Regelung von nichtvermögenswerten Leistungspflichten, nämlich von Verhaltenspflichten der Arbeitnehmer, traditionell zum Kernbereich der betrieblichen Mitbestimmung.

---

[59] Vgl. *Hanau*, BB 1977, 350 (353 mit Fn. 26) einerseits und *Gester / Isenhardt*, RdA 1974, 80 (82) andererseits, die die Diskussion zwischen den genannten Sprechern von Regierung und Opposition zur Auslegung des § 87 Abs. 1 Nr. 10 heranziehen und dabei zu entgegengesetzten Ergebnissen kommen; dagegen insoweit zutr. *Moll*, Mitbestimmung beim Entgelt, S. 171 Fn. 70; vgl. auch *Rumpff*, AuR 1972, 65 (70).

[60] Zum Begriff oben § 3 D.

Vierter Teil

Funktion der notwendigen Mitbestimmung in sozialen Angelegenheiten

Das durch die Einzelanalyse der betrieblichen Mitbestimmungsrechte gefundene und durch die historische Auslegung bestätigte Ergebnis ist nunmehr anhand von Überlegungen zur Funktion der notwendigen Mitbestimmung in sozialen Angelegenheiten zu überprüfen. Deren Reichweite ergibt sich möglicherweise aus ihrem Verhältnis zu anderen Formen kollektiven Arbeitnehmerschutzes, insbesondere zum Tarifwesen und zur Mitbestimmung der Arbeitnehmer auf Unternehmensebene nach dem MitbestG, dem Montan-MitbestG und den §§ 76 ff. BetrVG 1952. Bevor darauf eingegangen werden kann, ist jedoch zu fragen, ob bei der Begründung und der Regelung des Umfangs von Leistungspflichten überhaupt ein kollektiver Schutz möglich und erforderlich ist oder ob dieser Bereich einer individualvertraglichen Regelung vorbehalten bleibt.

§ 5 Notwendige Mitbestimmung und Arbeitsvertrag

A. Problemstellung

Vermögenswerte Leistungspflichten können regelmäßig nur durch vertragliche Vereinbarungen begründet, erweitert oder eingeschränkt werden. Der Arbeitgeber kann weder die Lohnhöhe[1] noch die Dauer der Arbeitszeit[2] einseitig regeln, sofern ihm nicht ausnahmsweise durch

---

[1] Vgl. BAG AP Nr. 2 zu § 611 BGB Direktionsrecht, Bl. 2; *Hueck / Nipperdey* I, S. 201, 213; *Löwisch*, BB 1961, 1200; *Richardi*, RdA 1970, 208 (210); *Schlüter*, DB 1972, 92, 139 (142).

[2] Vgl. BAG AP Nr. 1 zu § 615 BGB Kurzarbeit, Bl. 1 R, mit zust. Anm. von *Neumann-Duesberg*, Bl. 3 R; AP Nr. 2 zu § 615 BGB Kurzarbeit, Bl. 1 R, mit zust. Anm. von *Söllner*, Bl. 3 R; *Birk*, Die arbeitsrechtliche Leitungsmacht, S. 412; *Farthmann*, RdA 1974, 65 (69); *von Stebut*, RdA 1974, 332 (333). Zu-

eine ausdrückliche tarifliche oder individualvertragliche Vereinbarung ein Alleinentscheidungsrecht eingeräumt wurde. Da er nur im Rahmen der bereits bestehenden konkretisierungsbedürftigen Verpflichtung des Arbeitnehmers ein Direktionsrecht hat[3], könnte der Arbeitgeber durch einseitige Weisung auch keine zusätzlichen Nebenleistungspflichten begründen.

In der Literatur wird zum Teil die Auffassung vertreten, die Mitbestimmung in sozialen Angelegenheiten solle den Arbeitnehmern lediglich einen Anteil an der Gestaltungsbefugnis geben, die ursprünglich dem Arbeitgeber allein zugestanden habe, insbesondere aufgrund seines Direktionsrechts[4]. Im übrigen seien nur freiwillige Betriebsvereinbarungen möglich[5]. Die Funktion der Mitbestimmung liege nicht darin, Schranken für vertragliche Vereinbarungen zu errichten[6]. Sollte sich diese Zweckanalyse als zutreffend erweisen, müßte schon deshalb grundsätzlich ein notwendiges Mitbestimmungsrecht über die Begründung und den Umfang vermögenswerter Leistungspflichten ebenso wie bei allen anderen nur vertraglich regelbaren Angelegenheiten ausscheiden[7]. Dagegen würde auch in diesem Falle die Anwendung des § 87 auf die Regelung nichtvermögenswerter Leistungspflichten vom Zweck der Norm gedeckt, weil insbesondere das die Ordnung des Betriebs betreffende Verhalten der Arbeitnehmer ohne die Mitbestimmung dem Direktionsrecht des Arbeitgebers unterliegen würde[8].

---

lässig ist lediglich die einseitige Anordnung von Überstunden, soweit der Arbeitnehmer auf Grund seiner Treuepflicht in bestimmten Fällen Überstunden erbringen muß, vgl. *Galperin,* DB 1952, 186 (187); im Ergebnis ebenso *Birk,* Die arbeitsrechtliche Leitungsmacht, S. 378, 412.

[3] Vgl. *Hueck / Nipperdey* I, S. 158 ff.; *Nikisch* I, S. 255 ff.

[4] Vgl. zum BetrVG 1972: *Kammann / Hess / Schlochauer,* § 87 Anm. 1; *Lieb,* Arbeitsrecht, S. 135; *Weitnauer,* Festschrift für Duden, S. 705 (708); ebenso zum BetrVG 1952: *Fauth,* BB 1962, 374; *Galperin,* Festschrift für Molitor, S. 143 (150); *Galperin / Siebert,* vor § 56 Anm. 54; im Grundsatz ebenso *Kollmar,* Mitbestimmung bei Akkordlöhnen, S. 102 f.; vgl. auch *Söllner,* Einseitige Leistungsbestimmung, S. 13, der aber den Begriff des einseitigen Bestimmungsrechts weiter faßt (vgl. S. 39 f.).

[5] Vgl. *Galperin,* Festschrift für Molitor, S. 143 (150).

[6] Vgl. *Richardi,* Kollektivgewalt, S. 291 ff.; *ders.,* Festgabe für von Lübtow, S. 755 (762); *ders.,* RdA 1965, 49 (59); *ders.,* RdA 1970, 208 (210); vgl. auch *Schlüter,* DB 1972, 92, 139 (140 f.).

[7] *Richardi* (Nachweise s. Fn. 6) will durch diese Zweckbetrachtung zwar nur die Theorie der notwendigen Mitbestimmung widerlegen (vgl. dazu die Nachweise unten Fn. 13 f.). Folgt man aber mit der herrschenden Meinung der Auffassung, daß die Mitbestimmung nach § 87 Wirksamkeitsvoraussetzung für Maßnahmen des Arbeitgebers ist, ist die im Text genannte Konsequenz unabweisbar.

[8] Vgl. *Hueck / Nipperdey* I, S. 159; *Nikisch* III, S. 2, 412; *Wiese,* GK-BetrVG, § 87 Anm. 96.

B. Verfassungsrechtlicher Schutz der Vertragsfreiheit

Die hier diskutierte Grenze der Mitbestimmung nach § 87 würde sich bereits aus dem Gebot einer verfassungskonformen Auslegung einfachen Rechts[9] ergeben, wenn die grundrechtlich geschützte Vertragsfreiheit durch die Einbeziehung nur vertraglich regelbarer Angelegenheiten in die notwendige Mitbestimmung verletzt würde. Dann wäre § 87 überhaupt nicht auf die Begründung und den Umfang vermögenswerter Leistungspflichten anwendbar, auch nicht in den zwei Fallgruppen[10], in denen solche Regelungen nach dem Gesetzeswortlaut aus besonderen Gründen der Mitbestimmung unterliegen.

I. Berufsfreiheit

Die Befugnis des Arbeitgebers und der Arbeitnehmer, ihre rechtlichen Beziehungen durch Individualarbeitsverträge zu gestalten, wird als Teil der Berufsfreiheit von Art. 12 Abs. 1 GG verfassungsrechtlich gewährleistet. Das ist zwar nur für die Vertragsfreiheit der Arbeitnehmer allgemein anerkannt[11], muß aber auch für die Vertragsfreiheit des Arbeitgebers gelten. Bei der selbständigen Ausübung einer Tätigkeit, die neben deren unselbständiger Ausübung einen eigenen Beruf i. S. des Art. 12 GG[12] darstellt, kann ein Gewerbetreibender regelmäßig nicht auf die Beschäftigung von Arbeitnehmern verzichten. Deshalb gehört die Gestaltung der arbeitsrechtlichen Beziehungen zu den Mitarbeitern zur Berufsausübung.

Mit der ständigen höchstrichterlichen Rechtsprechung[13] und der herrschenden Lehre[14] ist davon auszugehen, daß die notwendige Mitbestimmung des Betriebsrats Wirksamkeitsvoraussetzung für die ihr unter-

---

[9] Vgl. dazu *Larenz*, Methodenlehre, S. 329 ff.

[10] Vgl. oben § 2 A X (Mitbestimmung über die Höhe leistungsbezogener Entgelte gemäß § 87 Abs. 1 Nr. 11); § 3 B II (Mitbestimmung bei der vorübergehenden Veränderung der Dauer der Arbeitszeit gemäß § 87 Abs. 1 Nr. 3).

[11] Vgl. *Dürig*, in Maunz / Dürig / Herzog / Scholz, Art. 2 Abs. I Anm. 53; *Richardi*, Festgabe für von Lübtow, S. 755 (782); *ders.*, Kollektivgewalt, S. 120 f.

[12] Vgl. BVerfGE 7, 377 (398 f.); 13, 97 (105 f.).

[13] Vgl. BAG AP Nr. 10 zu § 12 AZO, Bl. 3; AP Nr. 2 zu § 87 BetrVG 1972 Kurzarbeit, Bl. 5; EzA Nr. 2 zu § 87 BetrVG 1972 Betriebl. Lohngestaltung, S. 14; ebenso zum BetrVG 1952: BAG AP Nr. 1 Bl. 3 R, Nr. 22 Bl. 2 f., Nr. 27 Bl. 3 zu § 56 BetrVG; AP Nr. 2 Bl. 4 R f., Nr. 4 Bl. 4 R zu § 56 BetrVG Entlohnung.

[14] Vgl. *Fitting / Auffarth / Kaiser*, § 87 Anm. 3 a; *Galperin / Löwisch*, § 87 Anm. 16 ff.; *Weiss*, § 87 Anm. 2; *Wiese*, GK-BetrVG, § 87 Anm. 58 m. w. N.; a. M. *Dietz / Richardi*, § 87 Anm. 80 ff.; *Richardi*, Betriebsverfassung und Privatautonomie, S. 18 ff.; *Schlüter*, DB 1972, 92 (95 f.), 139 ff.

liegenden Rechtsgeschäfte ist. Nur diese Auslegung wird dem Schutzzweck des § 87 gerecht[15]. Wendet man diese Vorschrift auf vertraglich zu regelnde Arbeitsbedingungen an, wird die Vertragsfreiheit von Arbeitgeber und Arbeitnehmern und damit deren Berufsfreiheit eingeschränkt, weil die Arbeitsvertragspartner bestimmte Angelegenheiten dann nur mit Zustimmung des Betriebsrats wirksam vereinbaren können. Es fragt sich, ob eine solche Beeinträchtigung der Berufsfreiheit vom Gesetzesvorbehalt in Art. 12 Abs. 1 Satz 2 GG gedeckt wird.

Die Gestaltung der Arbeitsbedingungen gehört nicht zur Berufswahl, sondern zur Berufsausübung der Arbeitsvertragspartner. Eine Beschränkung ist daher zulässig, wenn sachgerechte und vernünftige Erwägungen des Gemeinwohls sie zweckmäßig erscheinen lassen[16] und der Grundsatz der Verhältnismäßigkeit gewahrt ist[17].

Ein notwendiges Mitbestimmungsrecht bei vertraglich zu regelnden Angelegenheiten dient der Verwirklichung des in Art. 20 Abs. 1 und 28 Abs. 1 Satz 1 GG verankerten Sozialstaatsprinzips. Die Vertragsfreiheit gewährt den Arbeitnehmern oft nur formal die Möglichkeit, gleichberechtigt mit dem Arbeitgeber den Inhalt des Arbeitsverhältnisses zu gestalten. Faktisch befindet sich der Arbeitgeber in einer stärkeren Position, weil der Arbeitnehmer in vielen Fällen ein mit einer Änderungskündigung verbundenes Vertragsangebot akzeptieren muß, um seinen Arbeitsplatz zu erhalten[18]. Das gilt vor allem, wenn etwa aus Rationalisierungsgründen Arbeitsbedingungen betriebseinheitlich geregelt werden sollen. Die Beschränkung der Berufsfreiheit wird somit von sachgerechten und vernünftigen Erwägungen des Gemeinwohls gedeckt.

Der Grundsatz der Verhältnismäßigkeit ist gewahrt, wenn die gesetzliche Regelung geeignet, erforderlich und angemessen ist, um ihr Ziel zu erreichen[19]. Die notwendige Mitbestimmung ist geeignet, einen Aus-

---

[15] An Stelle einer näheren Begründung muß hier auf die in Fn. 13 f. zitierte Rechtsprechung und Literatur verwiesen werden.

[16] So die „Stufentheorie“ des BVerfG; vgl. BVerfGE 7, 377 (405 f.); 30, 292 (316); 30, 336 (351); 36, 212 (219).

[17] Vgl. BVerfGE 7, 377 (406); 30, 292 (316 f.); *Hesse*, Grundzüge des Verfassungsrechts, S. 127 f. Bei Berufsausübungsregelungen kommt dem Grundsatz der Verhältnismäßigkeit besondere Bedeutung zu, weil die Wesensgehaltsgarantie des Art. 19 Abs. 2 GG hier nicht gilt (vgl. BVerfGE 13, 97 [122]).

[18] Zur faktischen Überlegenheit des Arbeitgebers beim Abschluß individualvertraglicher Vereinbarungen vgl. *Adomeit*, Rechtsquellenfragen im Arbeitsrecht, S. 143; *Moll*, Mitbestimmung beim Entgelt, S. 176; *Reuter / Streckel*, Grundfragen, S. 13 f.; *Rüthers*, in Rüthers / Boldt, Zwei arbeitsrechtliche Vorträge, S. 15; *Säcker*, Gruppenautonomie, S. 87 ff.; *ders.*, ZfA-Sonderheft 1972, 41 (53, 57); *Simitis / Weiss*, DB 1973, 1240 (1241 Fn. 8); *Strieder*, BB 1980, 420 (423); vgl. auch *Däubler* II, S. 58; *Gast*, Arbeitsvertrag und Direktion, S. 107 f., 117; *ders.*, Tarifautonomie, S. 4 ff.; *Reuter*, ZfA 1975, 85 (86 f.).

[19] Zum Inhalt des Verhältnismäßigkeitsgrundsatzes vgl. mit unterschiedlichen Formulierungen BVerfGE 30, 292 (316 f.); 33, 171 (186 ff.); 40, 371

gleich für die faktische Unterlegenheit des Arbeitnehmers zu schaffen, weil der Betriebsrat im Streitfalle eine verbindliche Entscheidung der Einigungsstelle herbeiführen kann, die nach § 76 Abs. 5 Satz 3 die Interessen beider Arbeitsvertragspartner berücksichtigt. Zu diesem Zweck ist die Beschränkung der Berufsfreiheit auch erforderlich, da kein Mittel ersichtlich ist, das den Arbeitnehmern einen vergleichbaren Schutz gewährt, ohne Grundrechte der Vertragspartner zu berühren.

Die Angemessenheit der Regelung, die sich aus einer vergleichenden Abwägung von Mittel und Zweck ergibt[20], ist ebenfalls zu bejahen. Entgegen einer in der Literatur vereinzelt vertretenen Auffassung[21] wird der Arbeitnehmer keineswegs „entmündigt" und unter die „Kuratel" des Betriebsrats gestellt, wenn bestimmte vertragliche Abreden dessen Zustimmung bedürfen. Grundsätzlich bezieht sich die notwendige Mitbestimmung allein auf kollektive Tatbestände[22], so daß Einzelfälle einer individualvertraglichen Regelung zugänglich bleiben. Zudem gilt im Verhältnis von Betriebsvereinbarung und Einzelarbeitsvertrag das Günstigkeitsprinzip[23]. Deshalb können jederzeit Vereinbarungen getroffen werden, die von einer mitbestimmten Regelung abweichen, sofern sie für den Arbeitnehmer vorteilhafter sind. Auch wenn man annimmt, der Arbeitgeber sei oft nicht bereit, einzelne Arbeitnehmer durch individualvertragliche Absprachen zu begünstigen[24], führt die notwendige Mitbestimmung bei vertraglich zu regelnden Angelegenheiten nicht zu einer unangemessenen Beschränkung der Berufsfreiheit des Arbeitnehmers, weil dieser wegen seiner faktischen Unterlegenheit auch ohne Mitbestimmung seine Vorstellungen regelmäßig nicht durchsetzen

---

(382 f.); *Grabitz*, AöR 98 (1973), 568 (571 ff.); *Herzog*, in Maunz / Dürig / Herzog / Scholz, Art. 20 Abschnitt VII Anm. 73 ff. Das Erfordernis der Angemessenheit wird oft „Verhältnismäßigkeitsprinzip im engeren Sinne" genannt (vgl. *Blomeyer*, 25 Jahre Bundesarbeitsgericht, S. 17 [18]; *Herzog*, a.a.O., Anm. 76).

[20] Zum Erfordernis der Angemessenheit oder Verhältnismäßigkeit im engeren Sinne vgl. BVerfGE 28, 264 (280); 41, 251 (264); *Grabitz*, AöR 98 (1973), 568 (575 ff.); *Herzog*, in Maunz / Dürig / Herzog / Scholz, Art. 20 Abschnitt VII Anm. 76.

[21] Vgl. *Dietz / Richardi*, § 87 Anm. 100; *Richardi*, Festgabe für von Lübtow, S. 755 (781 f.); *Schlüter*, DB 1972, 92, 139 (140 f.).

[22] Vgl. Schriftlicher Bericht 10. Ausschuß, zu BT-Drucks. VI/2729, S. 4; BAG, EzA Nr. 8 zu § 87 BetrVG 1972 Arbeitszeit, S. 41 f. (betr. § 87 Abs. 1 Nr. 3); *Reuter*, SAE 1981, 242; *Wiese*, GK-BetrVG, § 87 Anm. 12 ff. m. w. N.; ebenso zu § 56 BetrVG 1952: BAG AP Nr. 27 zu § 56 BetrVG, Bl. 2; AP Nr. 2 Bl. 5, Nr. 5 Bl. 3 zu § 56 BetrVG Entlohnung; a. M. *Dietz / Richardi*, § 87 Anm. 17 ff.; *Richardi*, Festgabe für von Lübtow, S. 755 (771).

[23] Vgl. *Fitting / Auffarth / Kaiser*, § 77 Anm. 40; *von Friesen*, DB 1980, Beilage Nr. 1, S. 1 (13); *Moll*, Mitbestimmung beim Entgelt, S. 203; *Säcker*, ZfA-Sonderheft 1972, 41 (53 ff.); *Wiedemann*, In memoriam Kahn-Freund, S. 343 (356 f.); *Wiese*, Initiativrecht, S. 68; *ders.*, GK-BetrVG, § 87 Anm. 70.

[24] So *Lieb*, ZfA 1978, 179 (189); *Reuter*, Vergütung von AT-Angestellten, S. 7 f. (vgl. auch S. 43 ff.).

könnte. Diejenigen Arbeitnehmer, die etwa aufgrund ihrer Stellung im Betrieb eine stärkere Verhandlungsposition haben, können ihre Interessen aber auch zur Geltung bringen, wenn die Mindestarbeitsbedingungen kollektiv geregelt sind.

Die Berufsfreiheit des Arbeitgebers wird ebenfalls nicht unangemessen beschränkt, weil eine durch die notwendige Mitbestimmung erzwingbare verbindliche Regelung nach § 76 Abs. 5 Satz 3 auch den Belangen des Betriebs Rechnung tragen muß. Der Arbeitgeber verliert bei den mitbestimmungspflichtigen Angelegenheiten lediglich die faktische Überlegenheit als Vertragspartner, die aber durch Art. 12 Abs. 1 GG nicht geschützt wird. Ein notwendiges Mitbestimmungsrecht bei vertraglich zu gestaltenden Angelegenheiten und damit auch bei der Begründung und dem Umfang vermögenswerter Leistungspflichten ist also eine zulässige Berufsausübungsregelung i. S. des Art. 12 Abs. 1 Satz 2 GG.

II. Wirtschaftliche Entfaltungsfreiheit

Die Vertragsfreiheit wird als Teil der wirtschaftlichen Entfaltungsfreiheit auch durch Art. 2 Abs. 1 GG gewährleistet[25]. Als lex generalis greift diese Norm aber nur dann ein, wenn der betreffende Lebensbereich nicht unter demselben Gesichtspunkt durch ein spezielles Grundrecht geschützt wird[26]. Im hier behandelten Zusammenhang ist Art. 2 Abs. 1 GG daher nur auf die vertragliche Gestaltung derjenigen Rechtsverhältnisse anwendbar, die wie etwa ein Mietverhältnis über eine Werkmietwohnung neben das Arbeitsverhältnis treten und mit diesem in Zusammenhang stehen. Die Regelung solcher Angelegenheiten gehört im Gegensatz zur Gestaltung der Arbeitsbedingungen nicht zur Berufsausübung der Arbeitsvertragspartner.

Die wirtschaftliche Entfaltungsfreiheit des Arbeitgebers und der Arbeitnehmer wird durch die notwendige Mitbestimmung in vertraglich zu regelnden Angelegenheiten ebenfalls in verfassungsmäßiger Weise beschränkt. Das Recht auf freie Entfaltung der Persönlichkeit gemäß Art. 2 Abs. 1 GG findet seine Schranken in der verfassungsmäßigen Ordnung. Dazu gehören nach der ständigen Rechtsprechung des BVerfG alle formell und materiell mit dem Grundgesetz in Einklang stehenden Gesetze[27], so daß die wirtschaftliche Entfaltungsfreiheit einem allge-

---

[25] Vgl. BVerfGE 8, 274 (328); 12, 341 (347); BAG AP Nr. 1 zu Art. 6 Abs. 1 GG Ehe und Familie, Bl. 3 R; *Dürig*, in Maunz / Dürig / Herzog / Scholz, Art. 2 Abs. I Anm. 53.

[26] Vgl. BVerfGE 9, 73 (77); 10, 185 (199); 30, 292 (335); *Dürig*, in Maunz / Dürig / Herzog / Scholz, Art. 2 Abs. I Anm. 53.

[27] Vgl. BVerfGE 6, 32 (37 f.); 25, 371 (407); 34, 369 (378 f.); 41, 88 (116); 50, 256 (262).

meinen Gesetzesvorbehalt unterliegt. Sie kann durch Gesetze beschränkt werden, die einem verfassungskonformen Zweck dienen und mit dem Grundsatz der Verhältnismäßigkeit in Einklang stehen. Wie bei der Erörterung der Berufsfreiheit gezeigt wurde[28], erfüllt die notwendige Mitbestimmung bei vertraglich zu regelnden Angelegenheiten diese Voraussetzungen. Auch wenn man den Begriff der verfassungsmäßigen Ordnung im Anschluß an eine in der Literatur vertretene Auffassung als Gemeinwohlklausel zugunsten der von der Verfassung getroffenen Wertentscheidungen interpretiert[29], ist die Beschränkung der wirtschaftlichen Entfaltungsfreiheit verfassungsgemäß, weil sie der Verwirklichung des Sozialstaatsprinzips dient[30].

Der verfassungsrechtliche Schutz der Berufsfreiheit und der wirtschaftlichen Entfaltungsfreiheit der Arbeitsvertragspartner hindert den Gesetzgeber also nicht daran, vertraglich zu regelnde Angelegenheiten der notwendigen Mitbestimmung zu unterwerfen[31]. Damit ist indessen noch nicht entschieden, ob und in welchem Umfang das BetrVG diese Gestaltungsmöglichkeit ausschöpft.

C. Notwendige Mitbestimmung bei vertraglich zu regelnden Angelegenheiten

I. Die Tatbestände des § 87 Abs. 1

Schon die Tatbestände des § 87 Abs. 1 zeigen jedoch, daß der Gesetzgeber auch solche Angelegenheiten in die notwendige Mitbestimmung einbezogen hat, die der Arbeitgeber nicht einseitig, sondern nur durch vertragliche Vereinbarung mit den Arbeitnehmern regeln kann. Neben der vorübergehenden Veränderung der Dauer der betriebsüblichen Arbeitszeit (§ 87 Abs. 1 Nr. 3) und der Höhe leistungsbezogener Entgelte (§ 87 Abs. 1 Nr. 11), also den zwei Fallgruppen, in denen ausnahmsweise der Umfang vermögenswerter Leistungspflichten der Mitbestimmung unterliegt, werden auch sonstige nur vertraglich regelbare Angelegenheiten von § 87 erfaßt. So könnte beispielsweise der Arbeitgeber auch ohne Mitbestimmung Zeit, Ort und Art der Auszahlung der

---

[28] Vgl. oben § 5 B I.

[29] Vgl. *Dürig*, in Maunz / Dürig / Herzog / Scholz, Art. 2 Abs. I Anm. 19 ff.; *Nipperdey / Wiese*, in Bettermann / Nipperdey (Hrsg.), Die Grundrechte IV/2, S. 741 (788 ff., 805 ff.).

[30] Vgl. oben § 5 B I.

[31] Weitere verfassungsrechtliche Grenzen für die notwendige Mitbestimmung über die Begründung und den Umfang vermögenswerter Leistungspflichten können sich aus dem Schutz der Tarifautonomie (Art. 9 Abs. 3 GG) und des Unternehmens (Art. 14 GG) ergeben. Darauf ist in anderem Zusammenhang einzugehen (vgl. unten § 6 B I; § 7 C).

Arbeitsentgelte nicht einseitig regeln. Der Erfüllungsort und die Fälligkeit der Vergütung ergeben sich aus den dispositiven Vorschriften der §§ 269 und 614 BGB[32], von denen nur durch rechtsgeschäftliche Vereinbarung mit dem Vertragspartner, also dem Arbeitnehmer, abgewichen werden kann[33]. Auch die bargeldlose Lohnzahlung könnte der Arbeitgeber nicht aufgrund seines Weisungsrechts, sondern nur durch vertragliche Abrede mit den Arbeitnehmern einführen[34]. Die Vorschrift des § 87 Abs. 1 Nr. 4 dient also ausschließlich dem kollektiven Schutz der Arbeitnehmer bei Regelungen, die ohne die Mitbestimmung individualvertraglich getroffen werden müßten. Dasselbe gilt für die wichtigsten der in § 87 Abs. 1 Nr. 10 genannten Angelegenheiten. So bedarf beispielsweise der Übergang vom Leistungslohn zum Zeitlohn[35] grundsätzlich schon deshalb einer besonderen vertraglichen Vereinbarung, weil damit in der Regel eine finanzielle Einbuße für den Arbeitnehmer verbunden ist[36].

Eine Sonderstellung nehmen die der Mitbestimmung nach § 87 Abs. 1 Nr. 1 unterliegende Einführung einer Betriebsbußenordnung und die Verhängung einer Buße ein[37]. Rechtsprechung und herrschende Lehre sehen in diesen betrieblichen Sanktionen keine Vertragsstrafen, sondern autonome Satzungsstrafen[38], so daß § 87 Abs. 1 Nr. 1 insoweit nicht nur bestehende einseitige oder vertragliche Gestaltungsbefugnisse des Arbeitgebers beschränkt, sondern eine darüber hinausgehende Regelungskompetenz schafft[39]. Darauf ist hier nicht näher einzugehen. Jedenfalls zeigt auch die Mitbestimmung bei Betriebsbußen, daß § 87 nicht nur der Begrenzung einseitiger Arbeitgeberbefugnisse dient. Aufgrund seines Direktionsrechts könnte dieser keine Betriebsbuße verhängen[40], weil sich Arbeitgeber und Arbeitnehmer als rechtlich gleichrangige Partner

---

[32] Vgl. *Fitting / Auffarth / Kaiser*, § 87 Anm. 28; *Wiese*, GK-BetrVG, § 87 Anm. 172 f.

[33] Vgl. *Staudinger / Selb*, 12. Aufl., § 269 Anm. 9, 11; *Staudinger / Nipperdey / Mohnen / Neumann*, 11. Aufl., § 614 Anm. 2; a. M. *Löwisch*, BB 1961, 1200.

[34] Vgl. oben § 3 A II mit Nachweisen in Fn. 15.

[35] Zur Mitbestimmung bei der Entscheidung über Leistungs- oder Zeitlohn vgl. oben § 2 A XI 2.

[36] Vgl. *Söllner*, Einseitige Leistungsbestimmung, S. 95; im Ergebnis ebenso: *Löwisch*, BB 1961, 1200; *Richardi*, Kollektivgewalt, S. 295; *Schlüter*, DB 1972, 92, 139 (142).

[37] Zur Mitbestimmung in diesen Fällen vgl. oben § 3 C I.

[38] Vgl. jeweils m. w. N. BAG AP Nr. 1 zu § 56 BetrVG Betriebsbuße, Bl. 2 R; *Fitting / Auffarth / Kaiser*, § 87 Anm. 18; *Hueck / Nipperdey / Säcker* II/2, S. 1378; *Wiese*, GK-BetrVG, § 87 Anm. 113; a. M. *Dietz / Richardi*, § 87 Anm. 166 ff.

[39] Vgl. dazu auch *Wiese*, GK-BetrVG, vor § 87 Anm. 4, 9.

[40] Vgl. BAG AP Nr. 1 zu § 87 BetrVG 1972 Betriebsbuße, Bl. 2 R; *Fitting / Auffarth / Kaiser*, § 87 Anm. 18; *Wiese*, Initiativrecht, S. 76; *ders.*, GK-BetrVG, § 87 Anm. 112; a. M. *Galperin / Löwisch*, § 87 Anm. 76.

gegenüberstehen und die Anerkennung einer einseitigen Disziplinargewalt damit nicht zu vereinbaren wäre[41].

II. Der Gesetzes- und Tarifvorbehalt nach § 87 Abs. 1 Eingangshalbsatz

Aus dem Gesetzes- und Tarifvorbehalt nach § 87 Abs. 1 Eingangshalbsatz ergibt sich ebenfalls, daß der Gesetzgeber den Arbeitnehmern auch beim Abschluß vertraglicher Vereinbarungen Schutz durch die notwendige Mitbestimmung gewähren wollte. Falls § 87 nur auf einseitige Regelungen des Arbeitgebers anwendbar wäre, würde die Reichweite der Mitbestimmung vom Inhalt des Arbeitsvertrages abhängen. Ohne besondere Vereinbarung unterliegt etwa die von § 87 Abs. 1 Nr. 2 erfaßte Lage der Arbeitszeit dem Direktionsrecht des Arbeitgebers[42]. Diese einseitige Gestaltungsbefugnis entfällt, wenn Beginn und Ende der Arbeitszeit vertraglich festgelegt sind[43]. Würde man ein notwendiges Mitbestimmungsrecht nur anerkennen, soweit der Arbeitgeber ohne die Mitbestimmung eine Angelegenheit allein regeln könnte, hätte dieser es in der Hand, z. B. durch den Abschluß vertraglicher Einheitsregelungen[44] über die Lage der Arbeitszeit die Mitbestimmung des Betriebsrats auszuschalten. Diese entfällt nach § 87 Abs. 1 Eingangshalbsatz aber nur, wenn eine gesetzliche oder tarifliche Regelung besteht[45]. Die zwingenden Normen von Gesetz und Tarifvertrag gewähren den Arbeitnehmern ausreichenden Schutz, so daß in diesem Falle die Mitbestimmung entbehrlich erscheint[46]. Dagegen kann von einer vertraglichen Regelung jederzeit durch eine andere Vereinbarung abgewichen werden. Dabei soll der Arbeitnehmer nach der Konzeption des Gesetzes durch die notwendige Mitbestimmung geschützt werden.

III. Der Bericht der Mitbestimmungskommission

In dieselbe Richtung weisen die Gesetzesmaterialien[47]. Nach dem Bericht der Mitbestimmungskommission, der bei dem Entwurf des

---

[41] Vgl. *Neumann*, RdA 1968, 250 (252).

[42] Vgl. *Löwisch*, BB 1961, 1200; *Söllner*, Einseitige Leistungsbestimmung, S. 77 f.; *Zöllner*, Arbeitsrecht, S. 112.

[43] Vgl. BAG AP Nr. 5 zu § 1 FeiertagslohnzahlungsG, Bl. 2; LAG Berlin, ARSt. 1978, 102.

[44] Vgl. dazu *Säcker*, Gruppenautonomie, S. 80 ff.

[45] Vgl. *Wiese*, GK-BetrVG, vor § 87 Anm. 8; ebenso zum BetrVG 1952: BAG AP Nr. 2 zu § 56 BetrVG Entlohnung, Bl. 5; *Richardi*, Festgabe für von Lübtow, S. 755 (785).

[46] Vgl. LAG Berlin, EzA Nr. 6 zu § 87 BetrVG 1972, S. 32 f.; *Galperin / Löwisch*, § 87 Anm. 42; *Wiese*, GK-BetrVG, § 87 Anm. 30 ff.; *ders.*, 25 Jahre Bundesarbeitsgericht, S. 661 (662).

[47] Ebenso *Wiese*, GK-BetrVG, vor § 87 Anm. 5.

BetrVG 1972 berücksichtigt wurde[48], ist zwar die einseitige Leitungs- und Direktionsbefugnis des Arbeitgebers Ausgangspunkt der Mitbestimmung[49]. Es wird aber auch betont, daß der Arbeitnehmer nicht auf seine Freiheit verwiesen werden dürfe, Verträge zu schließen, da er sich in einer schwächeren Position als der Arbeitgeber befinde[50].

IV. Kein ausreichender Schutz der Arbeitnehmer durch das Erfordernis einer Änderungskündigung

Angesichts dieser gesetzgeberischen Entscheidung ist es nicht überzeugend, wenn im Anschluß an ein in der Diskussion um die Mitbestimmung bei materiellen Arbeitsbedingungen vorgetragenes Argument[51] behauptet wird, bei nur vertraglich regelbaren Angelegenheiten würden die Arbeitnehmer durch das Erfordernis eines Änderungsvertrages und die gerichtliche Kontrolle einer hierauf gerichteten Änderungskündigung nach § 1 und § 2 KSchG hinreichend geschützt. Außerdem gewährleiste die Beteiligung des Betriebsrats nach § 102, daß die Interessen der Arbeitnehmer bei einer Änderungskündigung gewahrt würden[52]. Deshalb sei hier kein notwendiges Mitbestimmungsrecht anzuerkennen.

Die kündigungsrechtlichen Vorschriften gleichen indessen die dargelegte faktische Unterlegenheit des Arbeitnehmers beim Abschluß vertraglicher Vereinbarungen mit dem Arbeitgeber[53] nicht aus. Das Anhörungsrecht gemäß § 102 Abs. 1 besteht zwar auch bei Änderungskündigungen[54], doch ist der Arbeitgeber grundsätzlich nicht daran gehindert, sich über etwaige Bedenken des Betriebsrats hinwegzusetzen[55]. Ein nach Maßgabe des § 102 Abs. 3 zulässiger Widerspruch des Betriebsrats erlangt erst im Rahmen einer Kündigungsschutzklage Bedeutung[56], die zu erheben den einzelnen Arbeitnehmern überlassen bleibt. Auch wenn eine Änderungskündigung sozial ungerechtfertigt ist und somit

---

[48] Vgl. amtliche Begründung, BT-Drucks. VI/1786, S. 31.

[49] Vgl. Bericht der Mitbestimmungskommission, BT-Drucks. VI/334, S. 59.

[50] Vgl. Bericht der Mitbestimmungskommission, BT-Drucks. VI/334, S. 61.

[51] Vgl. *Hueck / Nipperdey / Säcker* II/2, S. 1358; *Nipperdey*, RdA 1968, 450 (451); vgl. auch *Dietz*, § 56 Anm. 43.

[52] Vgl. Arbeitsring Chemie, § 87 Ziffer 3 Anm. 2 f. (zur Einführung von Kurzarbeit durch Individualvertrag).

[53] Vgl. oben § 5 B I mit Nachweisen in Fn. 18.

[54] Vgl. *Fitting / Auffarth / Kaiser*, § 102 Anm. 2 a; *Kraft*, GK-BetrVG, § 102 Anm. 14; KR-*Rost*, § 2 KSchG Anm. 113.

[55] Zum Inhalt des Anhörungsrechts vgl. *Kraft*, GK-BetrVG, § 102 Anm. 18.

[56] Zum Widerspruch des Betriebsrats gegen eine Änderungskündigung vgl. KR-*Rost*, § 2 KSchG Anm. 118 f.

gegen § 1 KSchG verstößt, kann der Arbeitnehmer ihre Unwirksamkeit nur dann geltend machen, wenn er ein arbeitsgerichtliches Verfahren anstrengt. Da es viele Arbeitnehmer vorziehen werden, zu geänderten Bedingungen zu arbeiten, statt sich auf einen Rechtsstreit mit ihrem Arbeitgeber einzulassen, können weder §§ 1 und 2 KSchG noch § 102 die Auswirkungen der faktischen Überlegenheit des Arbeitgebers beseitigen. Der Arbeitnehmer bedarf daher auch insoweit des kollektiven Schutzes, so daß die notwendige Mitbestimmung in sozialen Angelegenheiten nach ihrem Zweck auch vertraglich zu regelnde Angelegenheiten erfaßt[57].

Die Anwendung des § 87 auf die Begründung und den Umfang vermögenswerter Leistungspflichten scheitert also nicht schon daran, daß solche Angelegenheiten grundsätzlich durch vertragliche Vereinbarung zwischen Arbeitgeber und Arbeitnehmer geregelt werden müssen und nicht dem Weisungsrecht des Arbeitgebers unterliegen.

§ 6 Notwendige Mitbestimmung und Tarifvertrag

A. Einleitung

Das kollektive Arbeitsrecht sieht einen differenzierten Schutz der Arbeitnehmer vor. Deren faktische Unterlegenheit bei der Gestaltung der Arbeitsbedingungen soll nicht nur durch die betriebliche Mitbestimmung nach dem BetrVG 1972, sondern auch durch das Tarifwesen und die Beteiligung von Arbeitnehmervertretern in den Unternehmensorganen nach dem MitbestG, dem Montan-MitbestG und den §§ 76 ff. BetrVG 1952 ausgeglichen werden[1]. Die notwendige Mitbestimmung in sozialen Angelegenheiten bildet also nur einen Ausschnitt aus dem System kollektiver Interessenwahrnehmung. Die soeben getroffene Feststellung, die Arbeitnehmer seien auch bei der Gestaltung der vorwiegend vertraglich zu regelnden vermögenswerten Leistungspflichten schutzbedürftig, zwingt deshalb nicht zu der Annahme, daß insoweit § 87 eingreifen müsse. Es ist vielmehr zu untersuchen, auf welche Weise

[57] Vgl. BAG AP Nr. 2 Bl. 3, Nr. 4 Bl. 4 R f. zu § 56 BetrVG; AP Nr. 2 zu § 56 BetrVG Entlohnung, Bl. 4 R f.; *Galperin / Löwisch*, § 87 Anm. 1; *Moll*, Mitbestimmung beim Entgelt, S. 175 f.; *Neumann-Duesberg*, Betriebsverfassungsrecht, S. 361, 458; *Säcker*, ZfA-Sonderheft 1972, 41 (56); *Weiss*, § 87 Anm. 9; *Wiese*, Anm. zu BAG AP Nr. 1 zu § 87 BetrVG 1972 Kurzarbeit, Bl. 7 R; *ders.*, GK-BetrVG, vor § 87 Anm. 8, § 87 Anm. 31; vgl. auch *Birk*, Die arbeitsrechtliche Leitungsmacht, S. 113 Fn. 50.

[1] Vgl. oben vor § 5.

in diesem Bereich die Interessen der Arbeitnehmer nach dem Willen des Gesetzgebers gewahrt werden sollen.

Die Einzelanalyse der Mitbestimmungsrechte und die historische Auslegung des § 87 haben eine Aufgabenteilung zwischen Betriebs- und Tarifpartnern ergeben, die zur Folge hat, daß die Begründung vermögenswerter Leistungspflichten stets mitbestimmungsfrei ist und ihr Umfang nur dann der notwendigen Mitbestimmung unterliegt, wenn das Tarifwesen den Arbeitnehmern ausnahmsweise keinen ausreichenden Schutz bieten kann[2]. Dieser Grundsatz läßt sich aus dem geltenden Betriebsverfassungsrecht ableiten, so daß man nicht wie die Anhänger der Lehre von der Mitbestimmungsfreiheit materieller Arbeitsbedingungen auf einen angeblichen „allgemeinen Grundsatz der Arbeitsordnung"[3] abstellen muß, um das Verhältnis von tariflicher Normsetzung und betrieblicher Mitbestimmung in sozialen Angelegenheiten zu ermitteln. Vielmehr ist umgekehrt das Ergebnis der systematischen und historischen Auslegung nunmehr anhand grundsätzlicher Überlegungen zur Stellung von Tarifvertrag und notwendiger Mitbestimmung im System des kollektiven Arbeitsrechts zu überprüfen.

B. Argumente für eine Begrenzung der Mitbestimmung

I. Verfassungsrechtlicher Schutz der Koalitionsfreiheit

In der Diskussion um die Mitbestimmung bei materiellen Arbeitsbedingungen und um die Verfassungsmäßigkeit des BetrVG 1972 wurde behauptet, ein notwendiges Mitbestimmungsrecht bei der Festsetzung von Leistung und Gegenleistung im Arbeitsverhältnis verstoße gegen Art. 9 Abs. 3 GG[4]. Sollte dies zutreffen, würde eine verfassungskonforme Auslegung[5] des § 87 zu dem Ergebnis führen, daß die Begründung und der Umfang vermögenswerter Leistungspflichten generell mitbestimmungsfrei sind.

---

[2] Vgl. oben § 2 bis § 4.

[3] Vgl. *Galperin / Siebert*, vor § 56 Anm. 18; *Hilger*, in Dietz / Gaul / Hilger, Akkord und Prämie, S. 151; *Nikisch* III, S. 374.

[4] Vgl. *Boewer*, DB 1970, 2319 (2322); *Erdmann / Jürging / Kammann*, § 87 Anm. 9 (anders jetzt *Kammann / Hess / Schlochauer*, § 87 Anm. 19 ff.); *Hueck / Nipperdey / Säcker* II/2, S. 1359; *Nipperdey*, RdA 1968, 450 (451).

[5] Zum Gebot der verfassungskonformen Auslegung vgl. schon oben § 5 B vor I.

1. *Unzulässige Zwangsschlichtung?*

Eine früher verbreitete Meinung leitete aus dem in Art. 9 Abs. 3 GG verankerten Verbot einer Zwangsschlichtung im Tarifwesen ab, daß der Umfang von Leistung und Gegenleistung auch im Betrieb nur durch freiwillige Vereinbarungen geregelt werden könne. Mit der Absage an eine Zwangsschlichtung auf der Ebene des Tarifvertrages sei es unvereinbar, wenn die gleichen Fragen auf betrieblicher Ebene durch verbindlichen Spruch der Einigungsstelle auf Antrag einer Partei geregelt werden könnten[6]. Deshalb scheide bei den sogenannten materiellen Arbeitsbedingungen ein notwendiges Mitbestimmungsrecht aus.

Diese Argumentation ist indessen nicht überzeugend. Dem Tarifwesen einerseits und der betrieblichen Mitbestimmung andererseits liegen verschiedenartige Regelungsmechanismen zugrunde. Wenn sich die Tarifpartner nicht einigen können, besteht die Möglichkeit, in einem Arbeitskampf Druck aufeinander auszuüben, bis die Beteiligten zu einer Lösung bereit sind. Dagegen sind in der Betriebsverfassung nach § 74 Abs. 2 Satz 1 zum Schutz des Betriebsfriedens Arbeitskämpfe unzulässig[7]. Im Bereich der notwendigen Mitbestimmung in sozialen Angelegenheiten, in dem sich der Arbeitgeber und der Betriebsrat gleichberechtigt gegenüberstehen, mußte der Gesetzgeber daher ein anderes Instrument zur Konfliktlösung vorsehen, um zu verhindern, daß einer der Beteiligten eine Entscheidung blockiert. Darin liegt die Funktion der verbindlichen Schlichtung durch die Einigungsstelle[8].

Dieser Regelungsmodus ist verfassungsrechtlich unbedenklich und läßt keine Rückschlüsse auf den Regelungsgegenstand zu[9]. Aus Art. 9 Abs. 3 GG ergibt sich lediglich, daß im Tarifwesen eine Zwangsschlichtung grundsätzlich unzulässig ist[10]. Die Koalitionsfreiheit gibt nämlich nicht nur jedermann das Recht, Vereinigungen zur Wahrung der Arbeits- und Wirtschaftsbedingungen zu bilden, sondern garantiert auch den Gewerkschaften und Arbeitgeberverbänden als solchen einen

---

[6] Vgl. die Nachweise oben Fn. 4; im Grundsatz ebenso, aber ohne Hinweis auf Art. 9 Abs. 3 GG: BAG AP Nr. 1 zu § 56 BetrVG Arbeitszeit, Bl. 2 R; AP Nr. 3 zu § 56 BetrVG Wohlfahrtseinrichtungen, Bl. 2; *Dietz*, § 56 Anm. 25; *ders.*, Probleme des Mitbestimmungsrechts, S. 18; *ders.*, BB 1959, 1210 (1215); *Hilger*, in Dietz / Gaul / Hilger, Akkord und Prämie, S. 151 f.; vgl. auch *Hanau*, Anm. zu BAG AP Nr. 1 zu § 87 BetrVG 1972 Arbeitssicherheit, Bl. 5 R, hinsichtlich der Regelung des Arbeitsentgelts.

[7] Vgl. auch oben § 3 D.

[8] Vgl. *Farthmann*, RdA 1966, 249 (252); *Richardi*, Festgabe für von Lübtow, S. 755; *ders.*, Anm. zu BAG AP Nr. 1 zu § 87 BetrVG 1972 Werkmietwohnungen, Bl. 9 R; vgl. auch *Herschel*, AuR 1964, 257 (259).

[9] Vgl. auch *G. Müller*, DB 1967, 903 (905); *ders.*, DB 1970, 1023, 1076 (1080).

[10] Vgl. *Gamillscheg* I, S. 112; *Moll*, Mitbestimmung beim Entgelt, S. 173; *Säcker*, Gruppenautonomie, S. 250; *ders.*, Grundprobleme, S. 80 f.; *Scholz*, in Maunz / Dürig / Herzog / Scholz, Art. 9 Anm. 285; *Zöllner*, Arbeitsrecht, S. 315 f.

Kernbereich spezifisch koalitionsgemäßer Betätigung[11]. Dazu gehört insbesondere die Möglichkeit, bestimmte Arbeitsbedingungen durch Tarifverträge eigenverantwortlich zu regeln[12]. Deshalb ist im Tarifwesen eine verbindliche Schlichtung auf Antrag einer Partei grundsätzlich unzulässig, weil sonst ein Dritter über den Inhalt des Tarifvertrages entscheiden und die Gestaltungsbefugnis der Koalitionen beeinträchtigen könnte. Die Frage, wie auf betrieblicher Ebene Regelungen zustande kommen, berührt das verfassungsrechtliche Zwangsschlichtungsverbot dagegen in keiner Weise[13].

Die Auffassung, eine verbindliche Schlichtung bei der betrieblichen Regelung von Leistung und Gegenleistung verstoße gegen das Zwangsschlichtungsverbot nach Art. 9 Abs. 3 GG, ist auch deshalb ungereimt, weil auf Tarifebene grundsätzlich jede Zwangsschlichtung unzulässig ist. Dann ist aber nicht einzusehen, warum auf betrieblicher Ebene ein verbindlicher Spruch der Einigungsstelle nur bei den sogenannten materiellen Arbeitsbedingungen verfassungswidrig, bei formellen Arbeitsbedingungen aber unbedenklich sein soll[14].

Das grundrechtliche Zwangsschlichtungsverbot wird durch eine notwendige Mitbestimmung über Leistung und Gegenleistung im Arbeitsverhältnis ebensowenig tangiert wie durch sonstige verbindliche Regelungen eines Dritten, die den tariflichen Schutz ergänzen. Nach § 19 HAG kann ein Heimarbeitsausschuß unter bestimmten Voraussetzungen Löhne und andere Vertragsbedingungen verbindlich regeln. In anderen Wirtschaftszweigen können ähnliche Regelungen nach Maßgabe des Gesetzes über die Festsetzung von Mindestarbeitsbedingungen[15] getroffen werden. Auch die Allgemeinverbindlicherklärung von Tarifverträgen gemäß § 5 TVG ist in diesem Zusammenhang zu nennen. In all diesen Fällen wird der Umfang von arbeitsvertraglicher Leistung und Gegenleistung nicht durch eine freiwillige Vereinbarung, sondern durch die Entscheidung eines unabhängigen Dritten oder eines Gremiums bestimmt, ohne daß gegen das verfassungsrechtliche Verbot einer Zwangsschlichtung verstoßen wird[16].

---

[11] Vgl. BVerfGE 19, 303 (312, 321 f.); 28, 295 (304); 38, 281 (305 f.); 38, 386 (393); 50, 290 (367 ff.); *Säcker,* Gruppenautonomie, S. 250; *Scholz,* in Maunz / Dürig / Herzog / Scholz, Art. 9 Anm. 241, 265.

[12] Näheres dazu unten zu 2.

[13] Ebenso *Moll,* BlStSozArbR 1977, 177 (178).

[14] Vgl. *Farthmann,* RdA 1966, 249 (252); *Moll,* Mitbestimmung beim Entgelt, S. 173.

[15] Gesetz vom 11. 1. 1952 (BGBl. I S. 17).

[16] Vgl. BVerfGE 34, 307 (315 ff.; zu § 19 HAG); 44, 322 (338 ff.; zu § 5 TVG). Die Verfassungsmäßigkeit des Gesetzes über die Festsetzung von Mindestarbeitsbedingungen (vgl. dazu *Hueck / Nipperdey* I, S. 148 ff. m. w. N.) ist, soweit ersichtlich, bisher nicht in Zweifel gezogen worden.

2. *Beeinträchtigung der Regelungsbefugnis der Tarifpartner?*

Eine Verletzung des Art. 9 Abs. 3 GG käme nur in Betracht, wenn die notwendige Mitbestimmung über die Begründung und den Umfang vermögenswerter Leistungspflichten die Gestaltungsbefugnis der Tarifpartner einengen und dadurch den Kernbereich koalitionsgemäßer Betätigung der Gewerkschaften und Arbeitgeberverbände beeinträchtigen würde[17]. Welche Regelungsgegenstände dem verfassungsrechtlich garantierten Kernbereich verbandsgemäßer Tätigkeit zuzuordnen sind, ist zwar noch nicht abschließend geklärt. Unstreitig unterliegt aber die Festsetzung der Höhe des Arbeitsentgelts dem Schutz des Art. 9 Abs. 3 GG[18]. Dasselbe muß für andere klassische Gegenstände von Tarifverträgen[19], insbesondere für die Dauer der Arbeitszeit[20], gelten. Damit garantiert Art. 9 Abs. 3 GG, daß die wichtigsten vermögenswerten Leistungspflichten von Arbeitgeber und Arbeitnehmern durch Tarifvertrag geregelt werden können.

Auf den ersten Blick scheint die tarifliche Normsetzungsbefugnis aber auch dann nicht berührt zu werden, wenn man insoweit ein notwendiges Mitbestimmungsrecht anerkennt. Nach Maßgabe des Tarifvorbehalts in § 87 Abs. 1 Eingangshalbsatz entfällt die Mitbestimmung, wenn eine tarifliche Regelung besteht. Außerdem ist nach zutreffender herrschender Meinung im Rahmen der notwendigen Mitbestimmung nach § 87 auch § 77 Abs. 3 anwendbar[21]. Dafür spricht vor allem der Zweck dieser Vorschrift, die die Normsetzungsprärogative der Tarifpartner gewährleisten soll. Im Anwendungsbereich des § 77 Abs. 3, der jedenfalls die Festsetzung von Leistung und Gegenleistung erfaßt[22], kann die

---

[17] Zum Schutzbereich des Art. 9 Abs. 3 GG vgl. oben zu 1 mit Nachweisen in Fn. 11.

[18] Vgl. BVerfGE 4, 96 (106, 110); 44, 322 (340 f.); BAG AP Nr. 64 Bl. 3 R, Nr. 65 Bl. 2 R zu Art. 9 GG Arbeitskampf; *Säcker*, Gruppenautonomie, S. 257; *ders.*, Grundprobleme, S. 45 f.

[19] Vgl. oben § 3 D.

[20] Vgl. auch BAG AP Nr. 1 zu § 87 BetrVG 1972 Kurzarbeit, Bl. 3.

[21] Vgl. BAG AP Nr. 1 zu § 87 BetrVG 1972, Bl. 2 R; *Fitting / Auffarth / Kaiser*, § 77 Anm. 50, 52, 61, § 87 Anm. 11, 15; *Conze*, DB 1978, 490 (492); *Kirchner*, BB 1972, 1279 (1281); *Moll*, Tarifvorrang, S. 34 ff.; *Wiese*, GK-BetrVG, § 87 Anm. 28; *ders.*, 25 Jahre Bundesarbeitsgericht, S. 661 (664 ff.); a. M. *Gast*, Tarifautonomie, S. 39; *Säcker*, ZfA-Sonderheft 1972, 41 (65 f.); *Weiss*, § 87 Anm. 9. Auf die abweichenden Meinungen kann hier nicht näher eingegangen werden.

[22] Die Frage, was unter „sonstigen Arbeitsbedingungen" i. S. des § 77 Abs. 3 zu verstehen ist, ist umstritten. Vgl. *Adomeit*, BB 1972, 53; *Fitting / Auffarth / Kaiser*, § 77 Anm. 51; *Gaul*, Einigungsstelle, S. 73 ff.; *Moll*, Tarifvorrang, S. 44 ff.; *Thiele*, GK-BetrVG, § 77 Anm. 83 ff.; *Wiese*, 25 Jahre Bundesarbeitsgericht, S. 661 (665). Im hier behandelten Zusammenhang kann das Problem dahinstehen, weil die Regelung von Leistung und Gegenleistung unstreitig von § 77 Abs. 3 erfaßt wird.

notwendige Mitbestimmung also nur dann durch Betriebsvereinbarung ausgeübt werden, wenn eine tarifliche Regelung nicht üblich ist[23].

Auch wenn eine Angelegenheit bereits Gegenstand einer Betriebsvereinbarung oder Betriebsabsprache ist, bleibt sie einer abweichenden tariflichen Regelung zugänglich. Tarifliche Normen setzen ihnen widersprechende Betriebsvereinbarungen außer Kraft[24]. Das gilt auch dann, wenn die betriebliche Regelung durch die notwendige Mitbestimmung zustande gekommen ist. Selbst wenn die Höhe des Arbeitsentgelts und die Dauer der Arbeitszeit generell von § 87 erfaßt würden, wären die Gewerkschaften und die Arbeitgeberverbände also nicht daran gehindert, diese Angelegenheiten tariflich zu regeln.

Es ist indessen nicht ausgeschlossen, daß die Tarifautonomie durch ein notwendiges Mitbestimmungsrecht bei vermögenswerten Leistungspflichten der Arbeitsvertragspartner faktisch beeinträchtigt wird. Das gilt vor allem im Hinblick auf die Arbeitsverhältnisse, die nicht in den Geltungsbereich[25] eines Tarifvertrages fallen und für die eine tarifliche Regelung vermögenswerter Leistungspflichten bisher nicht üblich ist, so daß § 77 Abs. 3 und § 87 Abs. 1 Eingangshalbsatz nicht eingreifen[26]. Wenn der Betriebsrat in diesem Falle aufgrund der notwendigen Mitbestimmung eine Betriebsvereinbarung über die Entgelthöhe und die Dauer der Arbeitszeit erzwingen könnte, würde die Attraktivität der zuständigen Gewerkschaft für die betroffenen Arbeitnehmer schwinden. Falls die Koalitionen diese Rechtsverhältnisse erstmals tariflich regeln wollten, könnte die Gewerkschaft im Falle eines Arbeitskampfes kaum auf die Unterstützung der Arbeitnehmer hoffen, die bereits durch eine betriebliche Regelung umfassend abgesichert sind. Dadurch würde die Position der Gewerkschaft bei den entsprechenden Tarifverhandlungen geschwächt. Bleiben die Begründung und der Umfang vermögenswerter Leistungspflichten dagegen einer freiwilligen Betriebsvereinbarung vorbehalten, kann der Betriebsrat nicht die Rolle einer „Ersatzgewerkschaft“[27] übernehmen. Dann hat er nämlich nicht die Möglichkeit, Lohnerhöhungen oder Arbeitszeitverkürzungen zu erzwingen, sobald eine Abwägung der Belange des Betriebs und der betroffenen Arbeitnehmer nach § 76 Abs. 5 Satz 3 dafür spricht.

---

[23] Vgl. dazu *Thiele*, GK-BetrVG, § 77 Anm. 94 ff. m. w. N.

[24] Vgl. LAG Hamm, DB 1974, 2161; *Gnade / Kehrmann / Schneider*, § 87 Anm. 6; *Wiese*, GK-BetrVG, § 87 Anm. 41; ebenso „jedenfalls“ für günstigere tarifliche Regelungen *Wiedemann / Stumpf*, TVG, § 4 Anm. 288.

[25] Zum Geltungsbereich eines Tarifvertrags, der von der Tarifgebundenheit streng zu unterscheiden ist, vgl. *Wiedemann / Stumpf*, TVG, § 4 Anm. 43 ff., 49.

[26] Vgl. auch *Kollmar*, Mitbestimmung bei Akkordlöhnen, S. 105 f.

[27] *Richardi*, Anm. zu BAG AP Nr. 1 zu § 87 BetrVG 1972 Werkmietwohnungen, Bl. 9.

Selbst im Geltungsbereich eines Tarifvertrags kann sich ein notwendiges Mitbestimmungsrecht bei der Begründung und dem Umfang vermögenswerter Leistungspflichten nachteilig auf die Tarifautonomie auswirken. Die Vorschriften des § 77 Abs. 3 und § 87 Abs. 1 Eingangshalbsatz verleihen dem Tarifvertrag nur eine begrenzte Sperrwirkung. Wenn beispielsweise die Lohnhöhe tariflich geregelt ist, kann eine Betriebsvereinbarung zusätzliche vermögenswerte Leistungen des Arbeitgebers vorsehen, sofern sie auf andere Tatbestandsmerkmale als der Tarifvertrag abstellt[28]. Das gilt etwa für Erschwerniszulagen, Gratifikationen oder betriebliche Versorgungsleistungen. Aus demselben Grund können zusätzliche vermögenswerte Nebenleistungspflichten des Arbeitnehmers durch Betriebsvereinbarungen begründet werden, wenn lediglich der zeitliche Umfang der Arbeitspflicht tariflich festgelegt ist. Falls solche Regelungen der notwendigen Mitbestimmung unterlägen, könnten beide Betriebspartner durch die Ausübung ihres Initiativrechts die tarifliche Regelung aushöhlen[29]. Letztlich würden nicht die Tarifvertragsparteien, sondern die Einigungsstelle über das Verhältnis von Leistung und Gegenleistung entscheiden. Dieser Umstand würde sich nachteilig auf die Tarifverhandlungen auswirken, weil die Arbeitgeberseite damit rechnen müßte, nach Abschluß eines Lohntarifvertrages zu zusätzlichen Gratifikationen und Versorgungsleistungen gezwungen zu werden, während die Gewerkschaften zu befürchten hätten, daß nach Beendigung der Tarifrunde die Einigungsstelle auf Antrag des Arbeitgebers mit Rücksicht auf die betrieblichen Belange den Arbeitnehmern zusätzliche Nebenleistungspflichten auferlegt und damit die Lohnerhöhung zunichte macht. Bei freiwilligen Betriebsvereinbarungen besteht diese Gefahr nicht, weil hier jede Seite eine Abweichung vom Tarifvertrag verhindern kann.

Die Tarifvertragsparteien könnten einer Aushöhlung ihrer Vereinbarungen keineswegs durch eine Klausel zuvorkommen, die die Begründung tariflich nicht vorgesehener vermögenswerter Leistungspflichten durch die notwendige Mitbestimmung ausschließt. Die Befugnisse der

---

[28] So zu § 77 Abs. 3 (bzw. der entsprechenden Vorschrift des § 59 BetrVG 1952): LAG Hamm, DB 1979, 2236 (betr. Zusatzurlaub); *Dietz / Richardi*, § 77 Anm. 214; *Eickelberg*, Betriebsvereinbarung über Arbeitsentgelt, S. 143; *Galperin / Löwisch*, § 77 Anm. 77; *Hueck / Nipperdey / Säcker* II/2, S. 1401; *Nikisch* III, S. 385; *Säcker*, BB 1979, 1201 ff. mit Fn. 1; *Thiele*, GK-BetrVG, § 77 Anm. 101; *Zöllner*, Festschrift für Nipperdey, Bd. II, S. 699 (717 ff.). Entsprechendes gilt für die Grenze der notwendigen Mitbestimmung nach § 87 Abs. 1 Eingangshalbsatz: Vgl. BAG AP Nr. 1 zu § 87 BetrVG 1972, Bl. 2 R; LAG Düsseldorf/Köln, EzA Nr. 3 zu § 87 BetrVG 1972 Initiativrecht, S. 36 (betr. Leistungszulage zu Tarifgehalt; insoweit krit. *Säcker*, BB 1979, 1201 [1204]); vgl. zum Ganzen auch *Wiese*, GK-BetrVG, § 87 Anm. 36 ff.; *ders.*, 25 Jahre Bundesarbeitsgericht, S. 661 (672 ff.).

[29] Vgl. auch *Hanau*, BB 1976, 91 (92); *ders.*, Anm. zu BAG AP Nr. 4 zu § 87 BetrVG 1972 Altersversorgung, Bl. 4 R.

Betriebspartner nach § 87 entfallen nur, wenn der Tarifvertrag eine die sachliche Substanz selbst regelnde Norm enthält[30].

Die dargelegten faktischen Beeinträchtigungen der Tarifautonomie sind allerdings nicht so schwerwiegend, daß ein notwendiges Mitbestimmungsrecht über die Begründung und den Umfang vermögenswerter Leistungspflichten gegen Art. 9 Abs. 3 GG verstoßen würde[31]. Der Kernbereich spezifisch koalitionsgemäßer Betätigung wird nicht verletzt, solange die Tarifautonomie im Prinzip erhalten und funktionsfähig bleibt[32]. Das Grundrecht nach Art. 9 Abs. 3 GG garantiert den Tarifpartnern kein Normsetzungsmonopol, sondern nur eine Normsetzungsprärogative[33], die durch den Tarifvorrang und den Tarifvorbehalt nach § 77 Abs. 3, § 87 Abs. 1 Eingangshalbsatz gewährleistet wird.

Andererseits besteht kein Grund anzunehmen, der Gesetzgeber des BetrVG 1972 habe die genannten negativen Auswirkungen auf die Tarifautonomie hinnehmen wollen, zumal er gerade den Umfang derjenigen vermögenswerten Leistungspflichten ausdrücklich der notwendigen Mitbestimmung unterworfen hat, die ohnehin auf tariflicher Ebene nicht sachgerecht geregelt werden können[34]. Insoweit sprechen also auch allgemeine Überlegungen zum Verhältnis von Tarifautonomie und notwendiger Mitbestimmung dafür, daß § 87 grundsätzlich nur Fragen der betrieblichen Ordnung im weitesten Sinne[35] erfaßt.

II. Legitimation der Betriebspartner zur Regelung vermögenswerter Leistungspflichten?

Inhalt und Grenzen der notwendigen Mitbestimmung im hier behandelten Bereich ergeben sich möglicherweise auch aus einer unterschied-

---

30 Vgl. BAG AP Nr. 1 zu § 87 BetrVG 1972 Kurzarbeit, Bl. 3 R f.; AP Nr. 1 zu § 87 BetrVG 1972 Werkmietwohnungen, Bl. 2; *Fitting / Auffarth / Kaiser*, § 87 Anm. 14; *Simitis / Weiss*, DB 1973, 1240 (1247 f.); *Wiedemann*, In memoriam Kahn-Freund, S. 343 (350 f.); *Wiese*, GK-BetrVG, § 87 Anm. 40; *ders.*, 25 Jahre Bundesarbeitsgericht, S. 661 (675).

31 Im Ergebnis ebenso die herrschende Meinung, die in der Einbeziehung sogenannter materieller Arbeitsbedingungen in die notwendige Mitbestimmung keinen Verstoß gegen Art. 9 Abs. 3 GG sieht. Vgl. BAG AP Nr. 1 zu § 87 BetrVG 1972 Kurzarbeit, Bl. 2 R f., mit zust. Anm. von *Wiese*, Bl. 6 R f.; AP Nr. 1 zu § 87 BetrVG 1972 Provision, Bl. 4 R f.; AP Nr. 1 zu § 87 BetrVG 1972 Werkmietwohnungen, Bl. 4 R; *Blomeyer*, ZfA 1975, 243 (293); *Fitting / Auffarth / Kaiser*, § 87 Anm. 9; *Gester / Isenhardt*, RdA 1974, 80 (83); *Moll*, BlStSozArbR 1977, 177 f.; *Wiese*, GK-BetrVG, § 87 Anm. 26.

32 Vgl. BVerfGE 50, 290 (372 f.).

33 Vgl. BVerfGE 50, 290 (371); *Säcker*, Gruppenautonomie, S. 261.

34 Vgl. das Ergebnis der Einzelanalyse der Mitbestimmungsrechte oben § 3 D.

35 Zum Begriff oben § 3 D.

lichen Legitimation der Tarifpartner einerseits und der Betriebspartner andererseits, Arbeitsbedingungen normativ zu regeln. Nach Auffassung *Richardis* können materielle Arbeitsbedingungen[36], vor allem der Umfang der Arbeitsleistung und die Höhe des Lohnes, außer durch Individualarbeitsvertrag grundsätzlich nur durch Tarifvertrag, nicht aber durch Betriebsvereinbarung festgesetzt werden[37]. Lediglich zusätzliche Leistungen des Arbeitgebers, z. B. Gratifikationen und Ruhegelder, könnten Gegenstand einer Betriebsvereinbarung sein, weil diese insoweit als Vertrag zugunsten Dritter wirke[38]. Auch für die vorübergehende Verkürzung oder Verlängerung der betriebsüblichen Arbeitszeit sei eine Ausnahme anzuerkennen[39].

Die Normsetzungsbefugnis der Betriebspartner ist zwar streng von der notwendigen Mitbestimmung zu unterscheiden, weil nicht alle Angelegenheiten, die durch Betriebsvereinbarung geregelt werden können, von § 87 erfaßt werden[40]. Ihre Reichweite hat aber Auswirkungen auf den Inhalt der Mitbestimmung, weil Arbeitgeber und Betriebsrat aufgrund ihres Initiativrechts nach § 87 nur solche Regelungen erzwingen können, die auch durch freiwillige Vereinbarungen getroffen werden könnten[41]. Die Entscheidung der Einigungsstelle ersetzt lediglich die Einigung zwischen Betriebsrat und Arbeitgeber. Sollte sich die Auffassung *Richardis* über die Grenzen der betrieblichen Normsetzungsbefugnis als zutreffend erweisen, könnten die meisten materiellen Arbeitsbedingungen auch durch die Mitbestimmung nach § 87 nicht normativ gestaltet werden, sondern allenfalls Gegenstand einer zwischen Betriebsrat und Arbeitgeber schuldrechtlich wirkenden Betriebsabsprache sein. Die Begründung und der Umfang der wichtigsten vermögenswerten Leistungspflichten des Arbeitgebers und der Arbeitnehmer würden dann schon wegen der begrenzten Rechtssetzungskompetenz der Betriebspartner nicht unmittelbar durch die Mitbestimmung nach § 87 geregelt[42].

Richardi sieht den Grund für die Beschränkung der betrieblichen Normsetzungsbefugnis in den Ordnungsgrundsätzen des Privatrechts. Sowohl der Tarifvertrag als auch die Betriebsvereinbarung seien keine

---

[36] Zum Begriff oben § 1 B I.

[37] Vgl. *Dietz / Richardi*, § 77 Anm. 53 f.; *Richardi*, Kollektivgewalt, S. 316 ff.; ähnlich *Canaris*, AuR 1966, 129 (131 f., 139).

[38] Vgl. *Richardi*, Kollektivgewalt, S. 320.

[39] Vgl. *Dietz / Richardi*, § 77 Anm. 54; *Richardi*, Kollektivgewalt, S. 321 (für die Einführung von Kurzarbeit).

[40] Vgl. *Richardi*, Festgabe für von Lübtow, S. 755 (756).

[41] Vgl. *Richardi*, Festgabe für von Lübtow, S. 755 (757 f.).

[42] Zu der in der dogmatischen Konstruktion vergleichbaren, aber auf anderen Erwägungen beruhenden restriktiven Auslegung des § 87 Abs. 1 Nr. 3 durch *Zöllner* vgl. oben § 3 B II 1 b.

öffentlich-rechtlichen Institute, wie sich aus der fehlenden ausdrücklichen Ermächtigungsgrundlage und der mangelnden Staatsaufsicht ergebe[43]. Privatrechtliche Regelungen seien aber nur dann legitim, wenn sich die Betroffenen wie beim Abschluß eines Vertrages freiwillig unterworfen hätten. Diese Voraussetzung sei zwar beim Tarifvertrag, nicht aber bei der Betriebsvereinbarung erfüllt. Nach § 3 Abs. 1 TVG stehe es dem Arbeitnehmer frei, sich durch einen Austritt aus der Gewerkschaft der Tarifgebundenheit und damit der Geltung der Tarifnormen zu entziehen. Dagegen habe die Normen einer Betriebsvereinbarung nur der Arbeitgeber freiwillig akzeptiert, die Arbeitnehmer seien ihnen aufgrund ihrer Zugehörigkeit zum Betrieb unterworfen. Die Betriebsvereinbarung habe daher den Charakter einer Zwangsordnung[44]. Der Mangel an freiwilliger Unterwerfung werde auch nicht dadurch kompensiert, daß die betroffenen Arbeitnehmer den Betriebsrat wählten. Ebensowenig bilde der Abschluß des Arbeitsvertrages eine ausreichende Legitimation, weil er sich nur auf die Leitungsbefugnis des Arbeitgebers, nicht auf die betriebliche Rechtssetzung beziehe. Deshalb seien grundsätzlich nur die Tarifvertragsparteien, nicht aber die Betriebspartner berechtigt, materielle Arbeitsbedingungen normativ zu regeln.

Mit *Richardi* ist davon auszugehen, daß die Betriebsvereinbarung ebenso wie der Tarifvertrag zum Privatrecht gehört[45]. Im Ergebnis zutreffend ist auch die Annahme, im Abschluß des Arbeitsvertrags liege keine freiwillige Unterwerfung unter die betriebliche Normsetzung[46]. Denn der Arbeitnehmer wird im Regelfall nicht sein Arbeitsverhältnis lösen und die damit zusammenhängenden wirtschaftlichen Folgen in Kauf nehmen, um sich der Geltung einer Betriebsvereinbarung zu entziehen, die er ablehnt.

Daraus ergibt sich indessen keine Beschränkung der Normsetzungsbefugnis der Betriebspartner. Der Grundsatz, daß von einer einzelvertraglichen Regelung nur diejenigen betroffen werden können, die sich dieser Ordnung freiwillig unterworfen haben, ist Ausdruck des Prinzips der Selbstbestimmung[47]. Diesem kann aber im Arbeitsverhältnis gerade nicht durch den Abschluß von Individualverträgen Rechnung getragen werden, weil der Arbeitgeber den Arbeitnehmern faktisch überlegen

---

43 *Richardi*, Kollektivgewalt, S. 147 ff., 316 f.

44 *Dietz / Richardi*, § 77 Anm. 50; *Richardi*, Kollektivgewalt, S. 313; vgl. auch *Canaris*, AuR 1966, 129 (139); *Reuter*, Vergütung von AT-Angestellten, S. 6 f.

45 Vgl. *Fitting / Auffarth / Kaiser*, § 77 Anm. 17; *Hueck / Nipperdey / Säcker* II/2, S. 1272; *Säcker*, Gruppenautonomie, S. 341.

46 Ebenso *Kreutz*, Betriebsautonomie, S. 209; *Säcker*, Gruppenautonomie, S. 344; *ders.*, ZfA-Sonderheft 1972, 41 (50).

47 Vgl. *Larenz*, Allgemeiner Teil, S. 474.

ist[48]. Deshalb ist ein kollektiver Schutz erforderlich, der durch Tarifverträge und Betriebsvereinbarungen verwirklicht wird. Damit diese Institute die Arbeitnehmer nicht einer Fremdbestimmung unterwerfen, sondern ihrer Funktion gerecht werden, die Selbstbestimmung der Arbeitnehmer zu fördern[49], bedürfen sie einer Legitimation durch die Betroffenen[50]. Ähnlich wie bei der staatlichen Rechtssetzung muß eine Kontrolle der Normsetzenden durch die Normunterworfenen gewährleistet sein[51]. Die Repräsentanten der Arbeitnehmer müssen wissen, daß ihnen Nachteile drohen, wenn sie die Interessen der Betroffenen nicht sachgerecht wahrnehmen. Beim Tarifvertrag wird diesem Erfordernis dadurch Rechnung getragen, daß die Arbeitnehmer jederzeit aus der Gewerkschaft austreten und dadurch mittelbar Druck auf diese ausüben können[52]. Im Bereich der betrieblichen Normsetzung erfolgt die Kontrolle durch die Betriebsratswahl und die Möglichkeit einer Amtsenthebung nach § 23 Abs. 1. Somit sind die Betriebspartner in gleicher Weise legitimiert wie die Tarifvertragsparteien[53].

Es bleibt die Frage nach dem Schutz von Minderheiten, die sich bei Betriebsratswahlen nicht durchsetzen können[54]. Dieses Problem kann indessen nicht durch eine Beschränkung der betrieblichen Normsetzungsbefugnis auf sogenannte formelle Arbeitsbedingungen gelöst werden, weil es sich bei allen Arbeitsbedingungen in gleicher Weise stellt. Es ist nicht einzusehen, warum gerade die Regelung von Leistung und Gegenleistung, nicht aber sonstiger Angelegenheiten, ein Akt der Fremdbestimmung sein soll[55]. Einen sachgerechten und ausreichenden Schutz der Arbeitnehmer vor einer Bevormundung verwirklichen vielmehr die allgemein anerkannten Schranken der Normsetzungsbefugnis[56], insbesondere die Bindung an die Grundrechte bzw. die Grundsätze des § 75[57] sowie an anderes staatliches Recht. Hinzu kommt die

---

[48] Vgl. oben § 5 B I mit Nachweisen in Fn. 18.

[49] Vgl. *Kreutz*, Betriebsautonomie, S. 210 f. mit Fn. 56.

[50] Vgl. *Säcker*, Gruppenautonomie, S. 344.

[51] Zur Legitimation der Staatsgewalt durch Kontrolle vgl. *Gehring*, Parlament - Regierung - Opposition, S. 73; *Herzog*, in Maunz / Dürig / Herzog / Scholz, Art. 20 Anm. 48.

[52] Vgl. *Reuter*, Vergütung von AT-Angestellten, S. 6.

[53] Vgl. *Säcker*, Gruppenautonomie, S. 344 f.; *ders.*, ZfA-Sonderheft 1972, 41 (50 f.), der aber auch auf die Rechtsnatur der Betriebsvereinbarung als „autonomes, objektives Satzungsrecht" abstellt. Diese formale Qualifikation spielt jedoch für die Legitimation der Betriebspartner keine Rolle, so daß hier die Frage nach der Rechtsnatur betrieblicher Normen offenbleiben kann.

[54] Vgl. auch *Reuter*, Vergütung von AT-Angestellten, S. 7.

[55] Vgl. *Kreutz*, Betriebsautonomie, S. 210 f.

[56] Vgl. dazu *Thiele*, GK-BetrVG, § 77 Anm. 53 ff., 63 ff. m. w. N.

[57] Ob die betriebliche Normsetzungsbefugnis unmittelbar durch die Grundrechte (vgl. BAG AP Nr. 28 Bl. 2 R, Nr. 39 Bl. 2 zu Art. 3 GG; AP Nr. 28 zu Art. 12 GG, Bl. 2; *Travlos-Tzanetatos*, Regelungsbefugnis der Betriebspartner,

Möglichkeit einer Inhaltskontrolle durch die Gerichte[58]. Schließlich ist zu berücksichtigen, daß eine Betriebsvereinbarung ebenso wie ein Tarifvertrag nur einen Mindeststandard festlegt, von dem nach dem Günstigkeitsprinzip jederzeit durch einzelvertragliche Vereinbarungen abgewichen werden kann[59]. Günstigkeitsneutrale Regelungen sind bei der Festsetzung des Umfangs von Leistung und Gegenleistung ausgeschlossen.

Auch der gesetzlichen Regelung liegt die Vorstellung zugrunde, daß der Umfang von Leistung und Gegenleistung durch eine Betriebsvereinbarung geregelt werden kann. In § 88 werden zwar nur einige zusätzliche Leistungen des Arbeitgebers genannt, die auch nach der Konzeption *Richardis* der betrieblichen Rechtssetzungsbefugnis unterliegen[60]. Diese Aufzählung ist indessen nicht abschließend, wie schon die Verwendung des Begriffes „insbesondere" zeigt[61]. Darüber hinaus ist § 77 Abs. 3 zu beachten, der bestimmt, daß Arbeitsentgelte und sonstige Arbeitsbedingungen nicht durch Betriebsvereinbarungen festgelegt werden können, wenn sie durch Tarifvertrag geregelt sind oder üblicherweise geregelt werden. Diese Vorschrift wäre weitgehend überflüssig, wenn grundsätzlich die Lohnhöhe und die Dauer der Arbeitszeit ohnehin der betrieblichen Normsetzungsbefugnis entzogen wären. Das gilt vor allem, wenn man mit *Richardi* der herrschenden Meinung folgt und annimmt, § 77 Abs. 3 erfasse nur die sogenannten materiellen Arbeitsbedingungen[62]. Ein Umkehrschluß[63] zu § 77 Abs. 3 zwingt also zu der Annahme, daß Arbeitgeber und Betriebsrat auch den Umfang von Leistung und Gegenleistung im Arbeitsverhältnis normativ gestalten können, sofern keine tarifliche Regelung besteht oder üblich ist[64]. Die

S. 75 ff.), die Persönlichkeitsrechte als deren privatrechtskonforme Ausprägung oder durch § 75 (vgl. *Weiss*, § 87 Anm. 19; *Wiese*, GK-BetrVG, vor § 81 Anm. 5) begrenzt wird, kann hier dahinstehen.

[58] Vgl. (i. S. einer „Billigkeitskontrolle") BAG AP Nr. 1 zu § 77 BetrVG 1972 Auslegung, Bl. 3; AP Nr. 142 zu § 242 BGB Ruhegehalt, Bl. 6 R f.; *Däubler* I, S. 241; *Dietz / Richardi*, § 77 Anm. 77; *Galperin / Löwisch*, § 77 Anm. 54; krit. *Thiele*, GK-BetrVG, § 77 Anm. 64 ff.

[59] Vgl. *von Friesen*, DB 1980, Beilage Nr. 1, S. 1 (13); *Moll*, Mitbestimmung beim Entgelt, S. 203; *Wiese*, Initiativrecht, S. 68; zur Auffassung von *Lieb*, ZfA 1978, 179 (189), und *Reuter*, Vergütung von AT-Angestellten, S. 7 f., faktisch seien Einzelvereinbarungen beim Bestehen einer kollektiven Regelung trotz des Günstigkeitsprinzips ausgeschlossen, vgl. oben § 5 B I.

[60] Vgl. die Angaben oben Fn. 38.

[61] Vgl. *Fitting / Auffarth / Kaiser*, § 88 Anm. 2; *Wiese*, GK-BetrVG, § 88 Anm. 7.

[62] Vgl. LAG Berlin, DB 1978, 115 (116); *Dietz / Richardi*, § 77 Anm. 185 ff.; *Galperin / Löwisch*, § 77 Anm. 75; *Thiele*, GK-BetrVG, § 77 Anm. 83 ff.; *Wiese*, 25 Jahre Bundesarbeitsgericht, S. 661 (665) m. w. N.; a. M. *Fitting / Auffarth / Kaiser*, § 77 Anm. 51; *Säcker*, ZfA-Sonderheft 1972, 41 (66).

[63] Vgl. dazu *Larenz*, Methodenlehre, S. 376 f.

[64] Vgl. *Kreutz*, Betriebsautonomie, S. 208 ff.; *Thiele*, GK-BetrVG, § 77

funktionelle Zuständigkeit der Betriebspartner besteht in allen sozialen Angelegenheiten[65], auch bei der Begründung und der Regelung des Umfangs vermögenswerter Leistungspflichten der Arbeitsvertragspartner[66].

Damit ist aber keineswegs gesagt, daß insoweit auch § 87 eingreift, weil diese Vorschrift nur in einem Teilbereich betrieblicher Normsetzungsbefugnis ein notwendiges Mitbestimmungsrecht vorsieht.

III. Schutzzweck der Betriebsverfassung im Verhältnis zum Tarifwesen

1. *Wahrung ideeller Interessen der Arbeitnehmer*

Die Reichweite der notwendigen Mitbestimmung in sozialen Angelegenheiten könnte sich aus dem Schutzzweck[67] der betrieblichen Teilhaberechte im Verhältnis zur tariflichen Regelungsbefugnis ergeben. Im System des Arbeitsrechts sind drei Funktionsbereiche zu unterscheiden, nämlich der Schutz des Lebens und der Gesundheit, der Vermögensinteressen sowie ideeller Belange des Arbeitnehmers[68]. Während der Schutz von Leben und Gesundheit im hier behandelten Zusammenhang keine Rolle spielt, ist die Unterscheidung zwischen der Wahrung von Vermögensinteressen einerseits und von ideellen Belangen andererseits möglicherweise von entscheidender Bedeutung.

Schon unter der Geltung des BetrVG 1952 wurde herausgearbeitet, daß das Tarifwesen vor allem dem Schutz materieller Interessen des Arbeitnehmers dient, etwa der Hebung seines Lebensstandards[69]. Dagegen soll die Betriebsverfassung einschließlich der notwendigen Mitbestimmung in sozialen Angelegenheiten vorwiegend die Achtung des

---

Anm. 54; ebenso zu § 59 BetrVG 1952, der § 77 Abs. 3 BetrVG 1972 entspricht: *Nikisch* III, S. 277; *Strasser*, Betriebsvereinbarung, S. 126.

[65] Vgl. BAG AP Nr. 1 zu § 88 BetrVG 1972, Bl. 3 R; AP Nr. 1 zu § 57 BetrVG, Bl. 2; AP Nr. 9 zu § 59 BetrVG, Bl. 3; *Fitting / Auffarth / Kaiser*, § 1 Anm. 47, § 88 Anm. 2; *Galperin / Löwisch*, § 88 Anm. 1; *Hueck / Nipperdey / Säcker* II/2, S. 1403; *Kreutz*, Betriebsautonomie, S. 207; *Wiese*, GK-BetrVG, vor § 87 Anm. 3, § 88 Anm. 7.

[66] Im Ergebnis ebenso die ganz herrschende Meinung; vgl. *Fitting / Auffarth / Kaiser*, § 77 Anm. 31; *Galperin / Löwisch*, § 88 Anm. 2; *Hueck / Nipperdey / Säcker* II/2, S. 1668 ff. (Nachtrag zu S. 1256 ff.); *Kreutz*, Betriebsautonomie, S. 209 ff.; *Löwisch*, AuR 1978, 97 (99); *Stege / Weinspach*, § 88 Anm. 2; *Thiele*, GK-BetrVG, § 77 Anm. 54; *Wiese*, GK-BetrVG, § 88 Anm. 11; gegen die Konzeption *Richardis* auch *Gast*, Arbeitsvertrag und Direktion, S. 361 f.

[67] Zum Zweck des Gesetzes als Auslegungskriterium vgl. *Larenz*, Methodenlehre, S. 319 ff., 322 ff.

[68] Vgl. *Wiese*, in Weber-Fas (Hrsg.), Jurisprudenz, S. 19 (20); *ders.*, ZfA 1971, 273 f.

[69] Vgl. *Dietz*, Probleme des Mitbestimmungsrechts, S. 1.

Arbeitnehmers als Persönlichkeit sichern und ihn davor bewahren, zu einem reinen Produktionsfaktor und zum bloßen Objekt von Leitungs- und Kontrollmaßnahmen herabgewürdigt zu werden[70]. Auch im Bericht der Mitbestimmungskommission, der bei dem Entwurf des geltenden Betriebsverfassungsrechts berücksichtigt wurde[71], findet sich dieser Gedanke[72]. Er zwingt zu der Annahme, daß die Betriebsverfassung vor allem dazu dient, die Arbeitnehmer an den sie berührenden Entscheidungen teilhaben zu lassen[73] und ihnen damit eine Subjektstellung zuzuweisen.

Auch daraus ergibt sich eine Funktionsteilung zwischen Tarifwesen und Betriebsverfassung, so daß insoweit die hier vertretene Auffassung bestätigt wird. Der Sinn einer solchen grundsätzlichen Zweckanalyse würde indessen verfehlt, wenn man versuchte, mit ihrer Hilfe die genaue Reichweite der notwendigen Mitbestimmung nach § 87 zu ermitteln. Das wäre schon deshalb nicht überzeugend, weil ein Mitbestimmungsrecht bei der Begründung und dem Umfang vermögenswerter Leistungspflichten nicht nur materiellen Belangen dienen würde, sondern auch die Selbstbestimmung der Arbeitnehmer fördern könnte, indem es die faktische Überlegenheit des Arbeitgebers[74] kompensierte.

2. *Regelung betriebsspezifischer Probleme*

Eine andere Auffassung stellt nicht auf die Art der geschützten Interessen des Arbeitnehmers, sondern auf den Gegenstand und die Auswirkungen der Regelung ab. Die Tarifpartner seien dazu berufen, gesamtwirtschaftliche, überbetriebliche Daten zu setzen, während der Zweck der Betriebsverfassung darin bestehe, betriebsspezifische Konflikte zu lösen[75]. Auch diese Kompetenzabgrenzung führt im wesentlichen zu denselben Ergebnissen wie die hier vertretene systematische und historische Auslegung des Gesetzes, weil die betriebliche Ordnung

[70] Vgl. zum BetrVG 1952: *Hueck / Nipperdey* I, S. 28; *Isele*, RdA 1962, 373 (374); *G. Müller*, BB 1957, 409 (410); *Nikisch* III, S. 338; *Söllner*, RdA 1968, 437 ff.; *Wiese*, ZfA 1971, 273 (275 Fn. 14); ebenso zum BetrVG 1972: *Jahnke*, ZfA 1980, 863 (883 f.); *Söllner*, Arbeitsrecht, S. 154; *Wiese*, GK-BetrVG, vor § 81 Anm. 3.

[71] Vgl. amtliche Begründung, BT-Drucks. VI/1786, S. 31.

[72] Vgl. Bericht der Mitbestimmungskommission, BT-Drucks. VI/334, S. 18, 56.

[73] Vgl. *Galperin / Löwisch*, vor § 74 Anm. 4; *Jahnke*, ZfA 1980, 863 (883 f.); *Wiese*, GK-BetrVG, § 87 Anm. 52 f.; *ders.*, Initiativrecht, S. 11, 34; *ders.*, 25 Jahre Bundesarbeitsgericht, S. 661 (662); zum Teilhabegedanken vgl. auch schon oben § 3 A I mit Nachweisen.

[74] Vgl. dazu oben § 5 B I mit Nachweisen in Fn. 18.

[75] Vgl. *von Friesen*, DB 1980, Beilage Nr. 1, S. 1 (14); *dies.*, AuR 1980, 367 (369); *Vollmer*, DB 1979, 308, 355 (357); ebenso zum BetrVG 1952: *Schelp*, DB 1962, 1242; vgl. auch BAG AP Nr. 1 zu § 87 BetrVG 1972 Kurzarbeit, Bl. 3; *G. Müller*, DB 1967, 903 (905 f.); *Nikisch* III, S. 261.

im weitesten Sinne[76] eine typisch betriebsspezifische Frage ohne Bezug zur Gesamtwirtschaft ist, während die Begründung und der Umfang vermögenswerter Leistungspflichten des Arbeitgebers und der Arbeitnehmer Einfluß auf die allgemeine ökonomische Entwicklung haben. So kann etwa die Entgelthöhe das Preisniveau[77], aber auch den Arbeitsmarkt beeinflussen, weil die Nachfrage nach Arbeitskräften unter anderem vom Preis der Arbeit abhängt. Dasselbe gilt für die Dauer der Arbeitszeit, deren Senkung den Arbeitsmarkt entlastet, andererseits aber bei unveränderten Löhnen die Produktionskosten erhöht und damit zu Preissteigerungen führen kann[78].

Die Unterscheidung zwischen gesamtwirtschaftlich relevanten und betriebsspezifischen Regelungen ermöglicht indessen keine weitere Absicherung der hier vertretenen Konzeption, weil die dargelegte Auffassung ihrerseits des Beweises bedarf. Außerdem kann sie nicht erklären, warum die Betriebspartner im Rahmen der durch § 77 Abs. 3 gezogenen Schranken freiwillige Betriebsvereinbarungen über vermögenswerte Leistungspflichten treffen können, obwohl dadurch möglicherweise ebenfalls gesamtwirtschaftliche Belange berührt und nicht nur betriebsspezifische Probleme gelöst werden. Es ist daher nicht nach einer Funktionsabgrenzung zwischen Betriebsverfassung und Tarifwesen allgemein, sondern danach zu fragen, ob und gegebenenfalls warum der Regelungsmechanismus der notwendigen Mitbestimmung in sozialen Angelegenheiten weniger zur Gestaltung gesamtwirtschaftlich relevanter Angelegenheiten geeignet ist als der Abschluß von Tarifverträgen. Damit rückt die betriebliche Einigungsstelle, die im Streitfall nach § 87 Abs. 2 eine verbindliche Regelung zu treffen hat, in den Mittelpunkt der Überlegungen. Es ist zu prüfen, ob sie eine geeignete Instanz ist, um den Umfang vermögenswerter Leistungspflichten zu regeln und über zusätzliche Pflichten zu entscheiden.

IV. Die Kompetenz der Einigungsstelle

1. *Mangelnder Maßstab*

Bei der Regelung des Umfangs und der Begründung vermögenswerter Leistungspflichten besteht ein erheblich größerer Ermessensspielraum als bei Fragen der betrieblichen Ordnung im weitesten

[76] Zum Begriff oben § 3 D.

[77] Vgl. *Samuelson*, Economics, S. 830 ff.; *Stegner*, in Frisch / Müller / Olten / Stegner I, S. 512.

[78] Zum Einfluß der Kosten auf die Preisbildung vgl. *Kosiol*, Kostenrechnung, S. 299 ff.; *Mellerowicz*, Kosten und Kostenrechnung I, S. 477 ff., 489 ff.

Sinne[79]. In jenem Bereich, z. B. bei der Regelung von Entlohnungsgrundsätzen, gibt es regelmäßig nur wenige Entscheidungsmöglichkeiten. Für oder gegen jede von ihnen lassen sich sachliche Gesichtspunkte aufzeigen, so daß die Einigungsstelle innerhalb eines gewissen Ermessensrahmens, der ihr generell eingeräumt werden muß[80], eine objektiv vernünftige Lösung finden kann. Eine Lohnerhöhung oder eine Verkürzung der Arbeitszeit kann dagegen niemals „richtig" oder „falsch", sondern nur für die Arbeitgeber- oder Arbeitnehmerseite mehr oder weniger vorteilhaft sein. Deshalb ist es ausgeschlossen, den Ermessensspielraum durch einen objektiven Maßstab zu begrenzen. Die Vorschrift des § 76 Abs. 5 Satz 3 nennt zwar als Richtwerte die Belange des Betriebs und der betroffenen Arbeitnehmer[81]. Das ist indessen zu allgemein, um die Entscheidung der Einigungsstelle über den Umfang vermögenswerter Leistungspflichten, von Extremfällen abgesehen, überprüfbar zu machen. Das adäquate Mittel zur Regelung solcher Angelegenheiten ist daher nicht der verbindliche Spruch eines Schlichters, sondern der Tarifvertrag als eine marktwirtschaftlich ausgehandelte Vereinbarung[82], die notfalls durch die Ausübung von Druck und Gegendruck in einem Arbeitskampf zustande kommt. Auf diese Weise kann eine für beide Seiten akzeptable Lösung ausgelotet werden, ohne daß es eines objektiven Maßstabes bedarf.

Moll hat allerdings versucht, Leitlinien für eine Entscheidung der Einigungsstelle über die Entgelthöhe zu entwickeln[83], die sich möglicherweise auch auf andere vermögenswerte Leistungspflichten von Arbeitgeber und Arbeitnehmer übertragen ließen. Er will den Tarifabschlüssen einen Richtwert entnehmen. Wenn das tarifliche Entgelt um fünf bis sechs Prozent steige, sei ein Spruch der Einigungsstelle, der eine zehnprozentige Lohnerhöhung anordne, ermessensfehlerhaft. Diese Konzeption, die in modifizierter Form § 19 Abs. 1 Satz 2 und 3 HAG zugrunde liegt, mag de lege ferenda auch im Betriebsverfassungsrecht vernünftig sein. Mit dessen gegenwärtiger Ausgestaltung läßt sie sich indessen nicht vereinbaren[84]. Nach § 76 Abs. 5 Satz 3 muß sich die Einigungsstelle an den Belangen des konkreten Betriebs orientieren. Die

---

[79] Zum Begriff oben § 3 D.

[80] Vgl. *Fitting / Auffarth / Kaiser,* § 76 Anm. 32; *Thiele,* GK-BetrVG, § 76 Anm. 82.

[81] Das übersieht *(Galperin /) Löwisch,* § 87 Anm. 226; *Löwisch,* ZHR 139 (1975), 362 (372 f.); dagegen insoweit zutr. *Moll,* Mitbestimmung beim Entgelt, S. 178; *Strieder,* BB 1980, 420 (422).

[82] Vgl. auch *Hanau,* BB 1977, 350 (353).

[83] Vgl. *Moll,* Mitbestimmung beim Entgelt, S. 228.

[84] Im Ergebnis ebenso *Reuter,* Vergütung von AT-Angestellten, S. 22 Fn. 78, der auch rechtspolitisch Bedenken äußert; abl. auch *Kammann / Hess / Schlochauer,* § 87 Anm. 218; *Löwisch,* Anm. zu BAG, EzA Nr. 2 zu § 87 BetrVG 1972 Leistungslohn, S. 30.

regelmäßig überbetriebliche tarifliche Regelung gibt aber nur einen Anhaltspunkt, was in bezug auf einen ganzen Wirtschaftszweig angemessen ist. Es fließen also auch die Interessen von Unternehmen ein, die wirtschaftlich schwächer oder stärker sind als das, dem der fragliche Betrieb angehört.

Zudem stellt sich die Frage, woran sich die Einigungsstelle orientieren soll, wenn eine tarifliche Regelung vergleichbarer Entgelte fehlt. Hier kommt es nach *Moll* darauf an, mit welchen Leistungspflichten der Unternehmer rechnen muß. Deshalb sei vom Branchen- und Ortsüblichen auszugehen, auf die Eigenheiten des Betriebs müsse aber in besonderer Weise Rücksicht genommen werden[85]. Ob eine Regelung durch die Einigungsstelle vorhersehbar ist, spielt indessen nach § 76 Abs. 5 Satz 3 keine Rolle. Zutreffend ist nur, daß es auf die Eigenheiten des Betriebes ankommt. Insoweit umschreibt *Moll* aber lediglich den Inhalt des Gesetzes, ohne der Einigungsstelle einen zusätzlichen Maßstab für die Ausübung ihres Ermessens zu geben.

Diese ist daher nur in den beiden oben herausgearbeiteten Fallgruppen[86] berufen, vermögenswerte Leistungspflichten zu begründen und ihren Umfang festzulegen, weil sich insoweit regelmäßig keine Maßstabsprobleme ergeben. Bei der Mitbestimmung über eine vorübergehende Verkürzung oder Verlängerung der betriebsüblichen Arbeitszeit nach § 87 Abs. 1 Nr. 3 kann die Einigungsstelle von der regelmäßigen Arbeitszeit ausgehen und muß nur entscheiden, ob aufgrund von Absatzstockungen oder einem Nachfrageüberhang Kurzarbeit bzw. Überstunden erforderlich sind. Maßstabsprobleme bestehen auch nicht bei der Festsetzung der Höhe leistungsbezogener Entgelte, die der Mitbestimmung gemäß § 87 Abs. 1 Nr. 11 unterworfen ist. Hier dient der entsprechende Zeitlohn in demselben oder einem vergleichbaren Betrieb als Maßstab[87]. Der Einigungsstelle bleibt festzulegen, welcher Zuschlag für Akkord- oder Prämienarbeit zu entrichten ist, wobei sie auf arbeitswissenschaftliche Erkenntnisse über den Leistungsgrad der im Zeitlohn Beschäftigten zurückgreifen kann[88]. Lediglich dann, wenn vergleichbare Zeitlöhne fehlen, hat die Einigungsstelle auch hier einen erheblichen Ermessensspielraum, der aber wegen der besonderen Schutzbedürftigkeit der Arbeitnehmer und des mangelnden Schutzes durch das Tarifwesen[89] ausnahmsweise hinzunehmen ist.

---

[85] Vgl. *Moll*, Mitbestimmung beim Entgelt, S. 229.

[86] Vgl. oben § 3 D.

[87] Vgl. oben § 2 A X 1 b bb.

[88] Vgl. *Hanau*, BB 1977, 350 (353); vgl. auch *Gaul*, in Dietz / Gaul / Hilger, Akkord und Prämie, S. 70.

[89] Vgl. oben § 2 A X 2.

Die Fälle, in denen die Einigungsstelle außerhalb der sozialen Angelegenheiten über den Umfang von vermögenswerten Leistungspflichten entscheidet, bieten keine Probleme. Sowohl bei der Mitbestimmung über Maßnahmen bei einer Änderung von Arbeitsplatz, Arbeitsablauf und Arbeitsumgebung gemäß § 91 als auch bei der Aufstellung eines Sozialplans nach § 112 geht es lediglich um den Ausgleich meßbarer Nachteile[90].

Vor diesem Hintergrund wird auch verständlich, warum ein notwendiges Mitbestimmungsrecht nur bei der Regelung vermögenswerter Leistungspflichten als solcher ausscheidet, nicht aber, wenn diese lediglich indirekt beeinflußt werden[91]. Fragen der betrieblichen Ordnung im weitesten Sinne[92] können auch dann von der Einigungsstelle sachgerecht entschieden werden, wenn sie die dem Arbeitgeber entstehenden Kosten erhöhen. Dieser Umstand ist nur einer von mehreren Gesichtspunkten, die die Einigungsstelle nach § 76 Abs. 5 Satz 3 berücksichtigen muß[93]. Maßstabsprobleme können insoweit nicht entstehen. Dasselbe gilt in den Fällen, in denen der Umfang vermögenswerter Leistungspflichten der Arbeitnehmer durch die notwendige Mitbestimmung indirekt beeinflußt wird[94].

2. *Gefahr von Wettbewerbsverzerrungen*

Weil der Ermessensrahmen der Einigungsstelle bei einer Entscheidung über die Begründung und den Umfang vermögenswerter Leistungspflichten der Arbeitsvertragspartner grundsätzlich nicht durch objektive Maßstäbe begrenzt werden kann, könnte ein notwendiges Mitbestimmungsrecht bei diesen Angelegenheiten auch zu Wettbewerbsverzerrungen führen[95]. Letztlich läge es in der Hand des Einigungsstellenvorsitzenden, dessen Stimme im Streitfall nach § 76 Abs. 3 Satz 2 2. Halbsatz den Ausschlag gibt, in welchem Umfang Arbeitgeber und Arbeitnehmer mit vermögenswerten Leistungspflichten belastet werden. Die beste Wettbewerbsposition hätte der Unternehmer, dessen Einigungsstelle den Umfang seiner vermögenswerten Leistungspflichten niedrig ansetzt und ihm somit ein Warenangebot zu einem günstigen Preis erlaubt. Folglich könnte der marktwirtschaftliche Wettbewerb seiner angebotsregulierenden Funktion[96] nicht mehr in vollem Umfang

[90] Vgl. oben § 2 B I 2 a, § 2 B II 2 sowie *Beuthien*, Festschrift für G. Müller, S. 13 (19 f.); *Hanau*, BB 1977, 350 (353); *Reuter*, ZfA 1981, 165 (194 f.).

[91] Vgl. z. B. oben § 2 A II 1 b, § 2 A XI 2.

[92] Zum Begriff oben § 3 D.

[93] Vgl. auch *Wiese*, GK-BetrVG, § 87 Anm. 23.

[94] Vgl. z. B. oben § 3 B I 2.

[95] Ebenso hinsichtlich der Mitbestimmung bei der Lohnhöhe *Hanau*, BB 1976, 91 (92). Das Argument gilt für alle vermögenswerten Leistungspflichten.

gerecht werden, weil sich nicht das Unternehmen mit den besten Produkten oder Herstellungsmethoden, sondern das mit der „besten" betrieblichen Einigungsstelle durchsetzen würde.

Im Gegensatz zu einem Spruch der Einigungsstelle entfaltet ein Tarifvertrag wegen seines typischerweise überbetrieblichen Geltungsbereichs eine Kartellwirkung[97]. Er legt für einen ganzen Wirtschaftszweig einheitliche Arbeitsbedingungen fest und schafft somit gleiche Wettbewerbsbedingungen[98]. Auch deshalb ist grundsätzlich allein der Tarifvertrag, nicht aber die notwendige Mitbestimmung des Betriebsrats das adäquate Mittel, um vermögenswerte Leistungspflichten des Arbeitgebers und der Arbeitnehmer zu begründen und ihren Umfang zu regeln.

V. Betriebsfrieden und vertrauensvolle Zusammenarbeit

Zum Teil werden auch das Gebot der vertrauensvollen Zusammenarbeit zwischen Arbeitgeber und Betriebsrat gemäß § 2 Abs. 1 und das Verbot eines Arbeitskampfes zwischen den Betriebspartnern nach § 74 Abs. 2 herangezogen, um eine Aufgabenteilung zwischen Tarifwesen und notwendiger Mitbestimmung in sozialen Angelegenheiten nachzuweisen. Über die Begründung besteht allerdings keine Einigkeit.

Manche vertreten die Auffassung, der Arbeitskampf sei das typische Mittel, um eine Regelung von Leistung und Gegenleistung herbeizuführen. Wenn es den Betriebspartnern nicht zur Verfügung stehe, könnten diese nicht befugt sein, Lohn- und Arbeitszeitpolitik zu betreiben[99]. Dieser Ansicht liegt insofern eine zutreffende Überlegung zugrunde, als die notfalls unter dem Druck eines Arbeitskampfes zustandegekommene Vereinbarung das angemessene Instrument ist, um vermögenswerte Leistungspflichten der Arbeitsvertragspartner zu begründen und ihren Umfang zu regeln[100]. Nicht überzeugend ist aller-

---

[96] Vgl. dazu *Frisch*, in Frisch / Müller / Olten / Stegner II, S. 305; *Kantzenbach*, Funktionsfähigkeit des Wettbewerbs, S. 17.

[97] Vgl. *Hueck / Nipperdey* II/1, S. 236; *Reuter*, Vergütung von AT-Angestellten, S. 6; *ders.*, ZfA 1981, 165 (189 f.); *Richardi*, Kollektivgewalt, S. 179; *Wiedemann / Stumpf*, TVG, Einleitung Anm. 9.

[98] Vgl. *Brüning*, Grenzen des Mitbestimmungsrechts, S. 37 f.; *Kollmar*, Mitbestimmung bei Akkordlöhnen, S. 107; *Wlotzke*, Günstigkeitsprinzip, S. 130; vgl. auch *Dietz*, BB 1960, 367 (371).

[99] Vgl. *Erdmann / Jürging / Kammann*, § 87 Anm. 9, die daraus sogar die Verfassungswidrigkeit der Mitbestimmung bei den sogenannten materiellen Arbeitsbedingungen ableiten (dazu oben § 6 B I); ähnlich, aber ohne Berufung auf das Grundgesetz, jetzt *Kammann / Hess / Schlochauer*, § 87 Anm. 197 (zu § 87 Abs. 1 Nr. 10); ebenso zum BetrVG 1952: BAG AP Nr. 3 zu § 56 BetrVG Entlohnung, Bl. 3; *Brüning*, Grenzen des Mitbestimmungsrechts, S. 38.

[100] Vgl. oben § 6 B IV 1.

dings die Schlußfolgerung, Lohn- und Arbeitspolitik auf betrieblicher Ebene seien völlig ausgeschlossen. Im Rahmen der durch § 77 Abs. 3 gezogenen Grenzen können auch über diese Fragen freiwillige Betriebsvereinbarungen geschlossen werden[101]. Lediglich ein notwendiges Mitbestimmungsrecht scheidet grundsätzlich aus.

Andere tragen vor, Auseinandersetzungen über den Umfang von Leistung und Gegenleistung im Arbeitsverhältnis seien erfahrungsgemäß besonders heftig. Deshalb stehe das Gebot des Betriebsfriedens und der vertrauensvollen Zusammenarbeit einem notwendigen Mitbestimmungsrecht bei solchen Angelegenheiten entgegen[102]. Diese Argumentation ist indessen ebenfalls nicht schlüssig, weil auch Verhandlungen über freiwillige Betriebsvereinbarungen zu heftigen Auseinandersetzungen führen können. Auch ist es denkbar, daß die Mitbestimmung bei der Regelung der betrieblichen Ordnung im weitesten Sinne[103] schwere Kontroversen zwischen Arbeitgeber und Betriebsrat hervorruft. In diesem Zusammenhang sind etwa die nach § 87 Abs. 1 Nr. 6 mitbestimmungspflichtige Einführung einer Überwachungseinrichtung oder die von § 87 Abs. 1 Nr. 10 erfaßte Entscheidung über Entlohnungsgrundsätze zu nennen. Aus § 2 Abs. 1 und § 74 Abs. 2 ergibt sich, daß auch bei solchen Meinungsverschiedenheiten der Betriebsfrieden gewahrt und die Grundsätze der vertrauensvollen Zusammenarbeit nicht verletzt werden dürfen. Ein Hinweis auf die Reichweite der notwendigen Mitbestimmung in sozialen Angelegenheiten läßt sich diesen Vorschriften dagegen nicht entnehmen[104].

C. Argumente gegen eine Begrenzung der Mitbestimmung

I. Tarifvorrang und Tarifvorbehalt gemäß § 77 Abs. 3 und § 87 Abs. 1 Eingangshalbsatz

Kritiker der hier vertretenen Auffassung werden einwenden, die Aufgabenteilung zwischen Tarifwesen und notwendiger Mitbestimmung dürfe bei der Auslegung der Tatbestände des § 87 keine Rolle spielen, weil der Gesetzgeber durch den Tarifvorrang gemäß § 77 Abs. 3 und den Tarifvorbehalt in § 87 Abs. 1 Eingangshalbsatz abschließend gere-

[101] Vgl. oben § 6 B II.

[102] Vgl. zum BetrVG 1952: BAG AP Nr. 3 zu § 56 BetrVG Entlohnung, Bl. 3; *Dutti*, RdA 1967, 135 (137); *Hueck / Nipperdey / Säcker* II/2, S. 1359 f.; *Kollmar*, Mitbestimmung bei Akkordlöhnen, S. 107 f.; *Nipperdey*, RdA 1968, 450 (451 f.); vgl. auch *Meyer*, BB 1965, 166 (169); *G. Müller*, DB 1967, 903 (904), sowie de lege ferenda *ders.*, DB 1970, 1023, 1076 (1081).

[103] Zum Begriff oben § 3 D.

[104] Vgl. *Moll*, Mitbestimmung beim Entgelt, S. 182.

gelt habe, in welchen Fällen die betriebliche Normsetzungsbefugnis und die notwendige Mitbestimmung durch die Kompetenz der Tarifpartner verdrängt werde[105]. Die notwendige Mitbestimmung scheide nach § 87 Abs. 1 Eingangshalbsatz nur aus, wenn eine tarifliche Regelung bestehe, und Betriebsvereinbarungen seien gemäß § 77 Abs. 3 unzulässig, wenn eine tarifliche Regelung üblich sei. In keinem Fall reiche aber aus, daß eine Angelegenheit zum klassischen Inhalt eines Tarifvertrags gehöre und deshalb die Arbeitnehmer durch das Tarifwesen geschützt werden könnten.

In diametralem Gegensatz dazu steht die in der Diskussion um die Mitbestimmung bei materiellen Arbeitsbedingungen vertretene Auffassung, gerade der Tarifvorrang nach § 59 BetrVG 1952, der sich heute aus § 77 Abs. 3 ergibt, zeige, daß der Gesetzgeber in der Regelung der Entgelthöhe und vergleichbarer Angelegenheiten eine ureigene Aufgabe der Tarifpartner sehe. Dieser Zuständigkeitsabgrenzung müsse generell, also auch bei der Auslegung der notwendigen Mitbestimmung in sozialen Angelegenheiten, Rechnung getragen werden[106]. Deshalb sei die Festsetzung von Leistung und Gegenleistung im Arbeitsverhältnis mitbestimmungsfrei. Zu diesem Ergebnis kam auch *Nipperdey*, der auf den jetzt in § 87 Abs. 1 Eingangshalbsatz, früher in § 56 Abs. 1 Eingangshalbsatz BetrVG 1952 geregelten Tarifvorbehalt hinwies und meinte, angesichts dieser Vorschrift führe ein notwendiges Mitbestimmungsrecht bei materiellen Arbeitsbedingungen zu „heilloser Verwirrung"[107]. Da eine tarifliche Regelung von Leistung und Gegenleistung gemäß §§ 3 Abs. 1, 4 Abs. 1 Satz 1 TVG grundsätzlich nur die organisierten Arbeitnehmer erfasse, würde ein Tarifvertrag die Mitbestimmung bei materiellen Arbeitsbedingungen lediglich für einen Teil der Arbeitnehmer ausschließen, während die Arbeitsbedingungen der nichtorganisierten Arbeitnehmer der notwendigen Mitbestimmung unterworfen wären. Dagegen gelte ein Tarifvertrag über formelle Arbeitsbedingungen nach §§ 3 Abs. 2, 4 Abs. 1 Satz 2 TVG für alle Arbeitnehmer des Betriebs, so daß hier keine Verwirrung entstehen könne.

Der Tarifvorrang nach § 77 Abs. 3 und der Tarifvorbehalt gemäß § 87 Abs. 1 Eingangshalbsatz sprechen indessen weder für noch gegen die hier vertretene Auslegung des § 87. *Nipperdeys* Befürchtung, es entstehe eine „heillose Verwirrung", wenn der Betriebsrat über Lei-

---

105 Vgl. *Moll*, Mitbestimmung beim Entgelt, S. 173 f.; ähnlich *Strieder*, BB 1980, 420 (422); ebenso zum BetrVG 1952: *Farthmann*, RdA 1966, 249 (252 f.).

106 Vgl. zum BetrVG 1952: *Brüning*, Grenzen des Mitbestimmungsrechts, S. 32 f.; *Hiersemann*, BB 1962, 183 (184 f.); *Jansen*, ArbGeb. 1961, 452 (454); *Kollmar*, Mitbestimmung bei Akkordlöhnen, S. 105 f.; vgl. auch *G. Müller*, DB 1967, 903 (904); *Richardi*, DB 1971, 621 (625 f.).

107 Vgl. *Nipperdey*, RdA 1968, 450 (452); ebenso *Hueck / Nipperdey / Säcker* II/2, S. 1360 f.

stung und Gegenleistung im Arbeitsverhältnis mitbestimme, ist in den meisten Fällen wegen § 77 Abs. 3 gegenstandslos. Das gilt auch dann, wenn man mit der herrschenden Lehre annimmt, diese Vorschrift schließe nicht die notwendige Mitbestimmung, sondern nur die Befugnis zum Abschluß von Betriebsvereinbarungen aus[108]. Der Betriebsrat wird im Regelfall keine betriebliche Lohn- und Arbeitspolitik zugunsten der Nichtorganisierten betreiben, wenn es keine Möglichkeit zur normativen Gestaltung der Arbeitsverhältnisse gibt. Auch in den verbleibenden Fällen besteht nicht die Gefahr einer Verwirrung, weil sich genau feststellen läßt, für welche Arbeitnehmer der Tarifvertrag gilt. Daher kann die Argumentation *Nipperdeys* nicht überzeugen[109].

Auch der Rechtsgedanke der §§ 77 Abs. 3 und 87 Abs. 1 Eingangshalbsatz hat keine Bedeutung für die Auslegung der Mitbestimmungstatbestände, weil der Tarifvorrang und der Tarifvorbehalt ein logisch nachgeordnetes Problem betreffen. Zuerst muß die Reichweite der notwendigen Mitbestimmung ermittelt werden, erst dann stellt sich die Frage, zu wessen Gunsten Überschneidungen mit der tariflichen Normsetzungsbefugnis zu lösen sind. Darüber geben § 77 Abs. 3 und § 87 Abs. 1 Eingangshalbsatz Auskunft. Aus diesen Vorschriften geht indessen nicht hervor, in welchen Fällen es zu Überschneidungen zwischen Tarifwesen und notwendiger Mitbestimmung bzw. betrieblicher Normsetzungsbefugnis kommt.

Der Tarifvorrang und der Tarifvorbehalt sind auch keineswegs überflüssig, wenn man bei der Auslegung des § 87 von einer Funktionsteilung zwischen Tarifwesen und notwendiger Mitbestimmung in sozialen Angelegenheiten ausgeht. Der Anwendungsbereich des § 77 Abs. 3 wird ohnehin nicht berührt, weil freiwillige Betriebsvereinbarungen auch vermögenswerte Leistungspflichten begründen und ihren Umfang regeln können[110]. Der Tarifvorbehalt in § 87 Abs. 1 Eingangshalbsatz läuft ebenfalls nicht leer, weil die Tarifpartner auch Fragen der betrieblichen Ordnung im weitesten Sinne regeln können, die an sich zum Kernbereich der betrieblichen Gestaltungsbefugnis gehören und deshalb von der notwendigen Mitbestimmung erfaßt werden[111]. Nach § 1 Abs. 1

---

[108] Vgl. *Fitting / Auffarth / Kaiser*, § 77 Anm. 68, § 87 Anm. 15; *Moll*, Tarifvorrang, S. 53 ff.; *Wiese*, GK-BetrVG, § 87 Anm. 29; *ders.*, 25 Jahre Bundesarbeitsgericht, S. 661 (664 f.); a. M. *Hanau*, BB 1977, 350. Zur Anwendbarkeit des § 77 Abs. 3 im Rahmen des § 87 vgl. die Nachweise oben Fn. 21.

[109] Vgl. *Herschel*, AuR 1969, 65 (71 f.); *Wiese*, 25 Jahre Bundesarbeitsgericht, S. 661 (672 Fn. 60); im Ergebnis ebenso *Moll*, Mitbestimmung beim Entgelt, S. 174 Fn. 83, der aber zu Unrecht annimmt, die Sperre des § 87 Abs. 1 Eingangshalbsatz werde schon durch die Tarifbindung des Arbeitgebers ausgelöst (dagegen zutr. *Wiese*, GK-BetrVG, § 87 Anm. 35 m. w. N.).

[110] Vgl. oben § 6 B II.

[111] Vgl. dazu oben § 3 D.

TVG sind Normen über den Inhalt, den Abschluß und die Beendigung von Arbeitsverhältnissen sowie über betriebliche und betriebsverfassungsrechtliche Fragen möglicher Gegenstand eines Tarifvertrages. Überschneidungen mit der notwendigen Mitbestimmung in sozialen Angelegenheiten sind insbesondere bei der Lage der Arbeitszeit (§ 87 Abs. 1 Nr. 2), der Auszahlung der Arbeitsentgelte (§ 87 Abs. 1 Nr. 4) und der Entlohnungsgrundsätze (§ 87 Abs. 1 Nr. 10) denkbar.

II. Grenzen des tariflichen Schutzes bei vermögenswerten Leistungspflichten

Es bleibt zu untersuchen, ob es entgegen den bisherigen Überlegungen nicht doch verfehlt ist, grundsätzlich die Mitbestimmung über die Begründung und den Umfang vermögenswerter Leistungspflichten abzulehnen, weil nicht nur in den zwei genannten Ausnahmefällen[112], sondern auch in anderen Fallgruppen ein tariflicher Arbeitnehmerschutz fehlen kann.

Zunächst ist es denkbar, daß eine Angelegenheit ohne weiteres tariflich gestaltet werden könnte, die Tarifpartner aber von einer Regelung abgesehen haben. Das gilt etwa für die Rechtsverhältnisse der sogenannten AT-Angestellten, die kraft ihrer Tätigkeit nicht unter den persönlichen Geltungsbereich eines Tarifvertrages fallen, andererseits aber noch nicht zu den leitenden Angestellten i. S. des § 5 Abs. 3 gehören[113]. Es ist indessen davon auszugehen, daß die Gewerkschaften nur dann darauf verzichten, eine tarifliche Vereinbarung über den Umfang der vermögenswerten Leistungspflichten des Arbeitgebers und der Arbeitnehmer herbeizuführen, wenn sie meinen, ein kollektiver Schutz sei entbehrlich. Gerade das Beispiel der AT-Angestellten, die regelmäßig ein höheres Entgelt erhalten als die unter den Geltungsbereich des Tarifvertrags fallenden Arbeitnehmer[114], zeigt dies deutlich. Man kann darauf vertrauen, daß die Gewerkschaften bei der Beurteilung der Schutzbedürftigkeit verantwortungsbewußt handeln, zumal sie einer Kontrolle durch die organisierten Arbeitnehmer unterliegen, weil diese jederzeit austreten und sich einer anderen Koalition anschließen können[115]. Es wäre daher nicht gerechtfertigt, dem Betriebsrat durch ein notwendiges Mitbestimmungsrecht in diesem Bereich die Möglichkeit zu geben, eine kollektive Regelung zu erzwingen[116] und

[112] Vgl. oben § 3 D.

[113] Vgl. dazu BAG AP Nr. 3 Bl. 4, Nr. 6 Bl. 2 zu § 80 BetrVG 1972; *Bichler*, DB 1979, 1939; *Hunold*, DB 1981, Beilage Nr. 26, S. 1 (2 ff.); *Wiese*, GK-BetrVG, § 87 Anm. 39.

[114] Vgl. *Bichler*, DB 1979, 1939.

[115] Vgl. oben § 6 B II.

damit den Gewerkschaften auch in Zukunft eine tarifliche Gestaltung faktisch zu erschweren[117].

Eine zweite Fallgruppe bilden die Arbeitsverhältnisse der nichtorganisierten Arbeitnehmer, die nach § 3 Abs. 1 TVG nicht tarifgebunden sind und für die deshalb die Normen eines Tarifvertrags über die Begründung und den Umfang vermögenswerter Leistungspflichten gemäß § 4 Abs. 1 Satz 1 TVG nicht gelten. Insoweit kann aber der tarifliche Schutz nach der Konzeption des Betriebsverfassungsrechts nicht durch die notwendige Mitbestimmung in sozialen Angelegenheiten ergänzt werden. Wie sich aus dem Wortlaut und dem Zweck des § 77 Abs. 3, der die Normsetzungsprärogative der Tarifpartner sichern soll, ergibt, verbietet diese Vorschrift, eine tarifliche Regelung durch Betriebsvereinbarung auf Außenseiter zu erstrecken bzw. die im Tarifvertrag behandelten Fragen selbständig zu regeln[118]. Ein effektiver Arbeitnehmerschutz bei der Festsetzung des Umfangs und bei der Begründung vermögenswerter Leistungspflichten setzt voraus, daß die Betriebspartner die Arbeitsverhältnisse normativ gestalten können. Daher ist ein notwendiges Mitbestimmungsrecht zum Außenseiterschutz ungeeignet[119].

Dasselbe gilt, wenn der tarifliche Schutz gemäß § 3 Abs. 1, § 4 Abs. 1 Satz 1 TVG lediglich an der mangelnden Tarifbindung des Arbeitgebers scheitert, weil auch dann § 77 Abs. 3 eingreift[120]. Hier ist die zuständige Gewerkschaft gefordert, die notfalls durch Arbeitskampf einen Firmentarifvertrag herbeiführen muß.

Es bleiben die Fälle, in denen sich der Arbeitgeber gewerkschaftsfeindlich verhält und generell den Abschluß eines Tarifvertrages ablehnt oder sogar zu verhindern versucht, daß sich seine Arbeitnehmer gewerkschaftlich organisieren und damit die Grundlage für einen kol-

---

[116] Ein notwendiges Mitbestimmungsrecht bei der Regelung der Rechtsverhältnisse von AT-Angestellten entfällt nicht schon wegen des Tarifvorbehalts in § 87 Abs. 1 Eingangshalbsatz; vgl. dazu BAG, EzA Nr. 11 zu § 87 BetrVG 1972 Lohn u. Arbeitsentgelt, S. 85 f.; *Bitter*, DB 1979, 695 ff.; *Wiedemann*, In memoriam Kahn-Freund, S. 343 (348 ff.); *Wiese*, GK-BetrVG, § 87 Anm. 39 m. w. N. pro und contra.

[117] Vgl. oben § 6 B I 2.

[118] Vgl. Schriftlicher Bericht 10. Ausschuß, zu BT-Drucks. VI/2729, S. 11; *Dietz / Richardi*, § 77 Anm. 220 f.; *Fitting / Auffarth / Kaiser*, § 77 Anm. 50, 61; *Moll*, Tarifvorrang, S. 51 ff.; *Thiele*, GK-BetrVG, § 77 Anm. 100, 106 f. m. w. N.; a. M. hinsichtlich der Übernahme einer tariflichen Regelung *Kammann / Hess / Schlochauer*, § 77 Anm. 88.

[119] Zur Anwendbarkeit des § 77 Abs. 3 im Bereich der notwendigen Mitbestimmung vgl. die Nachweise oben Fn. 21.

[120] Ganz herrschende Meinung; vgl. jeweils m. w. N. *Fitting / Auffarth / Kaiser*, § 77 Anm. 58; *Moll*, Tarifvorrang, S. 41 f.; *Thiele*, GK-BetrVG, § 77 Anm. 90; *Wiedemann / Stumpf*, TVG, § 4 Anm. 291; a. M. *Barwasser*, DB 1975, 2275.

lektiven Schutz durch das Tarifwesen schaffen. Meist werden auch insoweit § 77 Abs. 3 und § 87 Abs. 1 Eingangshalbsatz eingreifen, so daß schon aus diesem Grunde die notwendige Mitbestimmung in sozialen Angelegenheiten nicht den fehlenden tariflichen Schutz ersetzen könnte. Doch auch die übrigen Fälle sprechen nicht für die Anwendung des § 87 auf die Begründung und den Umfang vermögenswerter Leistungspflichten. Für jeden Arbeitnehmer gibt es nämlich mindestens eine zuständige Gewerkschaft[121], der er jederzeit beitreten kann, so daß seine Interessen in jedem Falle durch das Tarifwesen gewahrt werden können. Falls es in der Belegschaft bereits genügend Gewerkschaftsmitglieder gibt, kann durch Streik oder Boykott ein Tarifvertrag erzwungen werden[122]. Die der Gewerkschaft zur Verfügung stehenden Arbeitskampfmittel dürften ausreichen, um auch einen hartnäckigen Arbeitgeber zum Abschluß eines Tarifvertrages zu zwingen. Doch selbst wenn man insoweit anderer Meinung wäre, spräche nichts für eine Ausdehnung der betrieblichen Mitbestimmung. Die Kritik müßte dann am Arbeitskampfrecht ansetzen.

Schwieriger ist die Situation, wenn sich die Arbeitnehmer unter dem Druck des Arbeitgebers nicht gewerkschaftlich organisieren oder nicht bereit sind, ihre Koalition zu unterstützen, insbesondere an einem Streik teilzunehmen. Es ist indessen zu bedenken, daß der Arbeitgeber von Rechts wegen nicht verhindern kann, daß seine Arbeitnehmer einer Gewerkschaft beitreten und für sie tätig werden. Bei der Einstellung ist die Frage nach der Koalitionszugehörigkeit unzulässig[123], und weder die Mitgliedschaft in einer Gewerkschaft noch die Teilnahme an einem rechtmäßigen Streik berechtigen den Arbeitgeber zur Kündigung des Arbeitsverhältnisses[124]. Versucht der Arbeitgeber, sich darüber hinwegzusetzen, ist es Aufgabe der Gewerkschaften, die Arbeitnehmer über ihre Rechte aufzuklären und ihnen gegebenenfalls Rechtsschutz anzubieten. Auf diese Weise kann letztlich ein Tarifvertrag durchgesetzt werden. Gerade gegenüber einem Arbeitgeber, der eine kollektive Wahrung der Arbeitnehmerinteressen verhindern will, bietet das Tarifwesen

---

[121] Die Organisationsbereiche der dem DGB angehörenden Gewerkschaften sind in den jeweiligen Satzungen so definiert, daß alle Betriebe erfaßt werden. Falls neue, noch nicht berücksichtigte Industriezweige entstehen, wird der Organisationsbereich einer Gewerkschaft entsprechend erweitert (vgl. z. B. IG Bergbau und Energie [früher nur IG Bergbau]; Gewerkschaft Holz und Kunststoff [früher nur Gewerkschaft Holz]).

[122] Vgl. dazu jeweils m. w. N. *Schaub*, Arbeitsrechts-Handbuch, S. 995 ff.; *Zöllner*, Arbeitsrecht, S. 286 ff.

[123] Vgl. LAG München, BB 1951, 923; *Dietz / Richardi*, § 94 Anm. 9; *Fitting / Auffarth / Kaiser*, § 94 Anm. 4; *Galperin / Löwisch*, § 94 Anm. 10; *Kraft*, GK-BetrVG, § 94 Anm. 21; *Leipold*, AuR 1971, 161 (166); a. M. *Kammann / Hess / Schlochauer*, § 94 Anm. 12.

[124] Vgl. BAG AP Nr. 51 zu Art. 9 GG Arbeitskampf, Bl. 1 R; KR-*Becker*, § 1 KSchG Anm. 247.

sogar einen effektiveren Schutz als die Betriebsverfassung, weil die Gewerkschaft freier agieren kann als ein Betriebsrat, dessen Mitglieder möglicherweise dem Druck des Arbeitgebers ausgesetzt sind.

D. Ergebnis

Aus dem Funktionszusammenhang zwischen der notwendigen Mitbestimmung in sozialen Angelegenheiten und dem Tarifwesen ergibt sich, daß letzteres den Arbeitnehmern bei der Begründung und dem Umfang vermögenswerter Leistungspflichten grundsätzlich ausreichenden Schutz gewährt. Eine Ausnahme bilden die schon im Rahmen der systematischen Auslegung herausgearbeiteten zwei Fallgruppen[125]. Davon abgesehen ist allein das Tarifwesen das angemessene Mittel, um die Interessen der Arbeitnehmer in diesem Bereich zu wahren, weil der Umfang vermögenswerter Leistungspflichten kein geeigneter Gegenstand für eine verbindliche Schlichtung durch die Einigungsstelle ist[126]. Außerdem besteht trotz des Tarifvorrangs nach § 77 Abs. 3 und des Tarifvorbehaltes gemäß § 87 Abs. 1 Eingangshalbsatz die Gefahr, daß tarifliche Regelungen faktisch erschwert oder ausgehöhlt werden, wenn man ein notwendiges Mitbestimmungsrecht bei der Begründung und dem Umfang vermögenswerter Leistungspflichten anerkennt[127].

§ 7 Notwendige Mitbestimmung und unternehmerische Entscheidungsfreiheit

A. Problemstellung

Grenzen für die notwendige Mitbestimmung in sozialen Angelegenheiten ergeben sich nach verbreiteter Meinung auch aus deren Verhältnis zur unternehmerischen Entscheidungsfreiheit. Ausgangspunkt für diese Auffassung ist die Entstehungsgeschichte des BetrVG 1972, die ausweist, daß der Gesetzgeber die „eigentlichen" unternehmerischen Entscheidungen, insbesondere auf wirtschaftlichem Gebiet, nicht antasten wollte. Nach der amtlichen Begründung zum Regierungsentwurf ist die Beteiligung der Arbeitnehmer an der Unternehmensführung nicht

[125] Vgl. oben § 3 D.

[126] Vgl. oben § 6 B IV.

[127] Vgl. oben § 6 B I 2.

Gegenstand der Betriebsverfassung, sondern der nunmehr durch das MitbestG neugeregelten Unternehmensverfassung[1]. Auch in der politischen Diskussion um die Reform des BetrVG wurde von Vertretern der das Gesetz tragenden Parteien mehrfach zum Ausdruck gebracht, daß ein Eingriff in die unternehmerische Entscheidungsfreiheit nicht beabsichtigt sei[2] bzw. zumindest die „letzten" unternehmerischen Entscheidungen der betrieblichen Mitbestimmung entzogen seien[3]. Diese Absicht ist nach herrschender Meinung im Gesetz objektiv zum Ausdruck gekommen. Vor allem die Reichweite der Beteiligungsrechte bei der Gestaltung von Arbeitsplatz, Arbeitsablauf und Arbeitsumgebung gemäß §§ 90, 91 und in wirtschaftlichen Angelegenheiten gemäß §§ 106 ff. zeige, daß der Gesetzgeber den Betriebsrat nicht zum Mitunternehmer habe machen wollen[4], was auch bei der Auslegung des § 87 berücksichtigt werden müsse.

Es besteht indessen keineswegs Einigkeit darüber, in welchem Umfang dieses Prinzip die notwendige Mitbestimmung in sozialen Angelegenheiten begrenzt. Teilweise wird lediglich eine Beschränkung des Initiativrechts[5] bzw. eine Ermessensbindung der Einigungsstelle[6] angenommen. Darauf ist hier nicht näher einzugehen, weil es sich nicht um ein spezifisches Problem der Mitbestimmung über Leistungspflichten handelt. Andererseits wird aber die Auffassung vertreten, bei bestimmten Regelungen sei im Hinblick auf die unternehmerische Entscheidungsfreiheit ein notwendiges Mitbestimmungsrecht als solches abzulehnen. Das gelte auch für den Umfang der zu leistenden Arbeit[7] und die Höhe der dafür vom Arbeitgeber aufzuwendenden Mittel[8]. Wenn

---

[1] Vgl. amtliche Begründung, BT-Drucks. VI/1786, S. 31.

[2] Vgl. *Arendt*, Stenographischer Bericht über die 150. Sitzung des Deutschen Bundestages, 6. Wahlperiode, S. 8666; *Schellenberg*, a.a.O., S. 8673; *Schmidt (Kempten)*, a.a.O., S. 8602.

[3] Vgl. *Farthmann*, Stenographischer Bericht über die 150. Sitzung des Deutschen Bundestages, 6. Wahlperiode, S. 8597.

[4] Vgl. die Nachweise in den folgenden Fußnoten.

[5] Vgl. LAG Baden-Württemberg, EzA Nr. 4 zu § 87 BetrVG 1972 Initiativrecht, S. 42 ff.; LAG Düsseldorf, EzA Nr. 1 zu § 87 BetrVG 1972 Initiativrecht, S. 10 f., mit zust. Anm. von *Rüthers*, S. 14 f.; *Becker-Schaffner*, BlStSozArbR 1975, 17 (21); *Boewer*, DB 1973, 522 (527); *Dütz*, AuR 1973, 353 (364); *Hanau*, RdA 1973, 281 (287); *Rüthers*, ZfA 1973, 399 (418 ff.); *Wiese*, Initiativrecht, S. 37 ff., 44 ff.; *ders.*, GK-BetrVG, § 87 Anm. 80.

[6] Vgl. *Badura*, WiR 1974, 1 (23); *Lieb*, DB 1981, Beilage Nr. 17, S. 1 (7); *Moll*, Mitbestimmung beim Entgelt, S. 181, 202, 207, 219 f.; im Ergebnis ebenso *Reuter*, ZfA 1981, 165 (181 f., 202); vgl. auch *Martens*, Die AG 1976, 113 (115); *ders.*, ZGR 1977, 422 (425 f.); *Nickel*, AuR 1975, 254 (256).

[7] Vgl. *Mengel*, DB 1982, 43 (44); *Richardi*, Anm. zu BAG AP Nr. 1 zu § 87 BetrVG 1972 Werkmietwohnungen, Bl. 6 R.

[8] Vgl. *Eich*, DB 1980, 1340 (1343 f.); *Hanau*, BB 1977, 350 (351); *Kammann / Hess / Schlochauer*, § 87 Anm. 197; *Kraft*, SAE 1976, 42 (43); *Mengel*, DB 1982, 43 (44); *Reuter*, Vergütung von AT-Angestellten, S. 6; *Richardi*, Anm. zu

diese Auslegung richtig wäre, würde die Schlußfolgerung naheliegen, daß alle vermögenswerten Leistungspflichten mitbestimmungsfrei seien. Lediglich nichtvermögenswerte Leistungspflichten, insbesondere Verhaltenspflichten der Arbeitnehmer, könnten auch nach dieser Konzeption Gegenstand eines notwendigen Mitbestimmungsrechts sein. Daß insoweit die Reichweite des § 87 im Hinblick auf die unternehmerische Entscheidungsfreiheit begrenzt werden müsse, wurde bisher nicht behauptet. Es stellt sich also die Frage, ob sich auch aus dem Verhältnis von betrieblicher Mitbestimmung und unternehmerischer Entscheidungsfreiheit ergibt, daß die Begründung und der Umfang vermögenswerter Leistungspflichten grundsätzlich mitbestimmungsfrei sind.

B. Begrenzung der Mitbestimmung nach dem Regelungsbereich unternehmerischer Entscheidungen?

I. Abgrenzung nach dem Regelungsgegenstand?

Die Reichweite der notwendigen Mitbestimmung im Verhältnis zur unternehmerischen Entscheidungsfreiheit wird meist nach dem Gegenstand unternehmerischer Entscheidungen festgelegt. Bestimmte Regelungen, etwa der Umfang der Produktion, die Verkaufspolitik, aber auch die Dauer der Arbeitszeit und die Höhe der Lohnkosten, werden als unternehmerische Entscheidungen qualifiziert und deshalb nicht als tauglicher Gegenstand der Mitbestimmung nach § 87 angesehen[9]. Diese Lösung ist indessen nur dann überzeugend, wenn es gelingt, unternehmerische und sonstige Regelungen eindeutig voneinander abzugrenzen.

In diesem Zusammenhang wird oft auf die Unterscheidung zwischen formellen und materiellen Arbeitsbedingungen Bezug genommen. Letztere seien stets Gegenstand unternehmerischer Entscheidung[10]. Dem-

BAG AP Nr. 1 zu § 87 BetrVG 1972 Werkmietwohnungen, Bl. 6 R; *Stege / Weinspach*, § 87 Anm. 14, die sich zu Unrecht auf BVerfGE 50, 290 (327) berufen; vgl. auch *Seifert*, DB 1979, 2034 (2037), im Hinblick auf die Regelung von Provisionssätzen.

[9] Vgl. die Nachweise oben Fn. 7 f.; vgl. auch *Rüthers*, ZfA 1973, 399 (418, 420), der u. a. die Dauer der Arbeitszeit und die Lohnhöhe als unternehmenspolitische Entscheidungen ansieht, aber insoweit nur das Initiativrecht des Betriebsrats ablehnt.

[10] Vgl. *Badura*, WiR 1974, 1 (20 ff.); *Boewer*, DB 1973, 522 (527); *Kammann / Hess / Schlochauer*, § 87 Anm. 20, 27; *Lieb*, DB 1981, Beilage Nr. 17, S. 1 (4 f.); vgl. auch schon *ders.*, ZfA 1978, 179 (185 ff.), unter Berufung auf die bisher unveröffentlichte Habilitationsschrift von *Martens*. Diese Autoren lehnen zwar nicht die Mitbestimmung als solche, sondern nur das Initiativrecht des Betriebsrats ab bzw. behaupten eine Ermessensbindung der Einigungsstelle. Bei der Abgrenzung des Regelungsbereichs unternehmerischer Entscheidungen ist aber auch ihre Auffassung zu berücksichtigen.

zufolge müßte die Festsetzung von Leistung und Gegenleistung[11], also vor allem die Begründung und der Umfang vermögenswerter Leistungspflichten, mitbestimmungsfrei sein. Der Hinweis auf die materiellen Arbeitsbedingungen erlaubt indessen schon deshalb keine überzeugende Abgrenzung, weil diese selbst nicht eindeutig definiert sind[12]. Völlig konturenlos wird die Begriffsbestimmung, wenn behauptet wird, die materiellen Arbeitsbedingungen stellten einen Ausschnitt aus dem Bereich freier unternehmerischer Entscheidung dar[13], ohne daß zugleich erläutert wird, welche formellen Arbeitsbedingungen ebenfalls hierher gehören.

Zu genau entgegengesetzten Ergebnissen kommt die Auffassung, daß Angelegenheiten, die der Arbeitgeber ohne Mitbestimmung nicht einseitig, sondern nur durch vertragliche Vereinbarung mit den Arbeitnehmern regeln könne, kein Gegenstand der unternehmerischen Entscheidungsautonomie seien[14]. Folgt man dieser Konzeption, dann sind die Begründung und der Umfang vermögenswerter Leistungspflichten nicht wegen einer Beeinträchtigung der unternehmerischen Entscheidungsfreiheit der notwendigen Mitbestimmung entzogen, weil der Arbeitgeber insoweit grundsätzlich keine einseitige Regelungsbefugnis hat[15]. Der Regelungsmodus ist indessen auch kein tauglicher Maßstab, um die Grenzen der unternehmerischen Entscheidungsfreiheit zu bestimmen. Es fragt sich, warum die Befugnis, eine Angelegenheit durch freie vertragliche Vereinbarung zu gestalten, nicht ebenfalls Teil der unternehmerischen Entscheidungsautonomie ist. Der Hinweis auf die auch insoweit bestehende Schutzbedürftigkeit der Arbeitnehmer wegen der faktischen Überlegenheit des Arbeitgebers[16] ist zwar zutreffend[17], beweist aber nichts, weil die Interessen der Arbeitnehmer nicht nur durch die betriebliche Mitbestimmung in sozialen Angelegenheiten, sondern auch durch das Tarifwesen und die Mitbestimmung auf Unternehmensebene nach dem MitbestG, dem Montan-MitbestG und den §§ 76 ff. BetrVG 1952 wahrgenommen werden können.

Stattdessen ist bei der Definition der unternehmerischen Entscheidungen von der Unterscheidung zwischen Betrieb und Unternehmen

---

11 Zum Begriff der materiellen Arbeitsbedingungen vgl. oben § 1 B I.

12 Vgl. oben § 1 B I, § 4 B II.

13 Vgl. *Lieb*, DB 1981, Beilage Nr. 17, S. 1 (4).

14 Vgl. *Birk*, Anm. zu BAG, EzA Nr. 2 zu § 87 BetrVG 1972 Initiativrecht, S. 30 f.; *Moll*, Mitbestimmung beim Entgelt, S. 202; *Reuter*, ZfA 1974, 235 (288); *ders.*, SAE 1976, 15 (16 f.); anders wohl jetzt *ders.*, Vergütung von AT-Angestellten, S. 13 ff.

15 Vgl. oben § 5 A mit Nachweisen.

16 Vgl. *Moll*, Mitbestimmung beim Entgelt, S. 202; *Reuter*, SAE 1976, 15 (17).

17 Vgl. oben § 5 B I mit Nachweisen in Fn. 18.

auszugehen[18]. Nach der von der ganz herrschenden Meinung anerkannten, auf *Jacobi* zurückgehenden Begriffsbestimmung[19] versteht man darunter die Vereinigung von persönlichen, sächlichen und immateriellen Mitteln mit dem Ziel, ein bestimmtes Bedürfnis zu befriedigen. Im Gegensatz zum Betrieb, der einem unmittelbaren, arbeitstechnischen Zweck dient[20], ist Gegenstand des Unternehmens ein entfernterer, regelmäßig wirtschaftlicher Zweck[21]. Alle Entscheidungen, die der Verwirklichung dieses Zieles dienen, sind somit unternehmerischer Natur. Das gilt auch für die vertragliche Begründung und die Regelung des Umfangs vermögenswerter Leistungspflichten der Arbeitsvertragspartner, weil der Einsatz der Arbeitnehmer und die Ausgestaltung der Arbeitsverhältnisse im Hinblick auf das Unternehmensziel erfolgen. In diesem Sinne sind aber die in § 87 Abs. 1 genannten Angelegenheiten gleichfalls Gegenstand unternehmerischer Entscheidungen. Die Regelung des Verhaltens der Arbeitnehmer in bezug auf die Ordnung des Betriebs (§ 87 Abs. 1 Nr. 1) dient ebenso dem Unternehmenszweck wie die Festsetzung der Lage der Arbeitszeit (§ 87 Abs. 1 Nr. 2) und die Ausgestaltung des betrieblichen Vorschlagwesens (§ 87 Abs. 1 Nr. 12). Eine Abgrenzung betrieblicher und unternehmerischer Entscheidungen nach dem Regelungsgegenstand ist daher ausgeschlossen[22].

Zwei Bereiche unternehmerischer Tätigkeit lassen sich allerdings unterscheiden[23], nämlich die unternehmerischen Grundsatzentscheidungen und die unternehmerischen Entscheidungen, die sich auf die arbeitstechnische Umsetzung des Unternehmenszweckes beziehen. Zur ersten

[18] Im Ansatz ebenso *Moll*, Mitbestimmung beim Entgelt, S. 215.

[19] *Jacobi*, Festschrift für Ehrenberg, S. 1 (20).

[20] Vgl. *Jacobi*, Festschrift für Ehrenberg, S. 1 (9); ihm folgend BAG AP Nr. 9 zu § 3 BetrVG, Bl. 1 R f.; AP Nr. 1 Bl. 2, Nr. 14 Bl. 2 R zu § 81 BetrVG; AP Nr. 2 zu § 4 BetrVG 1972, Bl. 2; *Fitting / Auffarth / Kaiser*, § 1 Anm. 13; *Hueck / Nipperdey* I, S. 93; *Wiese / Starck*, Anm. zu BAG AP Nr. 1 zu § 1 BetrVG 1972, Bl. 6 R f. m. w. N.

[21] Vgl. jeweils m. w. N. BAG AP Nr. 14 zu § 81 BetrVG, Bl. 2 R; AP Nr. 1 zu § 88 BetrVG, Bl. 2; *Hueck / Nipperdey* I, S. 96 f.; *Moll*, Mitbestimmung beim Entgelt, S. 217; *Wiese / Starck*, Anm. zu BAG AP Nr. 1 zu § 1 BetrVG 1972, Bl. 7 R; vgl. auch Bericht der Mitbestimmungskommission, BT-Drucks. VI/334, S. 23, der die unternehmerische Tätigkeit als Streben nach Rentabilität definiert.

[22] Vgl. dazu auch *Richardi*, JArbR Bd. 13, S. 19 (45 f.), der in der Betriebsverfassung einen Teil der Unternehmensverfassung sieht; ähnlich *Badura*, WiR 1974, 1 (17); *Badura / Rittner / Rüthers*, Gemeinschaftsgutachten, S. 105; *Farthmann*, RdA 1974, 65 (68); *Kübler / Schmidt / Simitis*, Mitbestimmung als gesetzgebungspolitische Aufgabe, S. 171 f.; *Reuter*, Vergütung von AT-Angestellten, S. 34, die annehmen, daß die betriebliche Mitbestimmung auch die unternehmerische Entscheidungsfreiheit begrenzt. Zur Interdependenz betrieblicher und unternehmerischer Entscheidungen vgl. auch *Raiser*, Festschrift für Duden, S. 423 (426 ff.).

[23] Vgl. *Biedenkopf*, Grenzen der Tarifautonomie, S. 7.

Gruppe gehören die Festlegung, welche Güter oder Leistungen angeboten werden, die Regelung des Produktionsumfangs und andere Fragen, die das Verhalten am Markt betreffen. Die zweite Gruppe bilden die Organisation des Betriebs und die gesamte Investitions- und Personalpolitik. Hierher gehören auch die Begründung und die Regelung des Umfangs vermögenswerter Leistungspflichten der Arbeitsvertragspartner, weil sie Teil des Einsatzes von Personal und Sachmitteln zur Verwirklichung des Unternehmenszweckes sind.

Auch diese Unterscheidung läßt indessen keine sachgerechte Abgrenzung der notwendigen Mitbestimmung zu. Bei den unternehmerischen Grundsatzentscheidungen als solchen kommt ein notwendiges Mitbestimmungsrecht ohnehin nicht in Betracht. Der Unternehmenszweck sowie Gegenstand und Umfang der Produktion sind offensichtlich keine Mitbestimmungstatbestände. Fraglich ist nur, in welchem Maße diese Entscheidungen durch die Mitbestimmung bei arbeitstechnischen Fragen indirekt beeinflußt werden können. Das gilt gerade im Hinblick auf die hier behandelte Begründung und den Umfang vermögenswerter Leistungspflichten der Arbeitsvertragspartner. Die Dauer der Arbeitszeit beeinflußt den Umfang der Produktion[24], also eine unternehmerische Grundsatzentscheidung, und die Entgelthöhe hat Auswirkungen auf die Preiskalkulation[25] und damit ebenfalls auf das Verhalten des Unternehmers am Markt. Deshalb läßt sich die Reichweite der notwendigen Mitbestimmung im Verhältnis zur unternehmerischen Entscheidungsfreiheit nicht durch eine schematische Abgrenzung der Regelungsmaterie ermitteln.

II. Abgrenzung nach der Intensität der Beeinflussung unternehmerischer Grundsatzentscheidungen?

Diese Überlegung liegt auch einer Konzeption zugrunde, die *Wiese* entwickelt hat, um die Grenzen des Initiativrechts des Betriebsrats zu bestimmen[26]. Er unterscheidet zwischen unmittelbaren und mittelbaren Beeinträchtigungen des unternehmerischen Bereichs, dem im wesentlichen die unternehmerischen Grundsatzentscheidungen im soeben dargelegten Sinne[27] zugerechnet werden[28]. Bei lediglich mittelbaren Aus-

---

[24] Vgl. *Wiese*, Initiativrecht, S. 44.

[25] Vgl. dazu oben § 6 B III 2 mit Nachweisen in Fn. 78.

[26] Vgl. *Wiese*, Initiativrecht, S. 39, 44; *ders.*, GK-BetrVG, § 87 Anm. 80; ihm folgend LAG Baden-Württemberg, EzA Nr. 4 zu § 87 BetrVG 1972 Initiativrecht, S. 43; ähnlich *Gester / Isenhardt*, RdA 1974, 80 (87); *Kammann / Hess / Schlochauer*, § 87 Anm. 20, 25; *Schneider*, BlStSozArbR 1977, 196 (197).

[27] Vgl. oben § 7 B I.

[28] Vgl. z. B. *Wiese*, Initiativrecht, S. 44, 62 (Umfang der Produktion).

wirkungen komme es darauf an, ob der Kernbereich der unternehmerischen Entscheidungsfreiheit berührt werde.

Es wäre allerdings nicht sachgerecht, auf dieser Grundlage die Reichweite der notwendigen Mitbestimmung als solcher zu ermitteln. Zum einen beschränkt *Wiese* seine Konzeption ausdrücklich auf die Problematik des Initiativrechts des Betriebsrats[29]. Zum anderen ermöglicht die Unterscheidung zwischen mittelbarer und unmittelbarer Beeinflussung unternehmerischer Grundsatzentscheidungen keine eindeutige Abgrenzung[30]. Das zeigt sich auch bei der Begründung und der Regelung des Umfangs vermögenswerter Leistungspflichten der Arbeitsvertragspartner. Ob die Dauer der Arbeitszeit den Umfang der Produktion unmittelbar beeinflußt[31], obwohl der Unternehmer durch Neueinstellungen oder Entlassungen gegensteuern kann[32], läßt sich nicht zweifelsfrei beantworten. Dasselbe gilt für die Auswirkungen der Entgelthöhe auf das Verhalten des Unternehmers am Markt.

Die Intensität der Beeinträchtigung unternehmerischer Grundsatzentscheidungen ist also ebenfalls kein tauglicher Maßstab, um die Reichweite der notwendigen Mitbestimmung im Hinblick auf die unternehmerische Entscheidungsfreiheit zu ermitteln. Der Absicht des Gesetzgebers, die eigentlichen unternehmerischen Entscheidungen nicht anzutasten, kann daher allein durch eine verfassungskonforme und systematische Auslegung des Gesetzes Rechnung getragen werden. Nur so läßt sich feststellen, inwieweit der Gesetzgeber unternehmerische Befugnisse beschneiden durfte und in welchem Umfang er sie tatsächlich beschnitten hat.

C. Verfassungsrechtlicher Schutz des Unternehmens

I. Eigentum

Es ist zu fragen, ob das nach Maßgabe des Art. 14 GG geschützte Eigentum des Unternehmers verletzt wird, wenn die Begründung und der Umfang vermögenswerter Leistungspflichten der notwendigen Mitbestimmung des Betriebsrats unterliegen. Dann würden solche Regelungen generell nicht von § 87 erfaßt, auch nicht in den oben herausgearbeiteten Ausnahmefällen, in denen der tarifliche Schutz versagt.

---

[29] Vgl. *Wiese*, GK-BetrVG, § 87 Anm. 80.

[30] Krit. auch *Lieb*, DB 1981, Beilage Nr. 17, S. 1 (5); *Schwerdtner*, Anm. zu LAG Baden-Württemberg, EzA Nr. 4 zu § 87 BetrVG 1972 Initiativrecht, S. 59 f.

[31] So *Wiese*, Initiativrecht, S. 44.

[32] Vgl. *Reuter*, ZfA 1974, 235 (288).

1. Schutz des eingerichteten und ausgeübten Gewerbebetriebs

Als Eigentum i. S. des Art. 14 GG wird unter anderem der eingerichtete und ausgeübte Gewerbebetrieb geschützt, d. h. das wirtschaftliche Unternehmen mit seinen personellen und gegenständlichen Grundlagen[33]. Dazu gehört auch die Möglichkeit, die rechtlichen Beziehungen zu den Arbeitnehmern durch vertragliche Vereinbarungen oder durch die Ausübung des Direktionsrechts zu regeln. Andernfalls könnte der Gesetzgeber durch eine Beschränkung dieser Befugnisse den Wirtschaftsunternehmen die Existenzgrundlage entziehen, ohne den Schutzbereich des Art. 14 GG zu tangieren. Bei Kapitalgesellschaften ergibt sich diese verfassungsrechtliche Gewährleistung sowohl aus dem gesellschaftsrechtlich vermittelten Eigentum der Anteilseigner[34] als auch aus dem Eigentum der Kapitalgesellschaft als juristischer Person gemäß Art. 19 Abs. 3 GG[35].

Ein notwendiges Mitbestimmungsrecht über die Begründung und den Umfang vermögenswerter Leistungspflichten der Arbeitsvertragspartner berührt somit den Schutzbereich des Art. 14 Abs. 1 Satz 1 GG. Es ist verfassungsrechtlich nur dann unbedenklich, wenn es nach Art. 14 Abs. 1 Satz 2 GG den Inhalt und die Schranken des Eigentums bestimmt und keine Enteignung darstellt, die mangels Entschädigung nicht die Voraussetzungen des Art. 14 Abs. 3 GG erfüllen würde.

Für die Abgrenzung von zulässiger Eigentumsbindung und Enteignung wurde eine Reihe unterschiedlicher Formeln entwickelt. Nach verbreiteter Auffassung kommt es auf die Zumutbarkeit des Eingriffs an[36], während insbesondere der BGH darauf abstellt, ob von dem Eigentümer ein Sonderopfer verlangt wird, das andere Personen derselben „Rechtsgattung“ nicht erbringen müssen[37]. In der Literatur wird teilweise die Auffassung vertreten, eine Enteignung liege vor, wenn der Gegenstand für den privaten Eigentümer seinen Nutzen verliere[38]. Im Hinblick auf

---

[33] Vgl. BVerfGE 45, 142 (173); im Grundsatz ebenso BVerfGE 1, 264 (277 f.); 13, 225 (229); 30, 292 (334 f.); *Krüger*, Regierungsentwurf und Grundgesetz, S. 13; *Maunz*, in Maunz / Dürig / Herzog / Scholz, Art. 14 Anm. 32; *Moll*, BlSt-SozArbR 1977, 177 (178); *Scholz*, Paritätische Mitbestimmung, S. 59 f., 77; *Weber*, in Neumann / Nipperdey / Scheuner (Hrsg.), Die Grundrechte II, S. 331 (352 f.).

[34] Vgl. dazu BVerfGE 50, 290 (341 ff.); *Scholz*, Paritätische Mitbestimmung, S. 81 f., im Hinblick auf das insoweit gleichgelagerte Problem der Mitbestimmung auf Unternehmensebene.

[35] Zur Anwendbarkeit des Art. 14 GG auf juristische Personen i. S. des Art. 19 Abs. 3 GG vgl. BVerfGE 4, 7 (12); 35, 348 (360); 41, 126 (149); *Maunz*, in Maunz / Dürig / Herzog / Scholz, Art. 14 Anm. 11.

[36] Vgl. BVerwGE 7, 297 (299 f.); 11, 68 (75); 15, 1 ff.; *Maunz*, in Maunz / Dürig / Herzog / Scholz, Art. 14 Anm. 47.

[37] Vgl. BGHZ 6, 270 (277 ff.); 32, 208 (210 ff.).

die in Art. 14 Abs. 2 GG verankerte Sozialbindung des Eigentums ist indessen eine differenzierte Betrachtung erforderlich, die eine schematische Subsumtion unter vorgefaßte Generalklauseln verbietet. Das BVerfG hat zu Recht entschieden, daß die Befugnis des Gesetzgebers zur Inhalts- und Schrankenbestimmung um so weiter reicht, je stärker der soziale Bezug des durch Art. 14 GG geschützten Objekts ist[39]. Die Grenze zwischen zulässiger Eigentumsbindung und Enteignung ist somit durch eine Interessenabwägung unter Berücksichtigung des Grundsatzes der Verhältnismäßigkeit[40] zu ermitteln.

Der durch die Mitbestimmung des Betriebsrats berührte Teilbereich des Unternehmens weist einen starken sozialen Bezug auf. Einerseits sind die Beschäftigten auf einen Arbeitsplatz in einem Unternehmen angewiesen, andererseits kann der Inhaber des eingerichteten und ausgeübten Gewerbebetriebs diesen nur durch die Mitwirkung von Arbeitnehmern aufrechterhalten. Deshalb ist es gerechtfertigt, den Arbeitnehmern eine Teilhabe an den sie betreffenden Entscheidungen des Unternehmers zu gewähren.

Ein notwendiges Mitbestimmungsrecht bei der Begründung und dem Umfang vermögenswerter Leistungspflichten der Arbeitsvertragspartner ist auch dazu geeignet, dieses nach Art. 14 Abs. 2 GG legitime Ziel zu erreichen. Zweifelhaft könnten allenfalls die Erforderlichkeit und die Angemessenheit der Eigentumsbeschränkung sein[41]. Es fragt sich, ob die Entscheidung über die Begründung und den Umfang vermögenswerter Leistungspflichten sowohl durch die Mitbestimmung auf Unternehmensebene als auch durch die Mitbestimmung des Betriebsrats gebunden werden darf. Zweifel daran wurden vor allem in der Diskussion um die Verfassungsmäßigkeit des MitbestG geäußert, wobei auf eine angebliche „Überparität" der Arbeitnehmerseite hingewiesen wurde[42]. Diese Bedenken sind indessen unbegründet[43], weil auf beiden

[38] Vgl. *Reinhardt*, in Reinhardt / Scheuner, Verfassungsschutz des Eigentums, S. 29 f.

[39] Vgl. BVerfGE 42, 263 (294); 50, 230 (340 f.). Den Zusammenhang mit der Sozialbindung in Art. 14 Abs. 2 GG verkennt *Krüger*, Regierungsentwurf und Grundgesetz, S. 64, der annimmt, Art. 14 Abs. 1 Satz 2 erlaube dem Gesetzgeber nur, die Voraussetzungen für einen erfolgreichen Gebrauch des Eigentums zu schaffen oder zu verbessern.

[40] Vgl. BVerfGE 8, 71 (80); 50, 290 (341).

[41] Zum Inhalt des Verhältnismäßigkeitsgrundsatzes vgl. oben § 5 B I mit Nachweisen in Fn. 19.

[42] Vgl. *Badura / Rittner / Rüthers*, Gemeinschaftsgutachten, S. 117 ff., die vor allem auf die Mitbestimmung bei der Einführung von Kurzarbeit und der Festsetzung der Geldfaktoren leistungsbezogener Entgelte verweisen.

[43] Vgl. BVerfGE 50, 290 (326 ff.), im Hinblick auf die Verfassungsmäßigkeit des MitbestG; ebenso *Auffarth*, RdA 1976, 2 (4); *Kübler / Schmidt / Simitis*, Mitbestimmung als gesetzgebungspolitische Aufgabe, S. 175; *Raiser*, Festschrift für Duden, S. 423 (437).

Ebenen der Entscheidungsfindung die Interessen des Unternehmens in mindestens gleichem Umfang wie die der Arbeitnehmer berücksichtigt werden. Im Aufsichtsrat hat die Anteilseignerseite nach dem MitbestG[44] und den §§ 76 ff. BetrVG 1952 ein Übergewicht, im Anwendungsbereich des Montan-MitbestG stehen sich Anteilseigner und Arbeitnehmervertreter gleichberechtigt gegenüber[45]. Für die notwendige Mitbestimmung in sozialen Angelegenheiten ergibt sich aus § 76 Abs. 5 Satz 3, daß im Streitfall sowohl die Belange des Betriebs[46] als auch die der betroffenen Arbeitnehmer zu berücksichtigen sind. Durch diese Vorschrift hat der Gesetzgeber dem Grundsatz der Verhältnismäßigkeit Rechnung getragen[47]. Angesichts des starken sozialen Bezugs des eingerichteten und ausgeübten Gewerbebetriebs ist somit auch ein notwendiges Mitbestimmungsrecht bei der Begründung und dem Umfang vermögenswerter Leistungspflichten als Inhalts- und Schrankenbestimmung i. S. des Art. 14 Abs. 1 Satz 2 GG zulässig. Das gilt auch, wenn die Eigentumsbindung eine gewisse Minderung der Rentabilität des Unternehmens zur Folge hat[48].

2. *Schutz des Vermögens?*

Die Ausdehnung der notwendigen Mitbestimmung auf die Begründung und den Umfang vermögenswerter Leistungspflichten könnte aber unter einem anderen Aspekt gegen Art. 14 GG verstoßen. Wenn die Einigungsstelle im Streitfalle einem Arbeitsvertragspartner die Verpflichtung auferlegt, Geld zu zahlen oder andere geldwerte Leistungen zu erbringen, wird das Vermögen des Betroffenen beeinträchtigt.

Der Schutzbereich des Art. 14 GG erfaßt indessen nicht das Vermögen insgesamt, sondern nur konkrete vermögenswerte Rechte[49]. Die vereinzelt vertretene gegenteilige Auffassung[50] verkennt die Funktion des Art. 14 GG. Er soll einen erworbenen Bestand an vermögenswerten Gütern sichern, so daß reine Erwerbschancen und unrealisierte Nut-

---

[44] Vgl. BVerfGE 50, 290 (322 ff.).

[45] Vgl. zum Ganzen den Überblick bei *Zöllner*, Arbeitsrecht, S. 385 ff.

[46] Zur Auslegung dieser Vorschrift im einzelnen vgl. unten § 7 D II.

[47] Vgl. *Blomeyer*, in Steinmann / Gäfgen / Blomeyer, Kosten der Mitbestimmung, S. 69 (126); zu der entsprechenden Problematik bei der Beschränkung der Berufsfreiheit gemäß Art. 12 GG vgl. oben § 5 B I (a. E.).

[48] Vgl. dazu BVerfGE 13, 225 (229 f.).

[49] Vgl. dazu die ständige Rechtsprechung des BVerfG, das annimmt, daß die Auferlegung von Geldleistungsverpflichtungen die Eigentumsgarantie des Art. 14 GG grundsätzlich unberührt läßt: BVerfGE 4, 7 (17); 23, 288 (314 f.); 30, 250 (271 f.); gegen einen allgemeinen Vermögensschutz durch Art. 14 GG auch BAG AP Nr. 1 zu § 87 BetrVG 1972 Werkmietwohnungen, Bl. 4; *Badura*, WiR 1974, 1 (7); *Hesse*, Grundzüge des Verfassungsrechts, S. 172; *Schenke*, Festschrift für Armbruster, S. 177 (186 ff.) m. w. N.

[50] Vgl. *Friauf*, JurA 1970, 299 (307 ff.); *Sendler*, DÖV 1971, 16 (21 f.).

zungsmöglichkeiten nicht der verfassungsrechtlichen Garantie des Eigentums unterliegen[51], obwohl sie schon gegenwärtig eine wichtige Vermögensposition darstellen können. Vermögenswerte öffentliche Rechte werden nur dann erfaßt, wenn sie nicht allein auf staatlicher Gewährung, sondern vorwiegend auf eigener Leistung beruhen[52]. Diese Einschränkungen, die sich aus dem Zweck des Art. 14 GG ergeben, werden umgangen, wenn man das Vermögen als solches dem Schutz dieser Vorschrift unterstellt.

Die Auferlegung von Geldleistungspflichten und vergleichbaren Verpflichtungen ohne Bezug zu einem konkreten vermögenswerten Recht berührt den Schutzbereich des Art. 14 GG deshalb nur, wenn sie die Vermögensverhältnisse so nachhaltig beeinträchtigt, daß sie praktisch eine Konfiskation darstellt[53]. In einem solchen Falle ist der Verpflichtete gezwungen, die durch Art. 14 GG gewährleisteten Rechte aufzugeben, um seine Verbindlichkeiten erfüllen zu können. Ein notwendiges Mitbestimmungsrecht bei der Begründung und dem Umfang vermögenswerter Leistungspflichten kann indessen niemals eine solche konfiszierende Wirkung haben, weil § 76 Abs. 5 Satz 3 verlangt, daß im verbindlichen Schlichtungsverfahren auch die Belange des Verpflichteten berücksichtigt werden. Die verfassungsrechtliche Gewährleistung des Eigentums durch Art. 14 GG steht also unter keinem Gesichtspunkt einem Mitbestimmungsrecht bei der Begründung und dem Umfang vermögenswerter Leistungspflichten entgegen[54].

II. Berufsfreiheit und wirtschaftliche Entfaltungsfreiheit

Die unternehmerische Entscheidungsfreiheit wird auch durch die Grundrechte der Berufsfreiheit gemäß Art. 12 GG und der wirtschaftlichen Entfaltungsfreiheit gemäß Art. 2 Abs. 1 GG geschützt[55]. Dabei ist

[51] Vgl. BVerfGE 28, 119 (142); 45, 142 (171); *Schenke*, Festschrift für Armbruster, S. 177 (187 Fn. 51).

[52] Vgl. BVerfGE 4, 219 (240 f.); 18, 392 (397); krit. *Maunz*, in Maunz / Dürig / Herzog / Scholz, Art. 14 Anm. 33 ff.

[53] Vgl. BVerfGE 23, 288 (315); im Grundsatz ebenso BVerfGE 14, 221 (241); 19, 119 (128 f.); 19, 253 (267 f.); *Badura*, AöR 92 (1967), 382 (407).

[54] Zur Zulässigkeit einer Eigentumsbindung durch die Mitbestimmung bei den sogenannten materiellen Arbeitsbedingungen vgl. BAG AP Nr. 1 zu § 87 BetrVG 1972 Provision, Bl. 4 R f.; AP Nr. 1 zu § 87 BetrVG 1972 Werkmietwohnungen, Bl. 4; *Moll*, Mitbestimmung beim Entgelt, S. 45 f.; *ders.*, BlStSozArbR 1977, 177 (178 f.); *Reuter / Streckel*, Grundfragen, S. 66 ff., 104 ff.; *Wiese*, GK-BetrVG, § 87 Anm. 26 m. w. N.; a. M. *Erdmann / Jürging / Kammann*, § 87 Anm. 11 (anders jetzt *Kammann / Hess / Schlochauer*, § 87 Anm. 18 ff.).

[55] Vgl. BVerfGE 50, 290 (362 ff., 366); BAG AP Nr. 1 zu § 87 BetrVG 1972 Werkmietwohnungen, Bl. 4; *Badura*, WiR 1974, 1 (25); *Badura / Rittner / Rüthers*, Gemeinschaftsgutachten, S. 196, 232; *Reuter / Streckel*, Grundfragen, S. 99 ff.

Art. 2 Abs. 1 GG nur auf den Bereich unternehmerischer Tätigkeit anwendbar, der von den speziellen Grundrechten der Berufsfreiheit und des Eigentums nicht erfaßt wird[56].

Unter dem Gesichtspunkt des verfassungsrechtlichen Schutzes der Vertragsfreiheit wurde indessen schon dargelegt, daß ein notwendiges Mitbestimmungsrecht bei der Begründung und dem Umfang vermögenswerter Leistungspflichten die Berufsfreiheit und die wirtschaftliche Entfaltungsfreiheit rechtmäßig beschränkt[57]. Auch daraus ergeben sich also keine Grenzen für die Mitbestimmung des Betriebsrats im Hinblick auf die unternehmerische Entscheidungsfreiheit.

III. Sozial- und Rechtsstaatsprinzip

In der Diskussion um die Verfassungsmäßigkeit des BetrVG 1972 wurde behauptet, es verstoße gegen die Grundsätze des freiheitlichen und sozialen Rechtsstaates i. S. des Art. 20 Abs. 1 und Art. 28 Abs. 1 Satz 1 GG, wenn die Einigungsstelle das Unternehmen durch einen verbindlichen Spruch zur Übernahme finanzieller Verpflichtungen zwingen könne[58]. Deshalb dürfe der Gesetzgeber die Regelung von Leistung und Gegenleistung nicht der notwendigen Mitbestimmung unterwerfen.

Das Sozialstaatsprinzip schützt indessen nicht die unternehmerische Entscheidungsfreiheit, sondern gibt dem Gesetzgeber den Gestaltungsauftrag, für den Ausgleich sozialer Gegensätze zu sorgen[59]. Daher ist es neben der Sozialbindung des Eigentums nach Art. 14 Abs. 2 GG sogar die Grundlage für eine Beschränkung der Regelungsbefugnis des Unternehmers[60].

Auch das Rechtsstaatsprinzip gibt keinen Aufschluß über die Reichweite der notwendigen Mitbestimmung in sozialen Angelegenheiten. In welchem Umfang die unternehmerische Entscheidungsfreiheit verfassungsrechtlich gewährleistet ist, folgt aus den Grundrechten der Berufsfreiheit gemäß Art. 12 GG, des Eigentums gemäß Art. 14 GG und der wirtschaftlichen Entfaltungsfreiheit gemäß Art. 2 Abs. 1 GG. Diese

---

[56] Zum Verhältnis von Art. 2 Abs. 1 GG zu speziellen Grundrechten vgl. oben § 5 B II mit Nachweisen in Fn. 26.

[57] Vgl. oben § 5 B.

[58] Vgl. *Erdmann / Jürging / Kammann*, § 87 Anm. 10 (ähnlich auch *Kammann / Hess / Schlochauer*, § 87 Anm. 27, im Hinblick auf das Initiativrecht des Betriebsrats bei materiellen Arbeitsbedingungen); *Galperin*, Regierungsentwurf, S. 50.

[59] Vgl. BVerfGE 1, 97 (105); *Leibholz / Rinck*, Art. 20 Anm. 12.

[60] Zur Bedeutung des Sozialstaatsprinzips für die Beschränkung der Berufsfreiheit und der wirtschaftlichen Entfaltungsfreiheit vgl. oben § 5 B.

konkrete grundgesetzliche Regelung darf nicht unter Hinweis auf ein allgemeines Verfassungsprinzip umgangen werden.

Der verfassungsrechtliche Schutz des Unternehmens hindert den Gesetzgeber also nicht daran, die Begründung und den Umfang vermögenswerter Leistungspflichten der notwendigen Mitbestimmung zu unterwerfen. Es bleibt zu prüfen, ob der Bedeutungszusammenhang des Gesetzes Aufschluß über das Verhältnis von betrieblicher Mitbestimmung und unternehmerischer Entscheidungsfreiheit gibt.

D. Bedeutungszusammenhang

I. Beteiligung des Betriebsrats in wirtschaftlichen Angelegenheiten

Nach verbreiteter Auffassung[61] ergibt sich aus §§ 106 ff., in welchem Umfang die unternehmerische Entscheidungsfreiheit durch die betriebliche Mitbestimmung gebunden wird. Nachdem im Rahmen der Einzelanalyse der Mitbestimmungstatbestände festgestellt wurde, daß § 112 Abs. 4 nicht dazu zwingt, generell eine Anwendung des § 87 auf die Begründung und den Umfang vermögenswerter Leistungspflichten des Arbeitgebers zuzulassen[62], ist nunmehr zu untersuchen, ob die §§ 106 ff. eine zusätzliche Stütze für die hier vertretene Grenze der Mitbestimmung bilden.

1. *Unterrichtung in wirtschaftlichen Angelegenheiten*

Die Vorschriften der §§ 106 bis 110 sind zu allgemein, um Rückschlüsse auf die Reichweite der notwendigen Mitbestimmung zuzulassen. Wenn das Gesetz in § 106 Abs. 3 Nr. 1 hinsichtlich der wirtschaftlichen und finanziellen Lage des Unternehmens lediglich ein Unterrichtungs- und Beratungsrecht[63] des Wirtschaftsausschusses vorsieht, liegt darin keine abschließende Regelung wirtschaftlich und finanziell relevanter Beteiligungsrechte. Einer solchen Deutung steht entgegen, daß auch Regelungen der betrieblichen Ordnung im weitesten Sinne[64] Kosten verursachen und damit die wirtschaftliche Lage des Unternehmens berühren können, ohne daß deswegen ein notwendiges Mitbestimmungsrecht geleugnet werden darf[65]. Die Unterrichtungs- und Bera-

---

[61] Vgl. die Nachweise oben Fn. 5 ff.

[62] Vgl. oben § 2 B I 2.

[63] Das Unterrichtungsrecht schließt auch ein Beratungsrecht ein, wie sich aus § 106 Abs. 1 Satz 2 ergibt; vgl. *Fitting / Auffarth / Kaiser*, § 106 Anm. 9.

[64] Zum Begriff oben § 3 D.

[65] Vgl. oben § 2 A II 1 b; § 2 A XI 2.

tungsrechte in wirtschaftlichen Angelegenheiten sind sogar Voraussetzung dafür, daß der Betriebsrat seine Mitwirkungs- und Mitbestimmungsbefugnisse auch dann sachgerecht ausüben kann, wenn ökonomische Belange des Unternehmens betroffen sind.

2. *Betriebsänderungen*

Aussagekräftiger scheint zunächst die Regelung des § 111 Satz 2 Nr. 1 zu sein, die dem Betriebsrat bei der Einschränkung und Stillegung des Betriebs oder wesentlicher Betriebsteile ausdrücklich nur ein Unterrichtungs- und Beratungsrecht einräumt und lediglich den Ausgleich daraus entstehender Nachteile der Mitbestimmung nach § 112 Abs. 4 unterwirft[66]. Daraus könnte man in Anlehnung an *Rüthers* schließen, es sei widersprüchlich, wenn der Betriebsrat aufgrund der notwendigen Mitbestimmung in sozialen Angelegenheiten den Umfang der Produktion beeinflussen könne, obwohl der Unternehmer die Möglichkeit habe, eine Abteilung wegen Überproduktion ohne Zustimmung der Arbeitnehmervertretung ganz oder teilweise zu schließen[67]. Wenn diese Auffassung richtig wäre, würde sich auch aus § 111 Satz 2 Nr. 1 ergeben, daß zumindest der Umfang der Arbeitspflicht grundsätzlich mitbestimmungsfrei ist, weil etwa eine Verkürzung der Arbeitszeit den Produktionsumfang ebenso beeinflußt wie eine Teilstillegung[68].

Die Reichweite der Beteiligungsrechte bei Betriebseinschränkungen und -stillegungen hat indessen keinen Modellcharakter für andere Regelungen, die sich auf den Umfang der Produktion auswirken können. Hinsichtlich der arbeitstechnischen Umsetzung der unternehmerischen Grundsatzentscheidung, wieviele Güter in einem bestimmten Zeitraum hergestellt werden sollen, enthält das Gesetz eine Reihe unterschiedlicher Mitwirkungs- und Mitbestimmungsrechte. Stellt der Unternehmer zusätzliche Arbeitskräfte ein oder baut er Personal ab, um das Produktionsziel zu erreichen, ist die Arbeitnehmervertretung nach § 99 bzw. § 102 zu beteiligen. Bei einer erheblichen Personalreduzierung[69] und bei einer Stillegung von Betriebsanlagen kommt die Anwendung des § 111 Satz 2 Nr. 1 in Betracht. Die Einführung von Kurzarbeit oder Überstunden unterliegt der notwendigen Mitbestimmung nach § 87 Abs. 1 Nr. 3[70], und die Entscheidung darüber, ob im Zeit- oder Lei-

---

[66] Vgl. auch oben § 2 B I 1 a.

[67] Vgl. *Rüthers*, ZfA 1973, 399 (419), im Hinblick auf das Initiativrecht des Betriebsrats.

[68] Vgl. oben § 7 B I mit Nachweisen.

[69] Vgl. dazu BAG AP Nr. 3 Bl. 2 ff., Nr. 4 Bl. 2 R ff., Nr. 5 Bl. 2 R f. zu § 111 BetrVG 1972; *Fitting / Auffarth / Kaiser*, § 111 Anm. 11 b.

[70] Vgl. dazu oben § 3 B II.

stungslohn gearbeitet wird, ist gemäß § 87 Abs. 1 Nr. 10 mitbestimmungspflichtig. All diese Regelungen beeinflussen den Produktionsumfang. Deshalb sind allgemeingültige Aussagen über den Inhalt der betrieblichen Beteiligungsrechte in diesem Bereich nicht möglich. Ein Mitbestimmungsrecht über den Umfang vermögenswerter Leistungspflichten stünde somit nicht im Widerspruch zur Mitbestimmungsfreiheit einer Betriebseinschränkung gemäß § 111 Satz 2 Nr. 1.

II. Der Maßstab für die Entscheidung der Einigungsstelle nach § 76 Abs. 5 Satz 3

Über das Verhältnis von notwendiger Mitbestimmung und unternehmerischer Entscheidungsfreiheit könnte aber § 76 Abs. 5 Satz 3 Auskunft geben. Nach dieser Vorschrift hat die Einigungsstelle in einem verbindlichen Schlichtungsverfahren neben den Belangen der betroffenen Arbeitnehmer die Belange des Betriebs zu berücksichtigen. Die wirtschaftliche Vertretbarkeit der Entscheidung für das Unternehmen wird im Gegensatz zu § 112 Abs. 4 Satz 2 nicht genannt. Daraus leitet *Reuter*[71] ab, die Einigungsstelle könne unternehmerische Interessen nicht in ihre Abwägung einbeziehen. Weil sie die Folgewirkungen eines Schlichtungsspruches für das Unternehmen aber auch nicht einfach ignorieren dürfe, folge aus § 76 Abs. 5 Satz 3 eine Beschränkung der Zuständigkeit der Einigungsstelle. Sie sei im Anwendungsbereich dieser Vorschrift nur zur verbindlichen Regelung von Angelegenheiten berufen, bei denen neben den Interessen der Arbeitnehmer allein die arbeitstechnischen Belange des Betriebs, nicht aber die wirtschaftliche Vertretbarkeit für das Unternehmen eine Rolle spielten. Diese Schranke der Kompetenz der Einigungsstelle begrenze auch die Reichweite der notwendigen Mitbestimmung in sozialen Angelegenheiten, weil im Anwendungsbereich des § 87 jede Regelungsstreitigkeit durch verbindlichen Spruch der Einigungsstelle nach § 76 Abs. 5, § 87 Abs. 2 entschieden werden könne. Folgt man dieser Ansicht, dann ergibt sich auch aus § 76 Abs. 5 Satz 3, daß die Begründung und der Umfang vermögenswerter Leistungspflichten der Arbeitsvertragspartner grundsätzlich mitbestimmungsfrei sind, weil sie Einfluß auf die wirtschaftliche Situation des Unternehmens haben. Das gilt für die von *Reuter* ausdrücklich erwähnte Lohnhöhe[72] ebenso wie für sonstige vermögenswerte Leistungen des Arbeitgebers und der Arbeitnehmer.

---

[71] Vgl. *Reuter*, Vergütung von AT-Angestellten, S. 14 ff.; *ders.*, ZfA 1981, 165 (181 ff.); zust. *Eich*, DB 1980, 1340 (1343 f.); im Grundsatz auch *Lieb*, DB 1981, Beilage Nr. 17, S. 1 (4); krit. *von Friesen*, DB 1980, Beilage Nr. 1, S. 1 (9 f.).

[72] Vgl. *Reuter*, Vergütung von AT-Angestellten, S. 14 ff.; *ders.*, ZfA 1981, 165 (183); ebenso *Eich*, DB 1980, 1340 (1343 f.).

Die Auffassung *Reuters* ist indessen nicht überzeugend. Viele der in § 87 Abs. 1 genannten Angelegenheiten können nur unter Berücksichtigung der wirtschaftlichen Vertretbarkeit für das Unternehmen geregelt werden. In diesem Zusammenhang sind nicht nur die Tatbestände zu nennen, die ausnahmsweise vermögenswerte Leistungspflichten der Mitbestimmung unterwerfen, sondern auch Regelungen, die indirekt Kosten verursachen[73]. Lehnt man die notwendige Mitbestimmung bei solchen Angelegenheiten ab, werden manche Tatbestände inhaltsleer. So hat etwa eine von § 87 Abs. 1 Nr. 10 erfaßte Entscheidung über Entlohnungsgrundsätze regelmäßig Auswirkungen auf die Kostenbelastung des Unternehmens[74]. Dasselbe gilt für die Zeit der Entgeltleistung[75], die der Mitbestimmung nach § 87 Abs. 1 Nr. 4 unterliegt.

Reuter erkennt anscheinend selbst den Widerspruch zwischen seiner Auslegung des § 76 Abs. 5 Satz 3 und der ausdrücklichen gesetzgeberischen Entscheidung, auch Angelegenheiten mit wirtschaftlichen Folgewirkungen der notwendigen Mitbestimmung zu unterwerfen. Er meint aber, diesen Konflikt durch eine entsprechende Anwendung der Grundsätze lösen zu können, die die Rechtsprechung zur gerichtlichen Überprüfung einer betriebsbedingten Kündigung entwickelt hat[76]. Die Einigungsstelle dürfe die wirtschaftlichen Belange des Unternehmens selbst bewerten, wenn die unternehmerische Vorentscheidung darüber offensichtlich unsachlich, unvernünftig und willkürlich sei oder im Widerspruch zu Rechtspflichten des Unternehmers stehe[77]. Als Beispiel nennt *Reuter* die Mitbestimmung bei Überstunden nach § 87 Abs. 1 Nr. 3. Wenn von den Arbeitnehmern eine über ihre rechtliche Verpflichtung hinausgehende Arbeitsintensität verlangt werde, könne die Einigungsstelle in einem verbindlichen Schlichtungsverfahren Überstunden anordnen, auch wenn der Unternehmer erkläre, eine vorübergehende Verlängerung der Arbeitszeit sei wirtschaftlich untragbar. Eine solche Bewertung der ökonomischen Belange sei unbeachtlich, weil der Unternehmer von den Arbeitnehmern keine über ihre Rechtspflichten hinausgehenden Anstrengungen verlangen dürfe. Damit reduziert *Reuter* die Mitbestimmung des Betriebsrats in wirtschaftlich relevanten Angelegenheiten auf eine Mißbrauchskontrolle. Es kann indessen nicht unterstellt werden, der Gesetzgeber habe durch § 76 Abs. 5 Satz 3 die in § 87 Abs. 1 enthaltenen Mitbestimmungsrechte so gravierend beschneiden wollen.

---

[73] Vgl. z. B. oben § 2 A II 1 b, V 1, XI 2.

[74] Vgl. oben § 2 A XI 2.

[75] Vgl. oben § 2 A V 1.

[76] Vgl. BAG AP Nr. 14 Bl. 1 R, Nr. 22 Bl. 2 R zu § 1 KSchG Betriebsbedingte Kündigung; AP Nr. 1 Bl. 2 R, Nr. 6 Bl. 2 R zu § 1 KSchG 1969 Betriebsbedingte Kündigung.

[77] Vgl. *Reuter*, ZfA 1981, 165 (186 ff.); vgl. auch schon *ders.*, Vergütung von AT-Angestellten, S. 16 ff.

Wie die Materialien ausweisen, sollte § 76 Abs. 5 Satz 3 lediglich klarstellen, daß die Einigungsstelle sowohl die Belange des Betriebs als auch die der betroffenen Arbeitnehmer berücksichtigen muß[78]. Daraus ergibt sich keineswegs, daß die wirtschaftliche Vertretbarkeit für das Unternehmen nicht in die Abwägung einbezogen werden darf. Vielmehr sollte die Pflicht der Einigungsstelle zum Ausdruck gebracht werden, die Interessen beider Seiten gegeneinander abzuwägen. Deshalb ist der mißverständliche Wortlaut des § 76 Abs. 5 Satz 3 um die Belange des Unternehmens zu ergänzen[79], nicht aber die notwendige Mitbestimmung nach § 87 in einer Weise einzuschränken, die während der Gesetzesberatungen niemals zur Diskussion stand. Die Vorschrift des § 76 Abs. 5 Satz 3 erlaubt daher keine Rückschlüsse auf die Reichweite der betrieblichen Mitbestimmung.

III. Zweispurigkeit der Mitbestimmung

Nach verbreiteter Auffassung ergeben sich aus der Zweispurigkeit der Mitbestimmung Grenzen für die Beteiligungsbefugnisse des Betriebsrats. Bei wirtschaftlich-unternehmerischen Entscheidungen werde der kollektive Schutz der Arbeitnehmer allein durch die Mitbestimmung auf Unternehmensebene nach dem MitbestG, dem Montan-MitbestG und den §§ 76 ff. BetrVG 1952 verwirklicht. Die Betriebsverfassung betreffe nur die betrieblichen Folgewirkungen dieser unternehmerischen Entscheidungen[80]. Dabei wird teilweise auch die Regelung der Höhe des Lohnes und sonstiger vermögenswerter Leistungen an die Arbeitnehmer der Unternehmensverfassung zugeordnet und deshalb die notwendige Mitbestimmung des Betriebsrats verneint[81].

Eine Unterscheidung zwischen betrieblichen und unternehmerischen Entscheidungen nach dem Regelungsgegenstand ist indessen aus den oben genannten Gründen nicht möglich. Erstere stellen nur einen Ausschnitt aus dem Bereich unternehmerischer Tätigkeit dar[82]. Die Mitbestimmung von Arbeitnehmervertretern im Aufsichtsrat ist auch keineswegs überflüssig, wenn man anerkennt, daß die notwendige Mitbestimmung des Betriebsrats letztlich unternehmerische Entscheidungen be-

---

[78] Vgl. Schriftlicher Bericht 10. Ausschuß, zu BT-Drucks. VI/2729, S. 28.

[79] Im Ergebnis ebenso *Fitting / Auffarth / Kaiser*, § 87 Anm. 32; vgl. auch *von Friesen*, DB 1980, Beilage Nr. 1, S. 1 (9 f.).

[80] So mit unterschiedlichen Formulierungen *Lieb*, ZfA 1978, 179 (186); *ders.*, DB 1981, Beilage Nr. 17, S. 1 (4); *Moll*, Mitbestimmung beim Entgelt, S. 213 f.; *Reuter*, ZfA 1981, 165 (167); *Wiedemann*, ZGR 1975, 385 (404 ff.).

[81] Vgl. *Wiedemann*, ZGR 1975, 385 (406); vgl. auch die Nachweise oben Fn. 8.

[82] Vgl. oben § 7 B I.

trifft[83]. Die Vorschrift des § 87 erfaßt selbst bei extensiver Auslegung nicht die unternehmerischen Grundsatzentscheidungen[84] und nur einen Teil der Regelungen, die deren arbeitstechnischer Umsetzung dienen, so daß ein Bedürfnis nach einem zusätzlichen kollektiven Schutz auf Unternehmensebene besteht[85]. Deshalb gibt die Zweispurigkeit der Mitbestimmung keine Hinweise auf die Reichweite der betrieblichen Teilhaberechte.

E. Zusammenfassung

Das Verhältnis von notwendiger Mitbestimmung und unternehmerischer Entscheidungsfreiheit ist für die hier behandelte Frage unergiebig. Dem Gesetz läßt sich insoweit nur eine Aufgabenteilung zwischen Tarifwesen und betrieblicher Mitbestimmung[86], nicht aber zwischen Unternehmens- und Betriebsverfassung entnehmen.

---

83 So aber *Moll*, Mitbestimmung beim Entgelt, S. 213.

84 Zum Begriff oben § 7 B I.

85 Vgl. auch *Auffarth*, RdA 1976, 2 (3).

86 Vgl. oben § 3 D; § 6.

Fünfter Teil

Schlußbetrachtungen

§ 8 Der Grundsatz der Mitbestimmungsfreiheit der Begründung und des Umfangs vermögenswerter Leistungspflichten

Die Einzelanalyse der Mitbestimmungsrechte, die historische Auslegung des Gesetzes und die Überlegungen zur Funktion der notwendigen Mitbestimmung in sozialen Angelegenheiten haben ergeben, daß grundsätzlich weder die Begründung noch der Umfang vermögenswerter Leistungspflichten der Arbeitsvertragspartner der Mitbestimmung nach § 87 unterliegt. Es bleibt zu klären, ob und inwieweit sich dieser Auslegungsgrundsatz von den anfangs skizzierten herkömmlichen Auffassungen[1] unterscheidet, die ein Mitbestimmungsrecht über die Höhe von Leistung und Gegenleistung im Arbeitsverhältnis ablehnen oder nur in beschränktem Umfang anerkennen.

A. Unterschiede zum Grundsatz der Mitbestimmungsfreiheit materieller Arbeitsbedingungen

Die vorliegende Arbeit hat ergeben, daß nur die vermögenswerten Leistungspflichten der Arbeitsvertragspartner grundsätzlich mitbestimmungsfrei sind, während bei nichtvermögenswerten Leistungen i. S. des § 241 BGB ein notwendiges Mitbestimmungsrecht in Betracht kommt[2]. Der Grundsatz der Mitbestimmungsfreiheit materieller Arbeitsbedingungen erfaßte dagegen nach der Definition der früher herrschenden Meinung allgemein die Festsetzung von Leistung und Gegenleistung im Arbeitsverhältnis[3]. Verhaltenspflichten der Arbeitnehmer, die ebenfalls zu den nichtvermögenswerten Leistungspflichten gehören[4], wurden

[1] Vgl. oben § 1 B.

[2] Vgl. oben § 2 A I 2 a, § 3 C I.

[3] Vgl. die Nachweise oben § 1 B I in Fn. 12 und 17.

[4] Vgl. oben § 3 C I.

allerdings im Hinblick auf § 56 Abs. 1 Buchst. f BetrVG 1952 den mitbestimmungspflichtigen formellen Arbeitsbedingungen zugeordnet[5], so daß insoweit nur ein terminologischer Unterschied zur hier vertretenen Auffassung bestand.

Aber auch der Sache nach weichen die beiden Konzeptionen erheblich voneinander ab. Der Grundsatz der Mitbestimmungsfreiheit der Begründung und des Umfangs vermögenswerter Leistungspflichten läßt Ausnahmen zu, die sich aus seiner dogmatischen Grundlage, der Aufgabenteilung zwischen Tarifwesen und betrieblicher Mitbestimmung, ergeben[6]. Soweit die Arbeitnehmer durch Tarifverträge nicht effektiv geschützt werden können, weil die betreffende Angelegenheit nur auf betrieblicher Ebene sachgerecht geregelt werden kann, kommt auch ein notwendiges Mitbestimmungsrecht bei der Begründung und dem Umfang vermögenswerter Leistungspflichten der Arbeitsvertragspartner in Betracht. Demgegenüber bezog die früher herrschende Meinung den Grundsatz der Mitbestimmungsfreiheit materieller Arbeitsbedingungen auf alle sozialen Angelegenheiten, ohne Ausnahmen zuzulassen, wie insbesondere die Diskussion um die Mitbestimmung über die Geldfaktoren leistungsbezogener Entgelte gemäß § 56 Abs. 1 Buchstabe g BetrVG 1952 zeigt[7].

Ein weiterer wichtiger Unterschied ergibt sich aus den verschiedenartigen Anknüpfungspunkten der Auslegungsgrundsätze. Die früher herrschende Meinung rechnete alle Angelegenheiten, die das Verhältnis von Leistung und Gegenleistung betreffen, zu den materiellen Arbeitsbedingungen[8]. Der Grundsatz der Mitbestimmungsfreiheit materieller Arbeitsbedingungen war somit auf das einzelne Arbeitsverhältnis bezogen. Demgegenüber kommt es nach der hier vertretenen Auffassung auf die Summe der Verpflichtungen an. Der Umfang der vermögenswerten Leistungspflichten des Arbeitgebers wird nicht berührt, wenn der Betriebsrat bei der Verteilung der Leistungen mitbestimmt, obwohl dadurch aus der Sicht des einzelnen Arbeitnehmers die Höhe der Gegenleistung für seine Arbeit festgelegt wird[9]. Deshalb läßt sich

[5] Vgl. *Dietz*, § 56 Anm. 157 ff.; *Galperin / Siebert*, § 56 Anm. 69 f.; *Hueck / Nipperdey / Säcker* II/2, S. 1373.

[6] Vgl. oben § 3 D; § 4 B I; § 6.

[7] Vgl. BAG AP Nr. 3 zu § 56 BetrVG Akkord, Bl. 4 R ff.; *Dietz*, § 56 Anm. 194; *Galperin / Siebert*, § 56 Anm. 82; *Nikisch* III, S. 424; a. M. *Fitting /Kraegeloh / Auffarth*, § 56 Anm. 43.

[8] Vgl. die Nachweise oben § 1 B I in Fn. 17.

[9] Vgl. oben § 2 A I 1; vgl. auch *Moll*, Mitbestimmung beim Entgelt, S. 103 f., 110, der zu Recht annimmt, die Forderung nach Beachtung des Dotierungsrahmens bei § 87 Abs. 1 Nr. 8 sei keine Wiederbelebung des Grundsatzes der Mitbestimmungsfreiheit materieller Arbeitsbedingungen; a. M. *Hiersemann*, BB 1973, 850; ähnlich *Buchner*, Anm. zu BAG, AR-Blattei D, Betriebsverfassung XIV B, Entsch. 27, Forts.-Bl. 7 R.

etwa die notwendige Mitbestimmung bei der Aufstellung eines Leistungsplanes für Gratifikationen zwanglos mit dem Grundsatz der Mitbestimmungsfreiheit der Begründung und des Umfangs vermögenswerter Leistungspflichten in Einklang bringen. Eine konsequente Unterscheidung zwischen formellen und materiellen Arbeitsbedingungen müßte zum entgegengesetzten Ergebnis führen, weil durch den Leistungsplan letztlich das Verhältnis von Leistung und Gegenleistung im Arbeitsverhältnis festgelegt wird[10].

Bei Regelungen der betrieblichen Ordnung im weitesten Sinne[11], die den Umfang vermögenswerter Leistungspflichten der Arbeitsvertragspartner indirekt beeinflussen, läßt sich nicht eindeutig entscheiden, ob es sich um formelle oder um materielle Arbeitsbedingungen handelt. Darauf beruht die oben angedeutete Kontroverse um die Einordnung von Entlohnungsgrundsätzen[12]. Dagegen ist nach der hier vertretenen Ansicht zu unterscheiden zwischen Regelungen, die die Begründung und den Umfang vermögenswerter Leistungspflichten zum Gegenstand haben, und Regelungen anderer Angelegenheiten, die den Umfang vermögenswerter Leistungspflichten lediglich indirekt beeinflussen. Erstere unterliegen grundsätzlich nicht der notwendigen Mitbestimmung des Betriebsrats, bei letzteren kommt die Anwendung des § 87 in Betracht[13].

B. Unterschiede zum Freiwilligkeitsgrundsatz

Die heute nur noch vereinzelt vertretene Auffassung, bei freiwilligen Leistungen des Arbeitgebers sei ein notwendiges Mitbestimmungsrecht ausgeschlossen[14], ist abzulehnen. Die Verteilung der vom Arbeitgeber freiwillig bereitgestellten Mittel unterliegt in vielen Fällen der Mitbestimmung. In diesem Zusammenhang sind vor allem die Verwaltung von Sozialeinrichtungen (§ 87 Abs. 1 Nr. 8)[15], die Zuweisung und Kündigung von Werkmietwohnungen sowie die Festlegung der Nutzungsbedingungen (§ 87 Abs. 1 Nr. 9)[16], die Regelung von Fragen der betrieb-

[10] Diese Konsequenz wollte das BAG (AP Nr. 6 Bl. 2 ff., Nr. 7 Bl. 1 R ff. zu § 56 BetrVG Wohlfahrtseinrichtungen) anscheinend nicht ziehen, sonst hätte es die notwendige Mitbestimmung über die Höhe der Kantinenpreise im Rahmen der vom Arbeitgeber vorgegebenen Gesamtdotierung ablehnen müssen; krit. *Dietz,* § 56 Anm. 143; *Hueck / Nipperdey / Säcker* II/2, S. 1370 Fn. 19 c; vgl. dazu auch oben § 3 C IV 1.

[11] Zum Begriff oben § 3 D.

[12] Vgl. oben § 1 B I mit Nachweisen in Fn. 21 f.

[13] Vgl. oben § 2 A II 1 b; § 2 A XI 2; § 6 B IV 1 (a. E.).

[14] Vgl. die Nachweise oben § 1 B II in Fn. 30.

[15] Vgl. oben § 2 A I 1.

[16] Vgl. oben § 2 A IX.

lichen Lohngestaltung (§ 87 Abs. 1 Nr. 10)[17] und die Ausgestaltung des betrieblichen Vorschlagswesens (§ 87 Abs. 1 Nr. 12)[18] zu nennen.

Dagegen beschreibt die neuerdings vom BAG und der herrschenden Lehre vertretene Variante des Freiwilligkeitsgrundsatzes[19] eine Rechtsfolge des hier entwickelten Auslegungsprinzips. Da die Begründung und der Umfang vermögenswerter Leistungspflichten des Arbeitgebers grundsätzlich nicht der notwendigen Mitbestimmung unterliegen, ist auch die Entschließungsfreiheit des Arbeitgebers, ob und inwieweit er freiwillige Leistungen an die Belegschaft erbringt, mitbestimmungsfrei. Der Betriebsrat kann auch nicht verlangen, daß bisher freiwillige Leistungen in feste Lohnbestandteile umgewandelt werden. In dieser Formulierung ist der Freiwilligkeitsgrundsatz indessen zu eng. Die dargelegte Grenze der notwendigen Mitbestimmung gilt nicht nur für freiwillige Arbeitgeberleistungen[20], sondern für alle vermögenswerten Leistungen des Arbeitgebers[21] und der Arbeitnehmer, sofern nicht eine der oben genannten Ausnahmen vorliegt.

§ 9 Zusammenfassung in Thesen

1. Gegen eine notwendige Mitbestimmung des Betriebsrats über die Begründung und den Umfang vermögenswerter Leistungspflichten[1] der Arbeitsvertragspartner bestehen zwar keine verfassungsrechtlichen Bedenken, die Auslegung des geltenden Betriebsverfassungsrechts ergibt aber, daß diese Angelegenheiten grundsätzlich nicht der Mitbestimmung nach § 87 unterliegen. Das gilt nicht nur für die Höhe des Entgeltes und die Dauer der Arbeitszeit, sondern auch für vermögenswerte Nebenleistungen des Arbeitgebers und der Arbeitnehmer.

2. In zwei Fallgruppen sind Ausnahmen von diesem Grundsatz anzuerkennen: Bei der vorübergehenden Verkürzung oder Verlängerung der betriebsüblichen Arbeitszeit (§ 87 Abs. 1 Nr. 3) unterliegt

---

[17] Vgl. oben § 3 C IV 1.

[18] Vgl. oben § 2 A XII.

[19] Vgl. oben § 1 B II mit Nachweisen in Fn. 24 f.

[20] Zu den Problemen, die die Abgrenzung freiwilliger und sonstiger Arbeitgeberleistungen aufwirft, vgl. oben § 1 B II.

[21] Vgl. auch *Blomeyer*, Anm. zu BAG AP Nr. 3 zu § 87 BetrVG 1972 Altersversorgung, Bl. 11; *Hanau*, Anm. zu BAG AP Nr. 1 zu § 87 BetrVG 1972 Arbeitssicherheit, Bl. 5 R; *Jahnke*, ZfA 1980, 863 (897).

[1] Zum Begriff oben § 2 A I 2 a.

der Umfang einer vermögenswerten Leistungspflicht der Arbeitnehmer, bei der Festsetzung der Höhe leistungsbezogener Entgelte (§ 87 Abs. 1 Nr. 11) der Umfang einer vermögenswerten Leistungspflicht des Arbeitgebers der Mitbestimmung. Die Begründung vermögenswerter Leistungspflichten ist stets mitbestimmungsfrei.

3. Für nichtvermögenswerte Leistungspflichten der Arbeitsvertragspartner läßt sich kein entsprechender Auslegungsgrundsatz nachweisen.

4. Ein notwendiges Mitbestimmungsrecht scheidet nur aus, wenn die Begründung oder der Umfang einer vermögenswerten Leistungspflicht Regelungsgegenstand ist. Dagegen kommt die Anwendung des § 87 bei der Gestaltung sonstiger Angelegenheiten auch dann in Betracht, wenn dadurch einem Arbeitsvertragspartner Kosten entstehen oder in anderer Weise der Umfang vermögenswerter Leistungspflichten indirekt beeinflußt wird.

5. Bei der Verteilung vermögenswerter Arbeitgeberleistungen besteht insbesondere in den Fällen des § 87 Abs. 1 Nrn. 8, 9, 10 und 12 ein notwendiges Mitbestimmungsrecht.

6. Die Annahme einer materiellen Annexkompetenz des Betriebsrats[2] widerspricht dem Wortlaut, dem Bedeutungszusammenhang und dem Zweck des § 87 und ist aus diesen Gründen abzulehnen.

7. Das geltende Betriebsverfassungsrecht geht von einer Aufgabenteilung zwischen Tarifwesen und betrieblicher Mitbestimmung aus. Die Begründung und die Regelung des Umfangs vermögenswerter Leistungspflichten des Arbeitgebers und der Arbeitnehmer sind grundsätzlich Sache der Tarifpartner. Die Domäne der Betriebspartner bildet die Gestaltung der betrieblichen Ordnung im weitesten Sinne[3], die in einem Kernbereich der notwendigen Mitbestimmung des Betriebsrats unterliegt.

8. Die Geschichte der Mitbestimmung bestätigt die These einer Aufgabenteilung zwischen Tarifwesen und betrieblicher Mitbestimmung. Nachdem die TVVO dem Inhalt von Tarifverträgen normative Wirkung verliehen hatte, stand den Arbeitnehmervertretungen unter der Geltung des BRG und des BetrVG 1952 nur bei Angelegenheiten der betrieblichen Ordnung im weitesten Sinne eine Teilhabebefugnis zu, die der notwendigen Mitbestimmung nach § 87 vergleichbar ist.

---

[2] Zum Begriff oben § 2 A II 2 a.

[3] Zum Begriff oben § 3 D.

9. Die notwendige Mitbestimmung in sozialen Angelegenheiten dient nicht nur der Beschränkung einseitiger Gestaltungsbefugnisse des Arbeitgebers, sondern auch dem Ausgleich der faktischen Unterlegenheit der Arbeitnehmer beim Abschluß individualvertraglicher Vereinbarungen.

10. Trotz des Vorrangs und des Vorbehalts einer tariflichen Regelung gemäß § 77 Abs. 3 und § 87 Abs. 1 Eingangshalbsatz besteht die Gefahr, daß sich ein notwendiges Mitbestimmungsrecht bei der Begründung und dem Umfang vermögenswerter Leistungspflichten nachteilig auf die Tarifautonomie auswirkt.

11. Die Begründung und der Umfang vermögenswerter Leistungspflichten sind grundsätzlich kein tauglicher Gegenstand für eine verbindliche Entscheidung der betrieblichen Einigungsstelle.

12. Das Verhältnis von notwendiger Mitbestimmung und unternehmerischer Entscheidungsfreiheit erlaubt im hier behandelten Zusammenhang keine Rückschlüsse auf die Reichweite der betrieblichen Teilhaberechte.

Literaturverzeichnis

Adomeit, Klaus: Die Regelungsabrede, Düsseldorf 1961

— Rechtsquellenfragen im Arbeitsrecht, München 1969

— Thesen zur betrieblichen Mitbestimmung nach dem neuen Betriebsverfassungsgesetz, BB 1972, 53—56

Arbeitsring der Arbeitgeberverbände der Deutschen Chemischen Industrie e. V. (Hrsg.): Betriebsverfassungsgesetz 72, Heidelberg 1972

Auffarth, Fritz: Zur Bedeutung der Beteiligungsrechte des Betriebsrats nach dem Betriebsverfassungsgesetz 1972 für eine paritätische Mitbestimmung der Arbeitnehmer auf Unternehmensebene, RdA 1976, 2—5

Badura, Peter: Die Rechtsprechung des Bundesverfassungsgerichts zu den verfassungsrechtlichen Grenzen wirtschaftspolitischer Gesetzgebung im sozialen Rechtsstaat, AöR 92 (1967), 382—407

— Die Verfassung als Auftrag, Richtlinie und Grenze der wirtschafts- und arbeitspolitischen Gesetzgebung, WiR 1974, 1—28

Badura, Peter / *Rittner*, Fritz / *Rüthers*, Bernd: Mitbestimmungsgesetz 1976 und Grundgesetz, Gemeinschaftsgutachten, München 1977

Barwasser, Franz H.: Zur Zulässigkeit von Betriebsvereinbarungen über materielle Arbeitsbedingungen in nichttarifgebundenen Betrieben, insbes. in Mischbetrieben, DB 1975, 2275—2277

Becker, Friedrich / *Etzel*, Gerhard / *Friedrich*, Hans-Wolf / *Gröninger*, Karl / *Hillebrecht*, Wilfried / *Rost*, Friedhelm / *Weigand*, Horst / *Wolf*, Manfred: Gemeinschaftskommentar zum Kündigungsschutzgesetz und sonstigen kündigungsschutzrechtlichen Vorschriften, Neuwied und Darmstadt 1981

Becker-Schaffner, R.: Einzelheiten zum Mitbestimmungsrecht des Betriebsrats bei der Einführung von Kurzarbeit bzw. dem Abbau von Überstunden, BlStSozArbR 1975, 17—22

Beuthien, Volker: Sozialplanzwangsschlichtung und Konkursgläubigerschutz, in: Arbeitsleben und Rechtspflege, Festschrift für Gerhard Müller, Berlin 1981, S. 13—29

— Lohnminderung bei Schlechtarbeit oder Arbeitsunlust?, ZfA 1972, 73—84

Bichler, Hubert: Nochmals: Zur Zulässigkeit von Betriebsvereinbarungen über Arbeitsbedingungen für AT-Angestellte, DB 1979, 1939—1942

Biedenkopf, Kurt H.: Grenzen der Tarifautonomie, Karlsruhe 1964

Binkert, Gerhard: Mitbestimmung des Betriebsrates zur Frage der Kostentragung, ArbN 1977, 465—466

Birk, Rolf: Die arbeitsrechtliche Leitungsmacht, Köln, Berlin, Bonn, München 1973

— Anm. zu BAG, EzA Nr. 2 zu § 87 BetrVG 1972 Initiativrecht

— Anm. zu BAG, EzA Nr. 4 zu § 87 BetrVG 1972 Lohn u. Arbeitsentgelt

Bitter, Walter: Betriebsvereinbarungen im AT-Bereich in der Praxis, DB 1979, 695—699

Blomeyer, Wolfgang: Das Übermaßverbot im Betriebsverfassungsrecht, in: 25 Jahre Bundesarbeitsgericht, München 1979, S. 17—36

— Die Finanzierung der Mitbestimmung durch den Arbeitgeber, in: Horst Steinmann / Gérard Gäfgen / Wolfgang Blomeyer, Die Kosten der Mitbestimmung, Mannheim, Wien, Zürich 1981, S. 69—138

— Die Entwicklung des arbeitsrechtlichen Schrifttums im Jahre 1974, ZfA 1975, 243—340

— Aktuelle Probleme des Betriebsverfassungsrechts, JA 1977, 241—245

— Anm. zu BAG AP Nr. 3 zu § 87 BetrVG 1972 Altersversorgung

— Anm. zu BAG, SAE 1976, 10—13

— Anm. zu LAG Düsseldorf/Köln, EzA Nr. 1 zu § 87 BetrVG 1972 Lohn u. Arbeitsentgelt

Boers, Hans: Unterliegt die Dauer der Arbeitszeit dem Mitbestimmungsrecht des Betriebsrates?, BB 1963, 562—563

Bötticher, Eduard: Die Gemeinsamen Einrichtungen der Tarifvertragsparteien, Heidelberg 1966

— Anm. zu BAG, SAE 1973, 232—234

Boewer, Dietrich: Zur Unterscheidung von formellen und materiellen Arbeitsbedingungen, DB 1970, 2319—2325

— Das Initiativrecht des Betriebsrats in sozialen Angelegenheiten, DB 1973, 522—528

Brauch, Michael: Die Erweiterung der Mitbestimmungsrechte des Betriebsrates im Bereich der sozialen und personellen Angelegenheiten durch das Betriebsverfassungsgesetz vom 15. 1. 1972 und deren Auswirkungen auf die Rechtsstellung der einzelnen Arbeitnehmer, München 1975

Brecht, Hans-Theo: Kommentar zum Betriebsverfassungsgesetz nebst Wahlordnung, Herne, Berlin 1972

Brill, Werner: Zum Anspruch des Arbeitnehmers auf Arbeits-, Berufs-, Dienst- und Schutzkleidung, DB 1975, 1076—1079

— Die Rechtsprechung zur sozialen Mitbestimmung des Betriebsrats, DB 1978, Beilage Nr. 9, S. 1—12

Brüning, Hans-Joachim: Die Grenzen des erzwingbaren Mitbestimmungsrechts des Betriebsrats bei materiellen Arbeitsbedingungen, Diss. München 1964

Buchner, Herbert: Anm. zu BAG, AR-Blattei D, Betriebsverfassung, XIV B, Entsch. 27

Bühring, Erich: Der Rechtscharakter des Urlaubsanspruches, AuR 1954, 371—373

Bundesvereinigung der Deutschen Arbeitgeberverbände: Vorschlag für ein Betriebsverfassungsgesetz, Köln 1971

Canaris, Claus-Wilhelm: Die Feststellung von Lücken im Gesetz. Eine methodologische Studie über Voraussetzungen und Grenzen der richterlichen Rechtsfortbildung praeter legem, Berlin 1964

— Systemdenken und Systembegriff in der Jurisprudenz entwickelt am Beispiel des deutschen Privatrechts, Berlin 1969

— Funktionelle und inhaltliche Grenzen kollektiver Gestaltungsmacht bei der Betriebsvereinbarung, AuR 1966, 129—140

— Anm. zu BAG AP Nr. 27 zu § 123 GewO

Conze, Peter: Zur Zulässigkeit von Betriebsvereinbarungen für AT-Angestellte über materielle Arbeitsbedingungen, DB 1978, 490—495

Däubler, Wolfgang: Das Arbeitsrecht. Ein Leitfaden für Arbeitnehmer, Bd. 1, Reinbek bei Hamburg 1976; Bd. 2, 1979

Dahns, Paul: Abtretung, Pfändung und Vererblichkeit des Urlaubsanspruches, DB 1955, 604—606

Dangers, Willy: Betriebliche Sozialeinrichtungen und Mitbestimmung, BB 1974, 1076—1078

Denck, Johannes: Arbeitsschutz und Mitbestimmung des Betriebsrats, ZfA 1976, 447—484

Deutsche Angestellten-Gewerkschaft: Forderungen zur Novellierung des Betriebsverfassungsgesetzes, Hamburg 1970

Dieterich, Thomas: Die betrieblichen Normen nach dem Tarifvertragsgesetz vom 9. 4. 1949, Heidelberg 1964

Dietz, Rolf: Betriebsverfassungsgesetz mit Wahlordnung, Kommentar, 4. Aufl., München und Berlin 1967

— Probleme des Mitbestimmungsrechts, Berlin 1966

— Struktur und Funktion des Mitbestimmungsrechtes des Betriebsrates in sozialen Angelegenheiten (§ 56 BetrVG), BB 1959, 1210—1215

— Probleme der Mitbestimmung bei der Regelung von Akkordsätzen, BB 1960, 367—374

Dietz, Rolf / *Gaul*, Dieter / *Hilger*, Marie Luise: Akkord und Prämie, 2. Aufl., Heidelberg 1967

Dietz, Rolf / *Richardi*, Reinhard: Betriebsverfassungsgesetz, Kommentar, 2 Bde., 6. Aufl., München 1981/1982

Dütz, Wilhelm: Zwangsschlichtung im Betrieb, Kompetenz und Funktion der Einigungsstelle nach dem BetrVG 1972, DB 1972, 383—392

— Verfahrensrecht der Betriebsverfassung, AuR 1973, 353—372

— Anm. zu BAG AP Nr. 3 zu § 87 BetrVG 1972 Werkmietwohnungen

— Anm. zu BAG, SAE 1981, 33—37

Dutti, Klaus: Nochmals: Die Beschränkung der Mitbestimmung nach § 56 BetrVG auf formelle Arbeitsbedingungen, RdA 1967, 135—139

Eich, Rolf-Achim: Kürzung übertariflicher Einkommensbestandteile und Mitbestimmungsrecht des Betriebsrates, DB 1980, 1340—1346

Eickelberg, Martin: Probleme der Betriebsvereinbarung über Arbeitsentgelt und sonstige Arbeitsbedingungen nach dem Betriebsverfassungsgesetz 1972 — eine rechtsvergleichende Untersuchung mit dem Betriebsverfassungsgesetz 1952, Diss. Bochum 1973

Eiermann, W.: Beteiligung von Arbeitnehmern an den Kosten für persönliche Schutzausrüstungen, BG 1978, 552—554

Erdmann, Ernst-Gerhard / *Jürging*, Claus / *Kammann*, Karl-Udo: Betriebsverfassungsgesetz, Kommentar für die Praxis, Neuwied und Berlin 1972

Esser, Josef / *Schmidt,* Eike: Schuldrecht, Bd. I, Allgemeiner Teil, 5. Aufl., Teilband 1, Entstehung, Inhalt und Beendigung von Schuldverhältnissen, Karlsruhe 1975; Teilband 2, Vertragshaftung, Schadensersatz, Personenmehrheit im Schuldverhältnis, 1976

Fabricius, Fritz / *Kraft,* Alfons / *Thiele,* Wolfgang / *Wiese,* Günther: Betriebsverfassungsgesetz, Gemeinschaftskommentar, Neuwied und Berlin, Loseblattwerk, Stand 1982

Farthmann, Friedhelm: Die Beschränkung der Mitbestimmung nach § 56 BetrVG auf die sog. formellen Arbeitsbedingungen, RdA 1966, 249—255

— Die Mitbestimmung des Betriebsrats bei der Regelung der Arbeitszeit, RdA 1974, 65—72

Fauth, Werner: Mitbestimmungsrecht des Betriebsrates bei der Festlegung der Arbeitszeit, BB 1962, 374—378

Fitting, Karl / *Auffarth,* Fritz / *Kaiser,* Heinrich: Betriebsverfassungsgesetz, Handkommentar, 13. Aufl., München 1981

Fitting, Karl / *Kraegeloh,* Walter / *Auffarth,* Fritz: Betriebsverfassungsgesetz nebst Wahlordnung, 9. Aufl., Berlin und Frankfurt a. M. 1970

Flatow, Georg: Betriebsvereinbarung und Arbeitsordnung, 2. Aufl., Mannheim, Berlin, Leipzig 1923

— Betriebsrätegesetz vom 4. Februar 1920 nebst Wahlordnung, Ausführungsverordnungen und Ergänzungsgesetzen (Betriebsbilanzgesetz, Aufsichtsratsgesetz und Wahlordnung), 12. Aufl., Berlin 1928

Flatow, Georg / *Kahn-Freund,* Otto: Betriebsrätegesetz vom 4. Februar 1920 nebst Wahlordnung, Ausführungsverordnungen und Ergänzungsgesetzen (Betriebsbilanzgesetz, Aufsichtsratsgesetz und Wahlordnung), 13. Aufl., Berlin 1931

Föhr, Horst: Mitbestimmung des Betriebsrats in sozialen Angelegenheiten unter besonderer Berücksichtigung der außertariflichen Angestellten, AuR 1975, 353—362

Freese, Heinrich: Die konstitutionelle Fabrik, Jena 1909

Friauf, Karl Heinrich: Steuergesetzgebung und Eigentumsgarantie, JurA 1970, 299—320

Friesen, Juliane Freifrau von: Die Rechtsstellung des Betriebsrats gegenüber nichtleitenden AT-Angestellten, DB 1980, Beilage Nr. 1, S. 1—16

— Betriebliche Lohngestaltung für AT-Angestellte, AuR 1980, 367—372

Frisch, Heinz / *Müller,* Udo / *Olten,* Rainer / *Stegner,* Günter: Grundriß der Volkswirtschaftslehre, Bd. 1, 2. Aufl., Baden-Baden und Bad Homburg vor der Höhe 1974; Bd. 2, 1. Aufl. 1975

Galperin, Hans: Der Regierungsentwurf eines neuen Betriebsverfassungsgesetzes: Eine kritische Analyse, Düsseldorf 1971

— Das Betriebsverfassungsgesetz 1972, Leitfaden für die Praxis, Heidelberg 1972

— Die autonome Rechtsetzung im Arbeitsrecht, in: Festschrift für Erich Molitor zum 75. Geburtstag, 3. Oktober 1961, München und Berlin 1962, S. 143—160

— Das Weisungsrecht des Arbeitgebers, DB 1952, 186—188

Galperin, Hans / *Löwisch*, Manfred: Kommentar zum Betriebsverfassungsgesetz, 2 Bde., 5. Aufl., Heidelberg 1975/1976

Galperin, Hans / *Siebert*, Wolfgang: Kommentar zum Betriebsverfassungsgesetz, 4. Aufl., Heidelberg 1963

Gamillscheg, Franz: Arbeitsrecht, Bd. I, Individualarbeitsrecht, Bd. II, Kollektives Arbeitsrecht, 5. Aufl., München 1979

Gast, Wolfgang: Arbeitsvertrag und Direktion. Zweiseitige Leistungsbestimmung im Arbeitsverhältnis, Berlin 1978

— Tarifautonomie und die Normsetzung durch Betriebsvereinbarung, Heidelberg 1981

Gaul, Dieter: Die betriebliche Einigungsstelle, 2. Aufl., Freiburg 1980

— Anm. zu BAG, EzA Nr. 2 zu § 87 BetrVG 1972 Arbeitssicherheit

Gaul, Dieter / *Bartenbach*, Kurt: Die kollektivrechtliche Ordnung des betrieblichen Verbesserungsvorschlagswesens, DB 1980, 1843—1846

Gehring, Norbert: Parlament — Regierung — Opposition, Dualismus als Voraussetzung für eine parlamentarische Kontrolle der Regierung, München 1969

Gester, Heinz / *Isenhardt*, Udo: Das Initiativrecht des Betriebsrats zur Regelung materieller Lohnbedingungen, RdA 1974, 80—88

Giese, Herbert: Mitbestimmung bei der Mietpreisfestsetzung von Werkswohnungen, BB 1973, 198—200

Glaubitz, Werner: Mitbestimmung des Betriebsrats gemäß § 87 Abs. 1 Nr. 7 BetrVG bei Regelungen über den Arbeitsschutz, BB 1977, 1403—1406

Gnade, Albert / *Kehrmann*, Karl / *Schneider*, Wolfgang: Betriebsverfassungsgesetz, Kommentar für die Praxis, Köln 1972

Gola, Peter: Übernahme der Gebühren eines Gehaltskontos durch den Arbeitgeber, BB 1975, 46—47

Grabitz, Eberhard: Der Grundsatz der Verhältnismäßigkeit in der Rechtsprechung des Bundesverfassungsgerichts, AöR 98 (1973), 568—616

Günther, Uwe: Probleme der Interpretation und der praktischen Umsetzung von § 87 Abs. 1 Ziff. 7 aus BetrVG, BlStSozArbR 1981, 244—246

Güntner, Hans: Wesen und Probleme der Schichtarbeit, AuR 1958, 129—141

Gumpert, Jobst: Mitbestimmung des Betriebsrates bei Festlegung der Preise für die Leistungen betrieblicher Wohlfahrtseinrichtungen?, BB 1964, 181—183

— Mitbestimmung bei betrieblicher Altersversorgung in Form von Ruhegeldzusagen und Direktversicherungen, BB 1976, 605—611

— Anm. zu BAG, BB 1980, 582—583

— Anm. zu BAG, BB 1981, 737

Hadding, Walter: Anm. zu BAG AP Nr. 1 zu § 36 BAT

Hanau, Peter: Praktische Fragen der Mitbestimmung in sozialen Angelegenheiten, BB 1972, 499—501

— Allgemeine Grundsätze der betrieblichen Mitbestimmung, RdA 1973, 281—294

— Probleme der Mitbestimmung des Betriebsrats über den Sozialplan, ZfA 1974, 89—121

— Die Mitbestimmung in der betrieblichen Altersversorgung nach der neuen Rechtsprechung des Bundesarbeitsgerichts, BB 1976, 91—96

— Aktuelle Probleme der Mitbestimmung über das Arbeitsentgelt gem. § 87 Abs. 1 Nr. 10 BetrVG, BB 1977, 350—356

— Anm. zu BAG AP Nr. 4 zu § 87 BetrVG 1972 Altersversorgung

— Anm. zu BAG AP Nr. 5 zu § 87 BetrVG 1972 Altersversorgung

— Anm. zu BAG AP Nr. 1 zu § 87 BetrVG 1972 Arbeitssicherheit

— Anm. zu BAG, AR-Blattei D, Betriebsverfassung XIV B, Entsch. 40

Haßler, Konrad Dietrich (Hrsg.): Verhandlungen der deutschen verfassunggebenden Reichsversammlung zu Frankfurt am Main, 2 Bde., Frankfurt am Main 1848/1849

Heeser, Günther: Die Mitbestimmung des Betriebsrats, Vergleich zwischen der früheren Rechtslage und der nach dem Betriebsverfassungsgesetz 1972, Diss. Köln 1973

Henkel, Hardo / *Hagemeier*, Christian: Mitwirkungs- und Mitbestimmungsrechte des Betriebsrates in Angelegenheiten der außertariflichen Angestellten, BB 1976, 1420—1423

Herschel, Wilhelm: Materielle und formelle Arbeitsbedingungen, AuR 1964, 257—260

— Abschied von den formellen und materiellen Arbeitsbedingungen, AuR 1968, 129—135

— Nochmals: Formelle und materielle Arbeitsbedingungen, AuR 1969, 65—72

— Haupt- und Nebenpflichten im Arbeitsverhältnis, BB 1978, 569—572

— Anm. zu BAG AP Nr. 17 zu § 618 BGB

— Anm. zu BAG, EzA Nr. 3 zu § 87 BetrVG 1972

— Anm. zu BAG, AuR 1959, 319—320

— Anm. zu BAG, AuR 1962, 191

Hesse, Konrad: Grundzüge des Verfassungsrechts der Bundesrepublik Deutschland, 13. Aufl., Heidelberg 1982

Hiersemann, Walter: Die Grenzen des erzwingbaren Mitbestimmungsrechtes, BB 1962, 183—186

— Die Mitbestimmung bei Sozialeinrichtungen und im Werkwohnungswesen, BB 1973, 850—851

Hofe, Gerhard: Betriebliche Mitbestimmung und Humanisierung der Arbeitswelt, Königstein/Ts. 1978

Hoyningen-Huene, Gerrik von: Anm. zu BAG, SAE 1979, 153—154

Hromadka, Wolfgang: Die Arbeitsordnung im Wandel der Zeit am Beispiel der Hoechst AG, Köln, Berlin, Bonn, München 1979

— Betriebsverfassungsgesetz 72, NJW 1972, 183—186

Huber, Emil: Die Grenzen der erzwingbaren Mitbestimmung des Betriebsrats bei sog. Annexregelungen in sozialen Angelegenheiten, DB 1980, 1643—1645

Hueck, Alfred: Schaffung von Arbeitsnormen durch Betriebsvereinbarung, NZfA 1923, Sp. 87—98

Hueck, Alfred / *Nipperdey,* Hans Carl: Lehrbuch des Arbeitsrechts, 7. Aufl., Erster Band, Berlin und Frankfurt 1963; Zweiter Band, Kollektives Arbeitsrecht, Erster Halbband, 1967; Zweiter Halbband unter Mitarbeit von Franz Jürgen Säcker, 1970

Hueck, Götz: Anm. zu BAG AP Nr. 3 zu § 56 BetrVG Entlohnung

Hunold, Wolf: Außertarifliche Vertragsverhältnisse und übertarifliche Vertragsbestandteile, DB 1981, Beilage Nr. 26, S. 1—12

Isele, Georg: Reflexwirkungen der Betriebsverfassung im Individualbereich, RdA 1962, 373—375

Jacobi, Erwin: Betrieb und Unternehmen als Rechtsbegriffe, in: Festschrift der Leipziger Juristenfakultät für Dr. Victor Ehrenberg zum 30. März 1926, Leipzig 1927, S. 1—39

Jahnke, Volker: Gratifikationen und Sonderleistungen, Bergisch-Gladbach 1978

— Die Mitbestimmung des Betriebsrats auf dem Gebiet der betrieblichen Sozialleistungen, ZfA 1980, 863—900

— Anm. zu BAG, AR-Blattei D, Betriebsverfassung XIV B, Entsch. 33

Jansen, Heinrich: Probleme der Akkord-Mitbestimmung ArbGeb. 1961, 452—455

Jene, Lothar: Kurzarbeit und betriebliche Mitbestimmung (§ 87 Abs. 1 Nr. 3 BetrVG), Diss. Mannheim 1980

Kammann, Karl-Udo / *Hess,* Harald / *Schlochauer,* Ursula: Kommentar zum Betriebsverfassungsgesetz, Neubearbeitung des von Ernst-Gerhard Erdmann / Claus Jürging / Karl-Udo Kammann begründeten Kommentars, Neuwied und Darmstadt 1979

Kantzenbach, Erhard: Die Funktionsfähigkeit des Wettbewerbs, 2. Aufl., Göttingen 1967

Kirchner, Dieter: Die Sperrwirkung von Tarifvertrag und Tarifübung für die Verwirklichung des Mitbestimmungsrechts des Betriebsrates nach § 87 BetrVG, BB 1972, 1279—1282

Klinkhammer, Heinz: Die Mitbestimmung des Betriebsrats bei der Provisionsfestsetzung, AuR 1977, 363—369

— Anm. zu BAG, EzA Nr. 6 zu § 87 BetrVG 1972 Lohn u. Arbeitsentgelt

Köhn, Friedrich: Das Mitbestimmungsrecht des Betriebsrats nach § 56 Abs. 1 lit. h BetrVG, Diss. München 1966

Köke, Joachim: Inhalt und Grenzen des Mitbestimmungsrechtes des Betriebsrates in Fragen der betrieblichen Lohngestaltung (§ 87 I Nr. 10 BetrVG), Diss. Berlin 1977

Kollmar, Heinz: Die Mitbestimmung des Betriebsrats bei der Einführung und Regelung von Akkordlöhnen, Diss. Regensburg 1970

Konzen, Horst: Tarifvertragliche und innerbetriebliche Normsetzung, BB 1977, 1307—1312

— Die Rechtsprechung des Bundesarbeitsgerichts im Jahre 1977, ZfA 1978, 451—551

Kosiol, Erich: Kostenrechnung der Unternehmung, 2. Aufl., Berlin 1979

Kraft, Alfons: Anm. zu BAG, SAE 1976, 42—44

Krauss, Ernst-Friedrich: Das betriebliche Vorschlagswesen aus rechtlicher Sicht, Heidelberg 1977

Kretzschmar, Alfons: Das Mithören von Telefongesprächen im Betrieb, BB 1959, 1068—1071

Kreutz, Peter: Grenzen der Betriebsautonomie, München 1979

Krüger, Herbert: Der Regierungsentwurf eines Betriebsverfassungsgesetzes vom 29. Januar 1971 und das Grundgesetz, Hamburg 1971

Kübler, Friedrich / *Schmidt*, Walter / *Simitis*, Spiros: Mitbestimmung als gesetzgebungspolitische Aufgabe. Zur Verfassungsmäßigkeit des Mitbestimmungsgesetzes 1976, Baden-Baden 1978

Lappe, Marlies: Die Mitbestimmung in sozialen Angelegenheiten, JArbR Bd. 16 (für 1978), Berlin 1979, S. 55—90

Larenz, Karl: Allgemeiner Teil des deutschen Bürgerlichen Rechts, 5. Aufl., München 1980

— Lehrbuch des Schuldrechts, Erster Band, Allgemeiner Teil, 13. Aufl., München 1982

— Methodenlehre der Rechtswissenschaft, 4. Aufl., Berlin, Heidelberg, New York 1979

Leibholz, G. / *Rinck*, H. J.: Grundgesetz für die Bundesrepublik Deutschland, 6. Aufl., Köln, Loseblattwerk Stand 1981

Leipold, Dieter: Einstellungsfragebögen und das Recht auf Arbeit, AuR 1971, 161—167

Lemke, Bernhard: Sind die Leistungen des Arbeitgebers für betriebliche Versorgungseinrichtungen Arbeitslohn?, BB 1957, 512—515

Lieb, Manfred: Arbeitsrecht, Karlsruhe 1975

— Mitbestimmungsrechte des Betriebsrats gemäß § 87 Nr. 11 BetrVG bei Provisionsentlohnung?, DB 1975, 1748—1751

— Die Regelungszuständigkeit des Betriebsrats für die Vergütung von AT-Angestellten, ZfA 1978, 179—213

— Die Mitbestimmung des Betriebsrats bei der Festsetzung der Arbeits- und Öffnungszeiten in Betrieben des Handels, DB 1981, Beilage Nr. 17, S. 1—8

— Anm. zu BAG, SAE 1978, 95—96

Lieb, Manfred / *Randerath*, Michael: Anm. zu BAG, SAE 1981, 45—46

Löwisch, Manfred: Regelung sozialer Angelegenheiten in Betrieben ohne Betriebsrat, BB 1961, 1200—1201

— Die Mitbestimmung des Betriebsrats bei der Gehaltsfestsetzung für Angestellte nach Arbeitsplatzrangfolge und Leistungsbeurteilung, DB 1973, 1746—1752

— Die Mitbestimmung des Betriebsrats bei Provisionsregelungen für kaufmännische Angestellte, ZHR 139 (1975), 362—379

— Möglichkeiten und Grenzen der Betriebsvereinbarung, AuR 1978, 97—108

— Anm. zu BAG AP Nr. 2 zu § 87 BetrVG 1972 Kurzarbeit

— Anm. zu BAG, EzA Nr. 2 zu § 87 BetrVG 1972 Leistungslohn

Mäurer, Ulrich: Anm. zu BAG, BetrR 1978, 548—551

Mansfeld, Werner: Betriebsrätegesetz vom 4. Februar 1920 (RGBl. S. 147 ff.) mit den einschlägigen Nebengesetzen, 3. Aufl., Mannheim, Berlin, Leipzig 1930

Martens, Klaus-Peter: Allgemeine Grundsätze zur Anwendbarkeit des Mitbestimmungsgesetzes, Die AG 1976, 113—122

— Das Verhältnis des Mitbestimmungsgesetzes zum kollektiven Arbeitsrecht, Korreferat, ZGR 1977, 422—433

Maunz, Theodor / *Dürig*, Günter / *Herzog*, Roman / *Scholz*, Rupert: Grundgesetz, Kommentar, 5. Aufl., München, Loseblattwerk Stand 1981

Meisel, Peter: Anm. zu BAG, SAE 1979, 233—235

— Anm. zu BAG, SAE 1981, 194—197

Mellerowicz, Konrad: Kosten und Kostenrechnung, Bd. 1, Theorie der Kosten, 4. Aufl., Berlin 1963

Mengel, Horst: Die betriebliche soziale Mitbestimmung und ihre Grenzen, DB 1982, 43—45

Meyer, G. H.: Die Mitbestimmung des Betriebsrates bei freiwilligen Leistungen des Arbeitgebers, BB 1965, 166—170

Moll, Wilhelm: Die Mitbestimmung des Betriebsrats beim Entgelt, Berlin 1977

— Der Tarifvorrang im Betriebsverfassungsgesetz. Zur Abstimmung betrieblicher und tarifvertraglicher Regelungsmechanismen, Berlin 1980

— Materielle Arbeitsbedingungen und Grundgesetz — Versuch der abschließenden Würdigung einer Diskussion, BlStSozArbR 1977, 177—180

Moritz, Heinz Peter: Grenzen der Schadensminderungspflicht des Arbeitgebers bei ihn treffender „Schädigung" durch den Arbeitnehmer, Veranlassen des Abschleppens eines verbotswidrig auf dem Firmengelände abgestellten Pkw des Arbeitnehmers, BB 1980, 373—376

Müller, Gerhard: Das Einzelarbeitsverhältnis und die Aufgaben der Mitbestimmung, BB 1957, 409—412

— Einflüsse des kollektiven Arbeitsrechts auf das Arbeitsverhältnis, DB 1967, 903—909, 948—950

— Rechtspolitische Gedanken zum Betriebsverfassungsrecht, DB 1970, 1023—1033, 1076—1084

Müller, Gernot: Der Leistungsbegriff im Arbeitsverhältnis, Diss. Würzburg 1973

Neukirchen, Thomas: Betriebsvereinbarung und Betriebskollektivvertrag, Mainz 1981

Neumann, Dirk: Die Rechtsgrundlage von Betriebsstrafenordnungen, RdA 1968, 250—254

Neumann-Duesberg, Horst: Betriebsverfassungsrecht, Berlin 1960

— Anm. zu BAG AP Nr. 6 zu § 56 BetrVG Wohlfahrtseinrichtungen

— Anm. zu BAG AP Nr. 1 zu § 615 BGB Kurzarbeit

Neyses, Wilhelm: Grenzen der Mitbestimmung bei Sonderschichten, BlStSozArbR 1977, 181—183

Nickel, Egbert: Anm. zu BAG, AuR 1975, 254—256

Nikisch, Arthur: Arbeitsrecht, I. Bd., Allgemeine Lehren und Arbeitsvertragsrecht, 3. Aufl., Tübingen 1961; II. Bd., Koalitionsrecht, Arbeitskampfrecht und Tarifvertragsrecht, 2. Aufl. 1959; III. Bd., Betriebsverfassungsrecht, 2. Aufl. 1966

Nipperdey, Hans Carl: Die betrieblichen Arbeitsbedingungen des § 56 Betriebsverfassungsgesetz, RdA 1968, 450—452

Nipperdey, Hans Carl / *Wiese,* Günther: Freie Entfaltung der Persönlichkeit, in: Karl August Bettermann / Hans Carl Nipperdey (Hrsg.), Die Grundrechte, Handbuch der Theorie und Praxis der Grundrechte, Vierter Band, 2. Halbband, Berlin 1962, S. 741—909

Otto, Hansjörg: Die Rechtsprechung des Bundesarbeitsgerichts im Jahre 1975, ZfA 1976, 369—446

Pawlowski, Hans-Martin: Methodenlehre für Juristen, Theorie der Norm und des Gesetzes, Karlsruhe 1981

Peterek, Rainer: Anm. zu BAG, SAE 1978, 142—145

Piltz, Albrecht: Die Lehre von den formellen und materiellen Arbeitsbedingungen, Diss. Bonn 1975

Pleiß, Ulrich: Freiwillige soziale Leistungen der industriellen Unternehmung, Versuch einer Wesenserfassung und systematischen Ordnung, Berlin 1960

Raiser, Thomas: Mitbestimmung im Betrieb und im Unternehmen, in: Festschrift für Konrad Duden zum 70. Geburtstag, München 1977, S. 423—438

Reinhardt, Rudolf / *Scheuner,* Ulrich: Verfassungsschutz des Eigentums. Zwei Abhandlungen, Tübingen 1954

Reuter, Dieter: Vergütung von AT-Angestellten und betriebsverfassungsrechtliche Mitbestimmung, Königstein 1979

— Die Entwicklung des arbeitsrechtlichen Schrifttums im Jahre 1973, ZfA 1974, 235—331

— Betriebsverfassung und Privatautonomie, Rezensionsaufsatz zur gleichnamigen Schrift von Reinhard Richardi, ZfA 1975, 85—96

— Die Mitbestimmung des Betriebsrats über die Lage der Arbeitszeit von Ladenangestellten, ZfA 1981, 165—204

— Anm. zu BAG, SAE 1976, 15—18

— Anm. zu BAG, SAE 1981, 242—243

Reuter, Dieter / *Streckel,* Siegmar: Grundfragen der betriebsverfassungsrechtlichen Mitbestimmung, Frankfurt a. M. 1973

Richardi, Reinhard: Kollektivgewalt und Individualwille bei der Gestaltung des Arbeitsverhältnisses, München 1968

— Betriebsverfassung und Privatautonomie, Berlin, New York 1973

— Recht der Betriebs- und Unternehmensmitbestimmung, Bd. 1, Grundriß, Bd. 2, Examinatorium, 2. Aufl., Heidelberg, Karlsruhe 1979

— Die Beschränkung der Vertragsfreiheit durch das Mitbestimmungsrecht des Betriebsrats in sozialen Angelegenheiten, in: Sein und Werden im Recht, Festgabe für Ulrich von Lübtow zum 70. Geburtstag am 21. August 1970, Berlin 1970, S. 755—786

— Mitbestimmung des Betriebsrats bei Sozialleistungen des Arbeitgebers, in: In memoriam Sir Otto Kahn-Freund, München 1980, S. 247—260

— Der Mitbestimmungsgedanke in der Arbeitsrechtsordnung, JArbR Bd. 13 (für 1975), Berlin 1976, S. 19—52

— Die arbeitsvertragliche Einheitsregelung und ihr Verhältnis zu Kollektivvereinbarungen, RdA 1965, 49—60

— Besprechung von Söllner, Einseitige Leistungsbestimmung im Arbeitsverhältnis, RdA 1970, 208—210

— Kritische Anmerkungen zur Reform der Mitbestimmung des Betriebsrats in sozialen und personellen Angelegenheiten nach dem Regierungsentwurf, DB 1971, 621—633

— Die Mitbestimmung des Betriebsrats bei der Regelung des Arbeitsentgelts, ZfA 1976, 1—44

— Anm. zu BAG AP Nr. 1 zu § 87 BetrVG 1972

— Anm. zu BAG AP Nr. 1 zu § 87 BetrVG 1972 Altersversorgung

— Anm. zu BAG AP Nr. 1 zu § 87 BetrVG 1972 Werkmietwohnungen

Röpke, Otto: Arbeitsverhältnis und Arbeitnehmererfindung, Düsseldorf o. J.

Rüthers, Bernd: Rechtsprobleme des Zeitlohnes an taktgebundenen Produktionsanlagen, ZfA 1973, 399—423

— Anm. zu LAG Düsseldorf, EzA Nr. 1 zu § 87 BetrVG 1972 Initiativrecht

Rüthers, Bernd / *Boldt*, Gerhard: Zwei arbeitsrechtliche Vorträge, München 1970

Rüthers, Bernd / *Germelmann*, Claas-Hinrich: Zum Mitbestimmungsrecht des Betriebsrates beim Übergang zur bargeldlosen Entlohnung, DB 1969, 2034—2040, 2084—2086

Rumpff, Klaus: Das Mitbestimmungsrecht des Betriebsrats bei Entgeltfragen, insbesondere beim Leistungslohn, nach dem Betriebsverfassungsgesetz 1972, AuR 1972, 65—82

Säcker, Franz-Jürgen: Grundprobleme der kollektiven Koalitionsfreiheit, Düsseldorf 1969

— Gruppenautonomie und Übermachtkontrolle im Arbeitsrecht, Berlin 1972

— Die Regelung sozialer Angelegenheiten im Spannungsfeld zwischen tariflicher und betriebsvereinbarungsrechtlicher Normsetzungsbefugnis, ZfA-Sonderheft 1972, 41—70

— Tarifvorrang und Mitbestimmung des Betriebsrates beim Arbeitsentgelt, BB 1979, 1201—1204

Samuelson, Paul A.: Economics, 10th edition, New York 1976

Sasse, Jürgen: Das Mitbestimmungsrecht bei der Verwaltung betrieblicher Versicherungsvereine, DB 1960, 609—611

Schaub, Günter: Arbeitsrechts-Handbuch, 4. Aufl., München 1980

Schelp, Günther: Tarifvertrag und Betriebsvereinbarung im Rahmen von § 59 des Betriebsverfassungsgesetzes, DB 1962, 1242—1245, 1275—1277

Schenke, Wolf-Rüdiger: Besteuerung und Eigentumsgarantie, in: Rechtsfragen im Spektrum des Öffentlichen, Mainzer Festschrift für Hubert Armbruster, Berlin 1976, S. 177—210

Scherner, Karl Otto: Qualifizierte Teilnichterfüllung als Vollunmöglichkeit oder Quasi-Vollunmöglichkeit der geschuldeten Leistung, JZ 1971, 533—537

Schimana, Rudolf / *Frauenkron,* Karl-Peter: Arbeitsrechtliche Aspekte einer betrieblichen Regelung der Vermögensbildung durch Gewinn- und Kapitalbeteiligung, DB 1980, 445—451

Schirdewahn, Gerhard: Ist die Mitbestimmung bei der Lohngestaltung verfassungsgemäß?, BB 1980, 163—168

— Mitbestimmung bei Arbeitgeberdarlehen aus laufenden Mitteln?, BB 1980, 891—893

Schlüter, Wilfried: Die Rechtsfolgen mangelnder Beteiligung des Betriebsrats in sozialen Angelegenheiten (§ 87 BetrVG n. F.), DB 1972, 92—96, 139—143

Schmidt-Futterer, Wolfgang / *Blank,* Hubert: Die Werkdienstwohnung nach neuem Recht, BB 1976, 1033—1034

Schneider, Wolfgang: Aufgaben und Befugnisse der Einigungsstelle nach dem Betriebsverfassungsgesetz, MitbestGespr. 1975, 191—198

— Nochmals: Umfang der Mitbestimmung des Betriebsrats bei Sonderschichten, BlStSozArbR 1977, 196—198

Schoden, Michael: Die Beteiligungsrechte des Betriebsrats beim betrieblichen Vorschlagswesen, AuR 1980, 73—77

Scholz, Rupert: Paritätische Mitbestimmung und Grundgesetz. Verfassungsrechtliche Fragen zur gesetzlichen Einführung der paritätischen Unternehmensmitbestimmung, Berlin 1974

Schulze-Osterloh, Joachim: Anm. zu BAG AP Nr. 1 zu § 87 BetrVG 1972 Provision

Schwerdtner, Peter: Fürsorgetheorie und Entgelttheorie im Recht der Arbeitsbedingungen, Heidelberg 1970

— Anm. zu LAG Baden-Württemberg, EzA Nr. 4 zu § 87 BetrVG 1972 Initiativrecht

Seifert, Reinhardt: Der Angestellte mit Provisionsbezahlung, DB 1979, 2034—2039

Sendler, Horst: Die Konkretisierung einer modernen Eigentumsverfassung durch Richterspruch, DÖV 1971, 16—27

Sieber, Roland: Der mitbestimmungsfreie Dotierungsrahmen der betrieblichen Altersversorgung, BB 1976, 367—369

Siebert, Wolfgang: Grundgedanken der Betriebsverfassung, RdA 1958, 161—169

Simitis, Spiros / *Weiss,* Manfred: Zur Mitbestimmung des Betriebsrats bei Kurzarbeit, DB 1973, 1240—1252

Söllner, Alfred: Einseitige Leistungsbestimmung im Arbeitsverhältnis, Wiesbaden und Mainz 1966

— Arbeitsrecht, 7. Aufl., Stuttgart, Berlin, Köln, Mainz 1981

— Betrieb und Menschenwürde, RdA 1968, 437—439

— Anm. zu BAG AP Nr. 2 zu § 615 BGB Kurzarbeit

Soergel, Hs. Th. / *Siebert,* W.: Bürgerliches Gesetzbuch mit Einführungsgesetz und Nebengesetzen, 10. Aufl., Stuttgart, Berlin, Köln, Mainz 1967—1975; 11. Aufl. erscheint seit 1978

Stadler, Hubert: Die Mitbestimmung des Betriebsrats nach dem neuen Betriebsverfassungsgesetz in Fragen der Leistungsentlohnung, BB 1972, 800—804

Staudinger, J. von: Kommentar zum Bürgerlichen Gesetzbuch, 11. Aufl., Berlin 1957—1980; 12. Aufl. erscheint seit 1978

Stebut, Dietrich von: Die Zulässigkeit der Einführung von Kurzarbeit, RdA 1974, 332—346

Stege, Dieter / *Weinspach,* F. K.: Betriebsverfassungsgesetz, Handkommentar für die betriebliche Praxis, 4. Aufl., Köln 1981

Steindorff, Ernst: Anm. zu BAG AP Nr. 2 zu § 87 BetrVG 1972 Altersversorgung

Strasser, Rudolf: Die Betriebsvereinbarung nach österreichischem und deutschem Recht, Wien 1957

Strieder, Peter: Betriebliche Lohnpolitik, BB 1980, 420—423

Teuteberg, Hans Jürgen: Geschichte der industriellen Mitbestimmung in Deutschland, Tübingen 1961

Travlos-Tzanetatos, Dimitrios: Die Regelungsbefugnis der Betriebspartner und ihre Grenzen zum Einzelarbeitsverhältnis. Zugleich ein Beitrag zu der Problematik der Innenschranken der Betriebsautonomie, Berlin 1974

Vollmer, Lothar: Aufgaben- und Zuständigkeitsverteilung zwischen mitbestimmungsrechtlicher und tarifvertraglicher Interessenvertretung, DB 1979, 308—310, 355—358

Weber, Hansjörg: Anm. zu BAG, SAE 1981, 114—121

Weber, Werner: Eigentum und Enteignung, in: Franz L. Neumann / Hans Carl Nipperdey / Ulrich Scheuner (Hrsg.), Die Grundrechte, Handbuch der Theorie und Praxis der Grundrechte, Zweiter Band, Berlin 1954, S. 331—399

Weigel, Hanns-Jürgen: Das Mitbestimmungsrecht des Betriebsrats im Rahmen der betrieblichen Altersversorgung, BB 1974, 1583—1586

Weinheimer, Thomas: Mitbestimmung des Betriebsrats bei Akkordlöhnen, Diss. Köln 1964

Weiß, Detlef: Einzelfragen zu Betriebsvereinbarungen in Angelegenheiten der außertariflichen Angestellten, BlStSozArbR 1979, 97—100

Weiss, Manfred: Betriebsverfassungsgesetz. Ein Kommentar für Studium und Praxis, 2. Aufl., Baden-Baden 1980

— Anm. zu BAG, EzA Nr. 5 zu § 87 BetrVG 1972 Lohn u. Arbeitsentgelt

— Anm. zu LAG Hamburg, EzA Nr. 2 zu § 87 BetrVG 1972 Sozialeinrichtung

Weitnauer, Hermann: Zivilrechtliche Grundstrukturen im Betriebsverfassungsrecht, in: Festschrift für Konrad Duden zum 70. Geburtstag, München 1977, S. 705—747

Westhoff, Stefan: Die bisherige Rechtsprechung zur Mitbestimmung bei Provisionssystemen und ihre Folgen für die Praxis, DB 1980, 1260—1265

Wiedemann, Herbert: Höhere Angestellte im Betriebsverfassungsrecht, in: In memoriam Sir Otto Kahn-Freund, München 1980, S. 343—359

— Grundfragen der Unternehmensverfassung, ZGR 1975, 385—432

Wiedemann, Herbert / *Moll*, Wilhelm: Anm. zu BAG AP Nr. 1 zu § 87 BetrVG 1972 Arbeitszeit

— Anm. zu BAG AP Nr. 2 zu § 87 BetrVG 1972 Arbeitszeit

— Anm. zu BAG AP Nr. 1 zu § 87 BetrVG 1972 Auszahlung

Wiedemann, Herbert / *Stumpf*, Hermann: Tarifvertragsgesetz mit Durchführungs- und Nebenvorschriften, Kommentar, 5. Aufl., München 1977

Wiese, Günther: Das Initiativrecht nach dem Betriebsverfassungsgesetz, Neuwied und Darmstadt 1977

— Arbeitsrecht, in: Rudolf Weber-Fas (Hrsg.), Jurisprudenz. Die Rechtsdisziplinen in Einzeldarstellungen, Stuttgart 1978, S. 19—35

— Zum Gesetzes- und Tarifvorbehalt nach § 87 Abs. 1 BetrVG, in: 25 Jahre Bundesarbeitsgericht, München 1975, S. 661—680

— Zur Zuständigkeit der Einigungsstelle nach § 85 Abs. 2 BetrVG, in: Arbeitsleben und Rechtspflege, Festschrift für Gerhard Müller, Berlin 1981, S. 625 bis 646

— Die Beschränkung der Sperrwirkung des § 59 BetrVG auf Arbeitsentgelte und sonstige Arbeitsbedingungen, RdA 1968, 41—47

— Der Persönlichkeitsschutz des Arbeitnehmers gegenüber dem Arbeitgeber, ZfA 1971, 273—317

— Freiheit und Bindung des Arbeitnehmers bei der Gestaltung seines Äußeren, UFITA Bd. 64 (1972), S. 145—180

— Anm. zu BAG AP Nr. 1 zu § 87 BetrVG 1972 Kurzarbeit

— Anm. zu BAG, SAE 1968, 137—140

Wiese, Günther / *Starck*, Martin: Anm. zu BAG AP Nr. 1 zu § 1 BetrVG 1972

— Anm. zu BAG AP Nr. 2 zu § 87 BetrVG 1972 Arbeitssicherheit

Wlotzke, Otfried: Das Günstigkeitsprinzip im Verhältnis des Tarifvertrages zum Einzelarbeitsvertrag und zur Betriebsvereinbarung, Heidelberg 1957

Wolf, Ernst: Rücktritt, Vertretenmüssen und Verschulden, AcP 153 (1954), 97—144

Zachert, Ulrich: Anm. zu BAG, MitbestGespr. 1973, 135

— Anm. zu BAG, MitbestGespr. 1978, 50—51

Zöllner, Wolfgang: Arbeitsrecht, 2. Aufl., München 1979

— Die Sperrwirkung des § 59 BetrVG, in: Festschrift für Hans Carl Nipperdey zum 70. Geburtstag, Bd. II, München und Berlin 1965, S. 699—720

— Empfiehlt es sich, das Recht der gemeinsamen Einrichtungen der Tarifvertragsparteien (§ 4 Abs. 2 TVG) gesetzlich näher zu regeln?, in: Verhandlungen des 48. Deutschen Juristentages, Band I, München 1970, Teil G

FSC
www.fsc.org
MIX
Papier | Fördert gute Waldnutzung
FSC® C083411

Kolibri 360 GmbH
Ferdinand-Jühlke-Straße 7
99095 Erfurt, Deutschland
produktsicherheit@kolibri360.de

Druck:
CPI Druckdienstleistungen GmbH
im Auftrag der
Kolibri 360 GmbH
Ferdinand-Jühlke-Str. 7
99095 Erfurt